IL CAMMELLO
Collana diretta da S

Francesco Alliata

Il Mediterraneo era il mio regno

Memorie di un aristocratico siciliano

introduzione e didascalie di
Stefano Malatesta

NERI POZZA EDITORE

Prima edizione, giugno 2015
Quarta edizione, settembre 2015

© 2015 Neri Pozza Editore, Vicenza
ISBN 978-88-545-0669-5

Il nostro indirizzo internet è: www.neripozza.it

Alle donne che hanno arricchito
la mia esistenza

Introduzione

Non c'è stata un'aristocrazia siciliana. Ce ne sono state due o tre. Per non contare i cascami come il barone La Lumia, più suonato che eccentrico, o come quel deficiente che dava ordine di slegare le campane del Paese ogni volta che faceva l'amore con la sua amica. Questi personaggi non erano parte della nobiltà ma del folclore di bassa lega. Per tutti erano solo degli inconvenienti.

Il primo e il più importante dei gruppi sociali privilegiati, termine usato per definire una classe indefinibile, aveva tutte le qualità e i difetti dello spagnolismo di genere *matamoros* ereditato dagli antenati castigliani, insieme con una straordinaria sicurezza di sé e un'audacia di movimenti che aveva permesso ai *tercios* di conquistare il nuovo mondo.

In Sicilia, però, dove non si combatteva da tempo immemorabile, tutto lo sforzo era concentrato non nelle battaglie, che non esistevano, ma nel dimostrarsi arroganti, come se un certo comportamento fosse consustanziale all'aristocrazia, e in una futilità portata all'estremo: balli, ricevimenti, corse in automobile come la targa Florio, cacce nell'ex tenuta reale, spettacoli pirotecnici per la festa della santa protettrice, maggiordomi più pomposi e sussiegosi di quelli della corte di San Giacomo, regate e crociere fino alle Canarie sulla splendida goletta dei Florio, riadattata a barca di piacere.

Quasi tutti gli uomini mantenevano amanti costosissime che avevano alloggiato in dimore arredate vistosamente, con pelli di leopardo stese sul sofà e, per chi se lo poteva permettere, una grande e lasciva pittura pompier appesa a capo dell'enorme letto matrimoniale, con schiave che facevano finta di coprire i grandi seni bianco latte e non ci riuscivano.

7

Molti nobili palermitani avevano la fissa per "Parì" (nessuno diceva Parigi) e ogni anno, prima di Natale, partivano in formazione compatta e allargata a camerieri, mazzieri, autisti, tutti ospiti dei più famosi alberghi. Il capofamiglia poi salutava tutti e usciva per un appuntamento con una delle "grandi orizzontali". Ma un uomo della ricchezza di Ignazio Florio non andava a Parigi; erano le grandi orizzontali come Lina Cavalieri che lo andavano a trovare, accolte sontuosamente ricoperte di regali. Ogni volta che Ignazio tradiva la moglie, le regalava un filo di perle bellissime. Nelle grandi occasioni la Florio, considerata la donna più bella d'Italia, sembrava camminasse un po' curva. Qualcuno diceva che era a causa del peso delle collane che portava al collo.

L'incredibile scialo, la rapidità con cui i grandi patrimoni stavano sparendo consumati dalla propensione degli aristocratici siciliani a considerare la spesa per l'inutile e il superfluo come una delle belle arti, i modi non provinciali, l'eccentricità diffusa e originale sembravano usciti da un romanzo a feuilletton e avevano fatto salire l'aristocrazia siciliana, l'unica della penisola, a livello delle grandi europee, servendosi non delle armi ma dei libri; ha lasciato infatti dietro di sé un immenso monumento cartaceo fatto di memorie, racconti, *speak memory* ed estati felici, come altre aristocrazie hanno lasciato gioielli, castelli e tenute.

In Piemonte per secoli gli aristocratici sono stati schiacciati da una monarchia che pensava solo all'ampliamento dei suoi territori. Nella prima metà dell'Ottocento i nobili dovevano esercitarsi ad andare a cavallo e aspettare il segnale del re, che li avrebbe mandati oltre il Ticino per farsi battere nella fatal Custoza da Radetzky, o da chi per lui.

A Roma, che vantava nomi altisonanti come Orsini o Colonna, la nobiltà era dedita alle messe vespertine, alle giaculatorie e alle processioni sante e, quando non era impegnata a inginocchiarsi davanti al Papa, andava a caccia nelle paludi pontine, alternandole alle "magnate" fuori porta con i loro cocchieri dalle parti di Frascati.

8

I protervi, rissosi e intelligentissimi principi toscani del Rinascimento, quelli che come interlocutori avevano avuto Pico della Mirandola, Poggio Bracciolini e Marsilio Ficino, erano scesi a livello dei loro fattori, trasformandosi in nobilucci affettatini che parlavano solo dell'olio "bono" e del vino "bono".

Il più famoso dei principi siciliani *todos Caballeros* è stato Raimondo Lanza di Trabia: un tipo ammaliante, ma anche stravagante, inaffidabile e persino irresponsabile. Nel suo periodo di massimo splendore, verso la fine degli anni Quaranta, era considerato l'uomo con più charme d'Italia, molto copiato dall'avvocato Agnelli. Dovunque si trovasse, faceva di quel luogo il suo palcoscenico presentandosi come grande attore, con *piercing eyes* e una voce che si sentiva fino all'ultima fila di poltrone.

Verso la fine della seconda guerra mondiale aveva compiuto imprese eroiche pilotando il suo caccia e aveva partecipato all'armistizio di Cassibile come interprete, avendo la piena fiducia degli Alleati che lo ritenevano un gentiluomo di razza che manteneva fede alla parola. Arrivata la pace, però, si trovò disadattato in un mondo che era molto lontano da quello cavalleresco e dannunziano o «Memento audere semper» da lui sognato – Raimondo ha vissuto la sua breve e felice vita, per riprendere il titolo di uno dei più bei racconti di Hemingway, come una corsa sulle montagne russe, salendo e scendendo e poi salendo ancora fino all'ultima caduta finale dal quinto piano dell'hotel Bernini.

Francesco Alliata, l'ultimo e più grande superstite di una nobiltà che sembra sparita, come se ingoiata dalla rocca Busambra, è stato il suo esatto contrario. Ha compiuto da poco 95 anni ed è «più vivo e più forte che pria», come diceva Petrolini. Fernand Braudel, il grande storico delle *Annales*, definirebbe la sua vita «di lunga durata», dove il termine durata ha un valore che va ben al di là del numero degli anni.

Francesco non si è mai vestito pescando da un trovarobato operistico di maniera, ha sempre avuto troppa ironia per cadere in quelle tentazioni teatrali, in quell'irrequietezza congenita che sembrano segnare sempre coloro che cavalcano l'onda del momento, perché un *decalage* della velocità sarebbe fatale. È sempre stato estraneo a percorsi labirintici che imitano quelli del nodo Savoia e non ha mai creduto che dire la verità fosse un rischio e nello stesso tempo un'ingenuità, come pensano molti isolani. Non ha mai parlato ad alta voce, non si è mai sognato di obbligare i camerieri a chiamarlo principe (sono loro che lo fanno naturalmente).

Non ha mai creato, come molti siciliani, per necessità di vita e per la loro storia, un mondo parallelo – fatto di mezze verità, di finti miti, di abitudini non veramente sentite, ma simulate con grande abilità – chiamato Sicilia; in sostanza un falso che, però, nei momenti opportuni veniva fatto passare per la vera Sicilia e ne assumeva l'aspetto, in modo da scaricare ogni responsabilità sul modello che non esisteva e che era stato inventato per deviare le indagini.

La madre di Francesco era chiamata "la principessona" – non certo per la sua statura, ma per le qualità morali. Una donna che non volle mai uniformarsi all'andazzo di sprechi e di lussi. Una volta Francesco mi raccontò che il nonno aveva addestrato sua figlia a gestire il patrimonio costituito da immobili e terre e, quando lui morì, fu lei come vedova del primogenito a prendere le redini degli affari, sollevando innumerevoli proteste da parte delle cognate e dei cognati che la vedevano come l'ultima arrivata.

Fin da ragazzi venne chiarito a Francesco e agli altri figli che il privilegio non stava nel comportarsi in maniera stravagante e dispendiosa, ma nella possibilità che avevano tutti loro di coltivare le belle arti, l'archeologia, la musica, la pittura. Il peccato maggiore era non far nulla, la terribile neghittosità di certi siciliani, e tutti erano sospinti verso quella che veniva chiamata un'operosità illuminata. «Può sembrare paternalistico oggi» raccontava una volta Francesco, «ma noi imparammo il dialetto siciliano perché nostra madre diceva: "Se non dialogate con i vostri contadini nella loro lingua, essi vi considereranno estranei e non vi capiranno"». La madre di Francesco lavorava anche di notte, dopo avere compiuto i doveri di padrona di casa, rinchiudendosi nel suo minuscolo studio, l'unica stanza ad avere il telefono, che portava il numero 579. Era nobile, e non solo per il blasone, cui certamente teneva, in un senso che oggi si è perduto e che portava con sé oltre a qualche privilegio anche molti ferrei obblighi; come quello di essere generosa nei confronti degli altri, e spartana in famiglia.

Francesco ha sempre avuto un grande amore per la sua terra, di cui conosce perfettamente storia, letteratura e gastronomia. Le sue voci sulla granita e sui dolci siciliani – pubblicate sull'*Enciclopedia* edita da Franco Maria Ricci – sono un piccolo capolavoro di leggerezza e humour. Ma questi ozi gastronomici e culinari, come gli anni passati a fotografare le azioni di guerra sul fronte per conto dello Stato Maggiore italiano, come tutte le passioni di Francesco sono stati trasformati in qualcosa di produttivo.

È stato uno dei primi a creare l'industria del gelato, con una granita all'altezza delle migliori gelaterie artigianali, e anche se non tutte le sue iniziative sono andate in porto, Francesco è riuscito ad allontanare da sé, talvolta con un'attività frenetica, quella neghittosità che era il male oscuro dei siciliani.

Anche il suo grande amore, quello per le Eolie, è stato trasformato in documentari e poi in un film epocale. Lui non conosceva le isole, ma era stato attratto dalle descrizioni fatte da un sergente incontrato negli ultimi tempi della guerra. Nell'agosto del '46 era sbarcato a Vulcano con quattro amici sulla spiaggia di Ponente, accolti da un capitano di lungo corso andato in pensione, che abitava nell'unica casa del posto con la moglie, una maestra. Il panorama delle Eolie si impresse nel suo animo in maniera indelebile come l'imprinting delle oche raccontato dall'etologo Lorenz. Quella era l'epoca in cui gli anglosassoni stavano scoprendo il Mediterraneo, *that splendid enclosure*, visto come l'isola magica della *Tempesta* di Shakespeare, dove seducevi o venivi sedotto. Quando chiesero a Ciryl Connolly di elencare le tre cose per cui valeva la pena di vivere, lui rispose: «Scrivere un libro, una cena al Savoy, andare nel Mediterraneo con qualcuno che la tua coscienza ti permette di amare». Una scelta che potrebbe essere valida ancora oggi, cambiando il Savoy, in decadenza, con il San Lorenzo, il miglior ristorante italiano a Londra; e cercando di evitare l'ipocrisia inglese, mettendo "qualcuno che la tua coscienza *non* ti permette di amare" al posto di "qualcuno che la tua coscienza ti permette di amare". Altrimenti che ci vai a fare nel Mediterraneo?

L'esperienza delle Eolie fu decisiva per la vita di Francesco. Da quel momento il principe sicilianissimo diventò mediterraneo, e questo termine per lui non ha significato solo essere abbronzati o fare il bagno in acque assolutamente incontaminate, ma trovare un equilibrio tra i suoi sogni e la realtà di genere classico, che lo ha portato a una saggezza se non da filosofo almeno da frequentatore della Magna Grecia.

Il suo passaggio dall'Isola a orizzonti più vasti assomiglia a quello raccontato da Elizabeth David, la più grande scrittrice di gastronomia dei Paesi anglosassoni, quando una volta in quegli stessi anni era ospite di Norman Douglas a Capri. Una mattina Douglas la portò lungo un sentiero che dalla piazzetta conduceva a un boschetto di limoni e qui – sotto quell'ombra profumata – rimasero due o tre ore a guardare il Mediterraneo che splendeva sotto i loro occhi, mangiando pane casareccio intinto nell'olio con qualche pomodorino preso nell'orto.

Per chi le ha conosciute in quegli anni, le Eolie avevano – ancora più di Capri – l'aspetto di un luogo pagano e, se rimanevi sulla spiaggia, avevi l'impressione che fosse passato da poco il dio Pan, quello che sembrava morto, trasformato in diavolo dalla religione cristiana. Francesco ha percorso un'infinità di volte quelle spiagge, sempre nella speranza di incontrare non il dio Pan ma la signorina Nausicaa; e sono convinto che con la sua grazia e il suo modo affabilmente irresistibile, l'avrebbe convinta a venire a villa Valguarnera e sistemarsi in terrazza per intingere quel pane nell'olio che era il segno sicuro di essere nel posto giusto.

Stefano Malatesta

Prima parte

Troni e sedili d'oro
comodi... per i nemici

Sono nato il 21 novembre del 1919 – distrazione o scaramanzia di papà, visto che ero venuto alla luce il 17 – in quella grande e sontuosa stanza in cui erano nati mio padre, mio nonno, il mio bisnonno e, prima ancora, tanti altri Alliata.

Quella stanza matrimoniale ideata, progettata, decorata e arredata ai primi del Settecento per accogliere ogni coppia capostipite della famiglia, era ed è tuttora caratterizzata dalle pitture sulle sovrapporte delle quattro vaste aperture e sul soffitto, dove le allegorie adeguate al luogo – il sonno, il silenzio – erano movimentate da leggiadre immagini di gioco dei bambini dell'avo costruttore del palazzo Villafranca. La grande alcova era al centro della parete principale con ai lati i due camerini-spogliatoio ricchi di pitture e ornamenti. La verde seta "lampasso" delle nostre antiche filande sui monti Nebrodi rivestiva le pareti con grandi motivi floreali. Di fronte all'alcova, a sinistra, una delle imponenti porte era finta perché nascondeva l'altare ribaltabile con la Pietra Santa che, in virtù di una rara concessione pontificia, autorizzava la celebrazione della messa proprio lì. La stanza era ubicata all'angolo sud-est del palazzo, in fondo alla sequenza dei saloni di rappresentanza, così da permettere ai numerosi visitatori della puerpera, che esponeva il nuovo nato ad amici, dignitari, personale e popolo dei feudi, di congratularsi con lei – e di constatare l'autenticità del parto, così come era d'uso nei secoli scorsi presso le dinastie reali e quelle con importanti poteri di giurisdizione su persone e territori.

Mia madre aveva una bella voce di contralto e da gio-

17

vane aveva studiato con una nota ex cantante, la Signora Maresca. Talvolta, dopo molte insistenze di alcuni parenti melomani, si esibiva in famiglia con le romanze di Francesco Paolo Tosti. Più di tutto, però, amava recarsi al teatro Massimo, vanto di Palermo sia per l'architettura che per la qualità dei direttori d'orchestra e dei cantanti che lei "catturava" per i suoi concerti di beneficenza nel palazzo. Beniamino Gigli, Toti dal Monte, Maria Caniglia, Walter Gieseking si avvicendarono così nella quadreria, ambiente acusticamente perfetto grazie al soffitto in legno a cassettoni. Un pianoforte a coda Steinway & Sons su una pedana al fondo del salone aveva sostituito il clavicembalo sul quale le mie ave si esercitavano con le sonate di Scarlatti e Haydn loro dedicate.

Era una sala di circa trecentocinquanta metri quadrati in stile medievale arabescato, con tutte le pareti tappezzate di opere d'arte, fra cui spiccavano le due splendide e grandissime tele di Mattia Stomer, il fiammingo operante a Palermo nel Settecento, e numerose altre di Pietro Novelli detto il Monrealese, il massimo pittore siciliano dell'epoca. Non mancavano poi i "moderni" Lojacono, Rutelli e De Pisis. Statue greche e romane, bassorilievi e puttini del Serpotta si contendevano l'attenzione con un grande armonium impero dai due cassettoni portarulli, dono dell'imperatore d'Austria.

In occasione dei concerti, i severi seggioloni rinascimentali (scomodissimi) venivano sostituiti, insieme al resto degli arredi, da circa cinquecento sedie. La sala era però una ghiacciaia (come disse un giorno a mamà il direttore generale di una grande banca, lì depositato per una decina di minuti da un incauto cameriere: «Cara principessa, lei qui deve fare aspettare il suo peggiore nemico»). Inutili i tentativi di riscaldarla con sette, otto antichi bracieri arabi in rame che, per giorni e giorni, venivano alimentati a carbonella. Poi arrivò la grande novità delle stufe a petrolio, al cui tanfo si poneva qualche rimedio regolando la corretta altezza del "meccio" – la "calza" di cotone accesa – fino a mantenere azzurra la fiamma, segno del massimo riscaldamento e della minima puzza; caldo, però, se ne otteneva poco – l'era delle stufe a gas, con le bombole, sarebbe venuta nel dopoguerra avanzato, portando un qualche conforto.

La quadreria era inoltre il luogo deputato alla lezione di ballo. «La dama deve essere fasciata delicatamente dal braccio destro del cavaliere, il quale deve tenere la mano stretta a pugno e piegata verso l'esterno, lontana dal corpo di lei», raccomandava con pertinacia il compìto maestro Flaccomio. Le lezioni si tenevano il sabato pomeriggio per una ventina di giovani allievi, con attorno diversi genitori che osservavano, commentavano e – in mente loro – progettavano matrimoni. Noi, comunque, ci divertivamo un mondo, soprattutto quando il maestro comandava la "contradanza" in dialetto siculo-francese.

In epoca feudale un'interminabile panca percorreva tutte le pareti di quella sterminata sala, per ospitare la variegata umanità che traeva e dava corso allo scorrere della vita nei territori dei quaranta feudi degli Alliata in tutta la Sicilia. Qui sostavano soprattutto i "postini", ovvero i messi della Correria, il sistema postale del Regno gestito dalla famiglia, che aveva sede nel palazzo. Qui venivano anche smistati su tre diverse scale – meno imponenti dello scalone d'onore riservato agli ospiti di riguardo – fornitori, parrucchieri e cerusici, precettori, creditori e debitori, postulanti di lavoro e favori.

Gli "ospiti di riguardo", invece, avevano accesso ai vari saloni da un portone in noce scolpito che al culmine dello scalone d'onore si apriva sul vestibolo e su una grande vetrata a quattro ante in mosaico di vetro colorato, dove erano raffigurati i santi di famiglia Dazio e Leone, martiri (il terzo, Signoretto, allora solo Beato, fu santificato in seguito).

Dopo l'abolizione del feudalesimo, nel 1813, che trasferì allo Stato centrale quasi tutti i poteri fino ad allora esercitati dal feudatario su *università* (i comuni), *casali* (i feudi) e

19

fuochi (le famiglie), da lui amministrati con "mero e misto imperio", il fitto via vai dei visitatori finì, come anche la funzione di centro di smistamento del salone che così venne accorpato agli altri attigui trasformandosi nella quadreria.

Il vero e proprio salone da ballo, dotato dell'unico grande camino del palazzo, interamente in pietra d'agata delle nostre cave rivestita di bronzi dorati era toccato – insieme al preziosissimo salotto di cuoio marocchinato con gli stemmi di famiglia – allo zio Enrico, fratello minore di papà, che gestiva l'azienda del vino Corvo. Egli viveva con la moglie, l'esuberante soprano cileno Zonia de Ortuzar, e le due figlie Topazia e Orietta in un appartamento al piano ammezzato tra quello nobile e il secondo. Allievo di Krishnamurti e amico di Rudolf Steiner, zio Enrico era un pioniere del vegetarismo, oltre che un favoloso cuoco e autore nel 1930 del manuale, edito da Hoepli, *Cucina vegetariana e naturismo crudo*, che aveva cercato invano di titolare *Manuale di gastrosofia naturista*, riferendosi ai principi trasmessigli dal suo maestro indiano. Le 1050 ricette di sua invenzione sono il testo sacro dei vegetariani, più e più volte riedito.

Lo "stirato" dei saloni ne comprendeva sette tutti in fila che, spalancando le grandiose porte, si trasformavano in un interminabile ambiente per ricevimenti. Le sale si affacciavano con ampi balconi a petto d'oca su piazza Bologni, la più splendida piazza barocca di Palermo. Nel Cinquecento era uno slargo informe occupato da case modeste della famiglia Beccadelli da Bologna, chiamati popolarmente "i Bologni", denominazione rimasta anche dopo che i miei avi ne acquistarono le case per erigere il nuovo palazzo di famiglia. Il primo, infatti, costituito da tre case-torri erette nel quartiere dei pisani di fronte alla chiesa di San Francesco, il santo da loro venerato e "importato", era divenuto troppo angusto.

Nei saloni alcuni dei soffitti – quelli affrescati da Gaspare Serenario – raffiguravano apoteosi e trionfi della famiglia Alliata che mi furono sempre indecifrabili. Erano circondati da una festa di stucchi e oro che Donald Garstang, lo specialista del Serpotta, definisce "di impareggiabile splendore".

Noi identificavamo i saloni a seconda del colore delle tappezzerie. Il salotto giallo veniva usato per le visite di poche persone perché, essendo più piccolo, si riscaldava più facilmente. Aveva l'originario lampasso impero color oro, divani bianchi e oro e un'infinità di poltroncine e sedie tutti "da tortura", perché senza molle, data l'epoca. Un grande ritratto del Benvenuti, di primo Ottocento, riproduceva la bellissima Agata, ultima del ramo primogenito dei Valguarnera, che portò agli Alliata le proprietà e i titoli della sua casata. Semidistesa su una "dormeuse" alla maniera di Carolina Bonaparte Borghese, dalla scollatura dell'abito Impero occhieggiavano le belle forme del petto (prima che le facesse lei stessa coprire da un pudico merletto bianco). Sullo sfondo il Vesuvio e il golfo di Napoli, dove visse con il marito Giuseppe principe di Villafranca per un breve periodo della loro tumultuosa e appassionata esistenza, fatta di rivoluzioni, esilio, arresti e condanne a morte, importanti conquiste politiche e straordinarie imprese industriali, anche internazionali, che travolsero per sempre, nel bene e nel male, la nostra famiglia. Scene della loro tenera intimità famigliare sono riprodotte sulle quattro facce pergamenate di una "veilleuse" napoleonica a forma di tempietto che una candela sempre accesa illuminava dall'interno.

Attigua al salotto giallo era l'originaria camera da letto in cui sono nato, che anni dopo, quando mia madre intraprese la razionalizzazione dell'intero appartamento, venne trasformata in camera da pranzo. Nell'alcova, non più necessaria ai controlli sull'autenticità del parto, fu sistemata una grande vetrina per alcuni dei duemila pezzi del servizio da tavola di porcellana per cento persone della manifattura di Saint-Denis, appositamente commissionato al duca d'Artois nel Settecento. A quel tempo le camere da pranzo non esistevano e si allestivano i tavoli in questo o quel salone a seconda del numero degli invitati, qualsiasi fosse la distanza dalle cucine a pianterreno, che erano dotate di complessi montacarichi e si estendevano per tutta la profondità del palazzo. Nell'era moderna, invece, non essendovi più lo stuolo dei servitori, era indispensabile cucinare in locali prossimi alla zona pranzo, come pure era necessario che le stanze da letto avessero un bagno adiacente e confortevole.

Il salotto verde era dominato dalla *Crocifissione* dipinta da Anton Van Dyck su commissione della famiglia durante il suo soggiorno a Palermo – c'erano, in archivio, il contratto di commessa e le ricevute di pagamento dell'Autore. Oltre alla tappezzeria, erano verde e oro anche poltrone, consolle e tavolini barocchi, nonché la rara collezione di rane in bronzo della dinastia Ming. Sole note di colore diverso erano le variopinte *girandoles* di Murano e la portantina d'oro tappezzata in voluttuoso velluto rosso ricamato d'argento. Con i suoi decori, pitture e intagli era (è) la più sontuosa che abbia mai visto.

Come la portantina, l'intero salone e quelli successivi erano off-limits per noi fratelli in età "irresponsabile". Nell'attiguo salotto rosa, invece, potevamo ottenere il permesso di organizzare festicciole con nostri coetanei.

Il salotto rosa era anche il luogo in cui ogni anno nella notte di San Silvestro si approntava per il rituale baccarat un tavolo lungo e stretto ricoperto da uno degli arazzi che nel 1714 avevano addobbato la facciata di palazzo Villafranca per accogliere Vittorio Amedeo II di Savoia – per breve tempo re di Sicilia – e della moglie Anna d'Orleans. La visita è testimoniata da un'incisione dell'epoca e da una copiosa documentazione sugli stretti contatti fra le nostre famiglie. Tre principi, un Villafranca e due Valguarnera, si erano addirittura trasferiti a Torino nel diciottesimo secolo, ottenendo i massimi incarichi politico-militari del regno piemontese e, in segno di amicizia e riconoscimento, il dono di un ritratto della sovrana.

Ora lo sguardo rigido di Anna d'Orleans si appuntava

sul tavolo di baccarat, dove mia madre, che a quel gioco vinceva sempre, cercava invano di perdere a favore dei numerosi ospiti, giovani e anziani. Le puntate erano basse e l'allegria alta, ma a me quel quadro di regina compassata e severa metteva inquietudine, al pensiero che spesso i personaggi del tempo venivano ritratti appena defunti e per farli sembrare vivi i loro occhi erano tenuti aperti con stecchini. Più volte Umberto di Savoia, quando era ancora principe ereditario, sollecitò mia madre a vendergli il ritratto dell'ava, sostenendo di non averne altri di lei. Dopo molti diplomatici rifiuti, ottenne infine da mamà il dono di una splendida copia appositamente commissionata, e il "caso" fu chiuso con reciproca soddisfazione.

Questa era mamà. Chiunque altro avrebbe approfittato di una simile occasione per ottenere chissà quali vantaggi dalla Casa reale, cedendo il quadro e tenendosi la copia. Non lei. Vittoria San Martino De Spucches si era sentita investita sin dal giorno delle nozze del ruolo che le avevano assegnato i Villafranca scegliendola per le sue competenze giuridiche e i suoi talenti manageriali. Talenti del tutto estranei a mio padre, preso com'era dalla vita bohémienne che, tra musica e pittura, conduceva insieme all'inseparabile gemello Alvaro (secondogenito per il diritto araldico). La "missione" di mia madre fu di tutelare a tutti i costi il patrimonio storico, recuperando persino alle aste ciò che parenti di manica larga disperdevano.

La sua ingente dote personale fu gestita e oculatamente impiegata per incrementare il valore delle proprietà, accorpando i cespiti divisi, impiantando nuove colture e restaurando a tutto spiano. Così, dopo la guerra, quando il palazzo fu investito dall'onda d'urto delle bombe alleate piovute tutto intorno, mamà – senza attendere provvidenziali contributi – ripristinò l'angolo danneggiato: la tappezzeria del salotto verde, ridotta in brandelli, fu allora sostituita da una identica, ordinata alla ditta Pignalosa di Roma, così come il lampadario dalla fedele riproduzione di un Murano della

Reggia di Versailles. Il pavimento fu rifatto da un abile ceramista, mentre il restauro di porte e imposte, intagliate a bassorilievi e interamente dorate, fu affidato all'artista Rocchieri, al quale mi sarei rivolto anni dopo per resuscitare l'antica vettura protagonista del mio film *La Carrozza d'oro*.

Infanzia troppo breve
di un piccolo principe

Sin da bambino mi fu fatto pesare il privilegio di discendere da una stirpe le cui origini si perdono nei miti degli Imperi romani d'Occidente e d'Oriente, ma anche da una stirpe "eccentrica", poiché i miei genitori esigevano dalla loro prole – quattro fratelli e una sorella – soprattutto il rispetto dei doveri materiali e morali, più che l'esibizione del potere. Fummo quindi allevati (praticamente solo da nostra madre, rimasta vedova quando avevo nove anni) con criteri di sana spartanità: non ci mancò mai il necessario, ma niente di più. «La vita uno se la deve costruire con le proprie capacità sulla base di una solida cultura e di una ancor più solida educazione», era il principio di mamà.

Così già subito dopo la morte di mio padre, nelle giornate di festa o di vacanza venivo spedito da solo in una delle proprietà agricole di famiglia per controllare, di volta in volta, la raccolta dei limoni a Bagheria, la vendemmia a Casteldaccia o sui monti Peloritani, affrontando sin dalle quattro di mattina ore di marcia, di tram, di treno o di corriera.

Mi venne anche assegnata la correzione delle bozze dell'opera ciclopica del nonno materno Francesco San Martino De Spucches, duca di Santo Stefano di Briga, *Storia dei feudi e dei titoli nobiliari di Sicilia*[1], rimasta incompleta per la morte dell'autore. La figlia Vittoria, mia madre, la fece stampare da una singolare tipografia, l'istituzione benefica Boccone del Povero del reverendo padre Messina, che raccoglieva gli orfanelli poveri di Palermo e Provincia e li avviava a vari mestieri.

---

1   F. San Martino De Spucches, *Storia dei feudi e dei titoli nobiliari di Sicilia*, Palermo, 1924-1940.

Mamà era molto devota a questo sacerdote e, quando veniva a sapere di figli orfani di mafiosi ammazzati dalle parti di Bagheria e di Casteldaccia, li portava da lui, insieme a offerte e contributi per far sì che potesse mantenerli, educarli e allontanarli per sempre da quell'ambiente malsano. Con le radici nel messinese (Provincia allora non sfiorata dal crimine organizzato), gli studi a Friburgo e per giunta istruita in giurisprudenza dal padre magistrato, ci allevò tutti nella più ferrea presa di distanza dalla mafia. Non si stancava di metterci in guardia contro una mentalità che purtroppo contaminava anche il nostro ambiente sociale.

La stampa dell'opera (7500 pagine in dieci volumi), che durò dal 1925 al 1940, fruttò un bel reddito agli orfanelli. Ma a me causò terribili sacrifici, perché quelle bozze di stampa, che dovevano eternare per i posteri la storia – infarcita di migliaia di date e dati, di siti e nomi scorbutici, di istituzioni spagnole e siciliane a me del tutto sconosciute – dei circa seicento Comuni feudali di Sicilia, sfidarono in un'impari competizione l'impreparata cultura dei giovani tipografi. Fu un'ecatombe lessicale! Le parole non sbagliate erano proprio poche; furono molto più numerosi i lacrimoni che tra gli undici e i quindici anni io versai su quei fogli...

Ma l'impegno più pesante che dovetti affrontare da piccolo, fu la copiatura a macchina di innumerevoli citazioni, memorie, comparse, sentenze, perizie, denunce e ricorsi, che erano corollario dell'impegnativa gestione dei beni di famiglia soggetti ad aggressioni di ogni tipo. Tale copiatura avvelenava le ore passate a strimpellare sulla Woodstock, la macchina da scrivere del cui acquisto, negli anni Trenta, mia madre era fierissima. Fu il primo modello, in Italia, in cui il nastro, nero in basso e rosso in alto, sostituiva il tampone imbevuto d'inchiostro. Imparai a battere a macchina con velocità da record per assicurare a mamà l'unico aiuto che in quel momento ero capace di dare a quella donna sola, costretta a educare e far crescere cinque figli piccoli, a gestire un patrimonio complesso e "rognoso" disseminato in varie province della Sicilia, nonché a mantenere e tutelare gli esigenti edifici storici (palazzo Villafranca a Palermo e villa Valguarnera a Bagheria) non trascurando gli oneri sociali di rappresentanza, quale vedova del primogenito. Il tutto senza l'appoggio di alcuno dei famelici amministratori dell'Ottocento di cui si era molto opportunamente sbarazzata all'indomani delle nozze.

Anche sua madre, la nonna Giuseppina, aveva bisogno del mio aiuto, così di tanto in tanto (troppo spesso per me che ero un bambino) compilavo lunghissimi elenchi di ricevute per irrisori canoni di affitto a Messina. Ero il suo nipote prediletto perché portavo il nome dell'adorato marito e me lo dimostrava regalandomi, di nascosto dai fratelli, biscotti e cioccolatini che aveva conservato per me, non sempre al meglio della loro freschezza. Mi regalò anche un proiettore Pathé-Baby col quale organizzavo per i miei amici la visione delle comiche nel salotto rosa, dove eravamo autorizzati soltanto a stare seduti per terra sulla moquette Luigi XVI (una delle prime importate dalla Francia), con la proibizione assoluta di sfiorare poltroncine e divanetti, per non parlare degli oggetti preziosi affastellati nelle vetrine.

Svolgevo le mie mansioni di "amanuense a macchina" nei due immensi locali dell'archivio: il cuore pulsante del palazzo. Trentaquattro giganteschi armadi a muro alti cinque metri, color avorio con perfili d'oro, ne tappezzavano interamente le pareti, sovrastando le numerose scrivanie ormai non più presidiate da amministratori, ragionieri e archivisti, e contenevano trentamila carpettoni, in gran parte rilegati in pergamena, scrupolosamente numerati e schedati nelle "giuliane" che documentavano le vicende patrimoniali, politiche, culturali e private della famiglia sin dal 1300. A quel tempo Filippo Alliata, banchiere della Repubblica di Pisa, figlio, nipote e pronipote di priori di quello Stato, si trasferì a Palermo, da dove espanse le attività del Banco Alliata in tutto il Mediterraneo. La famiglia, intessendo anche in Paesi lontani matrimoni e alleanze "di peso", divenne una delle principali dell'Isola e assunse più volte la presidenza del Parlamento siciliano.

Nel loro apparente silenzio, quei faldoni, che mi intimidivano, parlavano e davano vita non solo al palazzo, ma anche a capitoli importanti della storia di Sicilia. Raccontavano ad esempio le vicende imprenditoriali dei miei avi, anche in settori particolarmente originali come la secentesca "Privativa dell'industria della neve" (che aveva la gestione esclusiva della produzione e del commercio del ghiaccio); la concessione della Correria Maggiore del Regno di Sicilia (il servizio postale tra il 1550 e la fine del 1700); la nascita, nei primi dell'800, della Corvo Duca di Salaparuta, prima – e per quasi un secolo anche unica – industria vinicola siciliana.

Mezzo armadio era zeppo di corrispondenze segrete, gazzette e proclami che riguardavano la Costituzione siciliana, per la quale si era battuta nel 1820 la Giunta Provvisoria di governo, il cui presidente era Giuseppe Alliata, principe di Villafranca.

Ancora minacciosi, nel mio ricordo, i due grossi volumi in pergamena che esibivano ben chiara sul dorso la dicitura *Delle Dilapidazioni di Don Domenico*, che mia madre spesso ci indicava a mo' di ammonimento. Lei si era praticamente trasferita nell'archivio con la sua comoda dormeuse al tempo della complicata gestazione del primo figlio. Frugando tra le antiche carte, una delle sue scoperte era stata la legittimità dell'"apparentamento floreale" tra i gigli del nostro stemma, disseminati sui pavimenti in ceramica, e quelli dell'emblema di Francia – legittimità che oggi non sono più in grado di ricostruire.

Quasi a certificare la fine di un'infanzia breve, quando ebbi circa undici anni, mi fu assegnata da mamà una stanza tutta per me, in un ammezzato dal quale potevo accedere all'archivio direttamente – si fa per dire, perchè ero costretto ad attraversare porte e porticine, scale e scalette interne. Questo sistema di passaggi conduceva anche a un locale chiamato sottocappella, che tuttavia non aveva alcun nesso con il "sotto" né con la cappella. Un mistero che mi spingeva a esplorare quell'enorme spazio dal soffitto percorso da mastodontiche travi, tanto basso da dover stare attenti a non sbattere la testa. Inorridito ma anche attratto dalla sensazione di perdermi nell'angustia dello spazio e del buio, quando qualcuno andava nel sottocappella, mi intrufolavo anch'io. Quello scomodo locale era stato destinato alla custodia di tutto ciò che non era di uso quotidiano, ma serviva tuttavia nelle più svariate occasioni, quando un secolo durava cent'anni. Cristallerie, porcellane, corredi, lumi e candele, tappeti e tendaggi erano minuziosamente elencati su ogni sportello degli scaffali che occupavano l'intero perimetro di cento e più metri lineari. Ai tempi miei si erano andate anche ammucchiando cose sgangherate e coperte da uno strato di polvere allarmante, oggetti dismessi e sfuggiti alla memoria, novità "antiche" che talvolta venivano reintrodotte in casa in una sorta di avvicendamento generazionale.

Quando conquistai la mia camera singola, pensai subito di arredarla andando a pescare nel sottocappella. Vi trovai lunghe mensole di legno da appendere tutto intorno alla stanza e riempire di libri. Ero un lettore famelico di autori americani, francesi, russi, ma soprattutto di Jules Verne. La nota stonata di quella mia privilegiata collocazione logistica era il bagno: a distanza di trenta scalini in verticale e di circa cinquanta metri in orizzontale.

L'assenza di comfort faceva parte della nostra educazione spartana. Anche se carichi di titoli nobiliari, una quarantina circa, con una "posizione" (così si diceva all'epoca) patrimoniale solida, mia madre non volle mai uniformarci all'andazzo che ancora sussisteva nelle famiglie nostre pari. Niente spreco di servitù, niente amministratori, niente lusso appariscente: *Mavult principem esse quam videri* ("Bisogna essere principi, piuttosto che apparirlo") recitava il motto della famiglia catalana confluita nella nostra, riportato sul grande affresco centrale di villa Valguarnera a Bagheria. Era d'obbligo una solida preparazione alla vita, impostata sullo studio, sulla coltivazione delle belle arti, dall'archeologia alla musica, alla pittura – esercitate da mio padre, dai suoi fratelli e sorelle e dai loro predecessori con buon talento, ma rigorosamente da *amateur* – e soprattutto sull'operosità "illuminata". Un esempio per tutti: fummo addestrati ad apprendere e parlare il dialetto siciliano, perché mamà diceva: «Se non dialogate con i nostri contadini nella loro stessa lingua, essi vi considereranno estranei e non vi rispetteranno».

Alcuni anni dopo la morte di papà, potevo avere dodici, tredici anni, mia madre sposò Ettore Gabrici, un archeologo napoletano arrivato a Palermo come direttore del Museo Archeologico e professore universitario. Visse a lungo con noi, dando l'impressione di farlo sempre in punta di piedi. Durante le ore di studio se ne restava rintanato nel suo eremo, una delle sale della biblioteca, che era stata sgomberata e poi gremita delle sue centinaia di volumi. Puntuale all'una e alle otto di sera scendeva nello studio di mia madre per ascoltare il giornale radio. La pendola, marcata Stoner e Zollikofer, orologiai svizzeri operanti a Palermo, suonava l'ora in esatta coincidenza con il suo arrivo. Silenzioso, affabile con tutti, soprattutto con noi ragazzi (a me insegnò a leggere, regolare e caricare l'orologio da polso), nelle serate in cui riuscivamo a farlo parlare di archeologia si apriva come una conchiglia in mare e, illustrandoci le monete con i magnifici ritratti di imperatori, le teste greche o i vasi attici delle nostre antiche raccolte di famiglia, ci faceva rivivere il favoloso mondo della civiltà classica.

La campana del palazzo
suona anche per la spesa

Il cerimoniale della spesa a palazzo Villafranca cominciava ogni mattina verso le dieci, domenica compresa. Mamà andava a letto sempre tardi, tardissimo; talvolta non ci andava affatto, avendo trascorso tutta la notte alla scrivania, ostaggio delle sue scartoffie di amministrazione. Con la peretta del campanello pendente dal capezzale lanciava il suo primo messaggio alla cameriera-cuoca, non facile da trovare perché spesso dispersa tra stanze, saloni, salotti o in qualche ammezzato.

Finalmente, dopo insistente scampanellare, Maria arrivava con il rituale libretto della spesa, un quaderno dalla superficie nera e lucida e con i bordi delle pagine profilati in rosso. Oggetto di ordinaria cartoleria, nelle loro mani diventava una specie di Bibbia di famiglia, o un trattato di filosofia alimentare. Il libretto riportava le quotidiane liste della spesa con relativo rendiconto dei costi delle cibarie e veniva aggiornato con i desiderata della capofamiglia e i suggerimenti della cuoca.

Maria Senis, sarda, piccola, magra, veloce come un furetto, brutta, bruttissima, con i capelli neri come l'inchiostro sempre arruffati, lavorò con noi per una ventina d'anni, come si usava ancora a quel tempo, usanza che assimilava il personale di servizio all'immagine e alle consuetudini dei "padroni". Maria si affezionò molto a mamà, malgrado i rabbuffi che da lei riceveva di tanto in tanto, come richiamo ai suoi peccati veniali (in due parole: era sciatta e "ngrasciata", poco pulita, insomma). Arrivò in casa in età già matura, analfabeta ma intelligentissima, e divenne tanto autorevole da riuscire a "impettare" vittoriosamente con quel fulmine di guerra che era Sarina, la nostra intrepida portiera, altra fedelissima "scudiera" che durante le assenze di mamà assumeva le redini dell'intero palazzo, inquilini compresi. Era lei la destinataria del libretto, responsabile della spesa alimentare. Quando Maria si ammalò gravemente, mia madre andò a visitarla di frequente in ospedale e la assistette al momento della morte.

Alla consegna del libretto cominciava fra le due il conciliabolo per l'elaborazione del menu quotidiano.

Domanda: «Ne abbiamo patate?»

«Sì, signora principessa: abbiamo anche delle arancine di riso rimaste ieri sera, cosa ne facciamo?»

Le arancine erano in riso cotto, ma non troppo, imbottite di succulento ragù e rivestite di pangrattato. Da un tuffo nell'olio bollente, quello purissimo dei nostri uliveti, riemergevano ancora scoppiettanti e già croccanti come biscotti. Maria ne era maestra di cottura.

«Ce le mangiamo stasera, le arancine», era la risposta.

Non si gettava quasi mai nulla, e tanti erano gli accorgimenti dettati dalla tradizionale parsimonia contadina – di cui tutti eravamo allora praticanti – per trasformare le pietanze in esubero, sempre con discreta soddisfazione del palato.

Il conciliabolo si concludeva con la domanda cruciale: cosa mangiare oggi? (Intanto si erano fatte le undici, sempre che non fossero arrivate telefonate interminabili.) Armata di penna, calamaio e inchiostro poggiati sul comodino rococò, la nostra decana con la sua inconfondibile calligrafia ordinata, dalle lettere alte, appena puntute, leggibili facilmente, cominciava a vergare sul libretto la comanda per Sarina.

A quel tempo la calligrafia era materia fondamentale alle elementari, poiché gli educatori ritenevano condannabile la brutta grafia come un gesto di maleducazione verso il lettore. Ricordo le migliaia di a, emme, ti e zeta che, come compito a casa, dovetti scrivere in decine e decine di pagine di quaderno, assillato da due spauracchi: il cattivo voto a matita rossa che il maestro Di Girolamo avrebbe potuto mettermi e le severe e tenere bacchettate sulle dita che la nonna materna Giuseppina mi avrebbe somministrato al primo errato svolazzo sulla a o sulla gambetta della enne.

Quanti oggi fanno ancora tanta attenzione alla grafia? Le ricette mediche sono indecifrabili, come pure gli appunti e le note a mano libera su fogli e foglietti, e persino le pagine vergate da illustri avvocati e colti professori. Non parliamo, poi, degli scritti dei mancini! Anch'io nacqui mancino, ma la bacchetta della nonna – arma di grande effetto psicologico – appariva tempestiva, tanto che mi adattai prima a scribacchiare con destra e sinistra, poi a scrivere con la sola destra (anche se ogni tanto la sinistra riemerge dal sonno).

La lista della spesa intanto procedeva: un chilo e mezzo di maccheroncino, due di pomodoro per salsa («Sarina, mi raccomando che siano ben maturi»), un chilo di "cozzo di sfasciatura" o di "perno" o di "tenero di codata", i misteriosi nomi dei tagli di carne bovina che mamà distingueva e sapeva controllare con occhio esperto. Dove e come li aveva appresi questi nomi, lei che non era mai andata in cucina né nei negozi dei fornitori? Anche nel conoscere i pesci era bravissima e a capirne la freschezza. Il dentice, l'orata, la triglia di sabbia, quella grigia, o di scoglio, quella rossa, calamari e totani, seppie e "pulpiceddi", la ventresca di tonno e le sarde. Le sarde si dovevano mangiare solo nei mesi con la erre, quindi mai a gennaio né tra maggio e agosto; nei mesi prescritti, quelle pescate nel mare palermitano erano meno grasse e si prestavano mirabilmente a essere cucinate insieme a pinoli, uva passa di Smirne, finocchietto selvatico, pangrattato e zafferano. Il composto, una volta cotto, doveva maturare per un intero giorno affinché i vari sapori si amalgamassero tanto da crearne uno nuovo, diverso e supremo: quello della pasta con le sarde, la pietanza sovrana di Palermo.

Sulle minuscole pagine del libretto della spesa la scrittura correva veloce ma puntigliosa: le nespole dovevano essere quelle di Ficarazzi, il latte di ieri non era di giornata e le mafalde non erano croccanti. La mafalda era il pane popolare di Palermo. Operai, muratori e contadini lo tagliavano per il lungo, lo farcivano di squisite panelle, rettangoli di farina di ceci annegati nell'olio bollente di semi, e lo addentavano famelici allo stacco di mezzogiorno.

Un delicato toc-toc alla porta e arrivava Raimondo, mio fratello minore, che mamà chiamava Mommicchio (c'era molto amore e molta allegria nella sua voce quando pronunciava i nomignoli da lei coniati: io ero Ceccuzzo, Giuseppe era Piluzzo). Raimondo era un ragazzo pieno di iniziative, anche temerarie (una delle quali – la voglia di vedere dal vero il famigerato Giuliano – gli sarebbe costata cara: partito per Montelepre con il cugino Ninni De Gregorio, furono entrambi bloccati dai banditi e rispediti a casa completamente nudi).

Mommicchio era anche un solerte e giudizioso aiutante di campo per gli affari di mamà. Ogni mattina si recava in banca a cinquanta metri dal palazzo e tornava a rendergliene conto prima di salire in amministrazione, un piano più su. Qui, per prima cosa, metteva sul giradischi uno dei suoi prediletti LP: amava immensamente i *Te Deum*, gli *Stabat Mater* e, come somma gratificazione, le Messe solenni.

La diversità di carattere e di gusti fra noi tre fratelli si manifestava anche nella musica: il sacro, che lui prediligeva, a me incuteva depressione e tristezza, come se mi fossi trovato in uno di quei monasteri trappisti di austerità trascendente nei quali il "padre ricordante" bussava alle celle dei confratelli quattro volte ogni ora annunciando: «È trascorso un quarto d'ora della nostra vita: ricordati, o fratello, che dobbiamo morire».

A me andava bene, benissimo qualsiasi autore di musica sinfonica, da Brahms a Beethoven, a Mendelssohn, con particolare inclinazione verso Haydn, Vivaldi e Mozart. Giuseppe, invece, si deliziava con la lirica, ascoltando più volte "la scena della pazzia" dalla *Lucia di Lammermoor* di Donizetti con gli ineguagliabili gorgheggi di Toti dal Monte.

Con la consegna del libretto dalle mani di mia madre a quelle di Maria Senis iniziava la fase operativa e bisognava recuperare il tempo perduto. Maria allora trotterellava spedita verso la cucina, ed era quello il momento in cui entravano in scena le campane del palazzo.

Le campane erano due, del diametro di circa trenta centimetri, collocate nei due cortili, a est e a ovest dell'androne. La campana ovest, da cui pendeva una robusta corda, veniva usata per allertare la portineria e far salire e scendere un paniere in vimini nel quale venivano spediti su o giù cibarie, oggetti e posta. La campana est, presso l'ingresso della portineria, aveva un'altra funzione: quella di avvisare il personale di casa dell'arrivo di un ospite importante (un solo tocco) o di famigliari e personale (due, tre o quattro tocchi).

L'approntamento della comanda sul libretto della spesa veniva annunziato con uno scampanìo fragoroso e perentorio a Sarina, che subito tirava fuori dal paniere il libretto nero e partiva sgambettando per gli acquisti del giorno.

Perché comprare ogni giorno per lo stesso giorno? La risposta è semplice: a quel tempo non esistevano i frigoriferi. L'unico luogo dove mantenere a medio o lungo termine qualche alimento era la dispensa, ma non vi si potevano conservare quelli a rapida deperibilità.

La dispensa era il locale più fresco e ventilato del palazzo. A terra vi erano giare di olio da trenta-quaranta litri, damigiane da cinquantadue litri di un vino che diventava aceto a mano a mano che diminuiva, e un avvicendarsi di sacchi e cassette contenenti, secondo stagione, castagne, noci, ceci, mandarini, ciliegie, pere, pesche, fave, lenticchie, uva, limoni, tutti provenienti dalle nostre tenute.

Sui ripiani ventilati barattoli, vasi e vasetti, scatole e bottiglie contenevano estratto di pomodoro, olive "cunzate", melanzane e peperoni sottolio, salse e confetture di produzione casalinga, in un miscuglio confuso di odori che si fondeva nel tipico odore di "riposto", come si chiamava in Sicilia la dispensa. I soli cibi preconfezionati industriali che vi si trovavano erano le "boatte" (dal francese *boite*, lattina) di salmone canadese (disgustoso), di sgombro (poco più gradevole) e di tonno nostrano (eccellente).

Il *sancta sanctorum* era in quei ripiani – difesi contro gli invasori, volanti o terrestri, da pareti rivestite in lamiera e sportelli con fitte retine – dove si conservavano i cibi deteriorabili, dai carnaggi ai "dolci da riposto": bocconotti, conchiglie, minne di vergine, panzerotti, buccellati, gelati di campagna (fatti di zucchero e canditi), pasticciotti, pietrafendole e trionfi di gola, tutte delizie prodotte dalle monache di clausura e che si andavano a ordinare nei conventi da dietro la "ruota".

I carnaggi erano i tradizionali conferimenti in natura di derrate agricole, che gli affittuari dovevano pagare oltre al canone in denaro. Il "riposto", anzi l'intero palazzo entrava in fibrillazione quando, una volta l'anno, arrivavano dai terreni a pascolo due o tre tonnellate di pezze di formaggio da dieci chili ciascuna.

Il pecorino "incanestrato", pepato e stagionato da grattugiare possedeva una forza di persuasione inevitabile: tutto acquisiva il suo sapore, anche quando era pessimo, come capitava frequentemente, annichilendo così ogni pietanza. A mia madre che protestava i pastori rispondevano: «Che vuole, signora principessa, quelle terre sono fatte di zolfo e sale, e l'erba viene con quel cattivo sapore». Naturalmente non era vero.

Numerosi omaccioni attrezzati di coltellacci, mazze e arnesi da macellaio affettavano, spaccavano e pesavano sulla bascula le innumerevoli forme di cacio da ripartire fra i parenti comproprietari dei pascoli, secondo le rispetive quote: ottantasette millesimi a questo, trentotto a quello, dodici a quell'altro e così via. Un rito che la matriarca seguiva con lo scrupolo e l'attenzione di un chirurgo in opera. Noi ragazzi, pur invocando tutte le possibili scuse scolastiche, ne venivamo in qualche modo coinvolti, anche se solo per registrare le pesate o scrivere bigliettini per i vari destinatari.

Inoltre, eravamo poi costretti a smaltire quei 70-80 chili di pecorino di nostra spettanza. A lavoro finito, per almeno quindici giorni non c'era verso di far scomparire dall'intero palazzo l'inarrestabile odore delle pezze (da piedi poco puliti, aggiungevamo noi).

Ma non erano questi gli unici carnaggi: quando andavamo in campagna ritornavamo sempre con qualche pollo, coniglio o agnello, immangiabili per la durezza delle scarse carni. Il viaggio in compagnia di quei poveri animali destinati ai fornelli diventava un'avventura: come quando da Santo Stefano di Briga tornammo a Palermo con un magnifico tacchino, animale allora raro e pregiato in Sicilia, che ci fece deviare e arrestare almeno venti volte alla ricerca di fontanelle che saturassero la sua inestinguibile sete, manifestata con alti starnazzi che ci massacravano le orecchie; o quando, tornando in città, ad esempio da Casteldaccia o Bagheria, dovevamo arrestarci al casello del dazio (la famigerata imposta comunale sui consumi istituita nel Medioevo e abolita in Italia solo negli anni Ottanta del secolo scorso). Ogni volta si era costretti ad aspettare in coda con macchine, carrozze, carretti o pedoni, per dichiarare magari dodici uova, quattro galline e una ricotta e pagarne il relativo importo – sempre che il "bavarese" (come chiamavamo il daziere), sospettando falsa la denuncia, non venisse a mettere tutto sottosopra in macchina per accertare se lo avevamo imbrogliato o meno.

La grossa chiave della dispensa era nelle mani di nonna Giuseppina, e lei difendeva quel ben di Dio con la parsimonia delle generazioni di estrazione agricola che ancora ragionavano in once, tarì, soldi e centesimi. Non ci permise mai di abbandonare cibo nei piatti o bocconi di pane sulla tavola, «tutta grazia di Dio che tanta gente desidera».

Una Isotta Fraschini
al posto della diligenza

Il cortile di levante di palazzo Villafranca – quello che, insieme al lungo androne e ai due grandi portoni sulla piazza, era nato come area di smistamento di uomini, cavalcature e diligenze per il servizio postale – in origine era costituito soltanto da robuste colonne in marmo a sostegno dei piani superiori, senza muri divisori. I vuoti tra le colonne furono riempiti dopo che il terremoto del 1751 aveva reso necessario il consolidamento di parti del palazzo e di conseguenza il rifacimento della facciata a opera del Vaccarini. Successivi interventi furono poi realizzati quando gli Alliata persero la concessione della Correria, riscattata nel 1786 dal re di Napoli e Sicilia. Solidi muri eretti tra le colonne crearono rimesse per le carrozze e scuderie per i cavalli.

Il grosso dei mezzi di trasporto, però, a quei tempi era collocato e mantenuto nel parco detto Firriato dei Villafranca. Qui, la cavallerizza poteva ospitare cento cavalli e numerose carrozze. Questo immenso parco botanico-zoologico, di caccia e di pesca, che si estendeva per settanta ettari e comprendeva una corposa biblioteca specialistica aperta al pubblico, fu creato dal nulla a partire dal 1712 dal mio infaticabile avo costruttore Giuseppe I che lo aveva popolato e abbellito con piante e animali esotici, come gli struzzi, da inviare in dono ai sovrani stranieri. Il parco, tanto prossimo alla città da esserne ingoiato un secolo e mezzo più tardi, è oggi scomparso persino dalla memoria dei palermitani. Testimone del primo dei tanti espropri, quello del 1820, resta oggi il truce carcere borbonico dell'Ucciardone, così chiamato dai cardi, *les chardons*, che vi crescevano abbondanti.

Negli anni della mia infanzia, tra il '26 e il '27, le rimesse del palazzo ospitavano le automobili dei tre fratelli Alliata: papà, il capo famiglia, zio Alvaro, suo gemello, e zio Enrico, il minore dei tre, che gestiva con alta competenza, avendo studiato enologia in Francia, l'azienda famigliare del vino Corvo (unica in Sicilia) che suo nonno Edoardo duca di Salaparuta aveva fondato un secolo prima.

Lo zio Alvaro aveva comprato una Isotta Fraschini, la marca automobilistica italiana che cercava di competere con la Rolls Royce inglese. Nei due angoli posteriori del "ballon" – la carrozzeria chiusa retrostante il posto guida, dal quale era del tutto separata – erano ricavati due eleganti armadietti: uno con spazzole e pettini – per la Signora, suppongo – e uno con coppe, bicchieri e bottiglie in luccicante cristallo Baccarat – evidentemente per il Signore. Al montante in mezzo ai due vetri laterali di destra era appesa una cornetta che serviva a comunicare con lo chauffeur (il termine "autista" sarebbe nato col fascismo) a mezzo di un lungo tubicino accuratamente nascosto dalla tappezzeria che ricopriva tutto l'interno. Non vidi mai uscire dal garage la pomposa Isotta Fraschini nera, se non tanti anni dopo, durante la guerra, quando ne fu cavata fuori con una robusta corda tirata da un altrettanto robusto mulo: ebbi l'impressione di coglierne l'umiliazione, mentre passava malinconica e lenta tra le colonne e le statue ai lati del grande portone. Si raccontava in famiglia che lo zio Alvaro, per via della sua notevole stazza, avesse rinnegato l'uso di quel nuovo mezzo di trasporto sin dall'acquisto e che la zia Tina, sua moglie, si era tanto terrorizzata all'uscita inaugurale da non voler più ripetere la traumatica esperienza.

La nostra automobile più modestamente era una Fiat modello 505, targata 43998 (poiché 43 era la matricola della Provincia di Palermo, dal numero della nostra auto, la 998, si evince che a quell'epoca erano state immatricolate meno di mille auto). La nostra Fiat aveva due versioni, estiva e invernale, alternate. Nella stagione fredda, si montava sulla base della carrozzeria, alla quale veniva fissato con numerose linguette metalliche, un "ballon" simile a quello della Isotta Fraschini, ma privo di armadietti, dotato di due strapuntini anteriori nascosti dietro il sedile di guida, ribaltabili quando necessario. In estate, si toglieva il "ballon" e si montava, più o meno allo stesso modo, la capotte, ispirata alla stessa tecnologia del mantice delle carrozze. La capotte si poteva tenere tutta ripiegata indietro fissata con cinghie di cuoio per godersi il sole e l'aria (e la polvere), oppure distesa a ricoprire l'automobile, così da riparare i passeggeri dai raggi solari. Ci si poteva anche proteggere dalla pioggia (e da sguardi indiscreti) montando i cosiddetti laterali, sei o otto paratie semirigide in celluloide, diciamo trasparente. Potenza del comfort!

La messa in moto della Fiat 505 era con manovella inserita davanti, sotto il radiatore, e agganciata all'estremità dell'albero motore: metteva così in movimento pistoni, valvole di scoppio e scarico e il poco affidabile magnete. La manovella doveva essere azionata con destrezza per evitare il micidiale ritorno di fiamma. L'illuminazione dei fanali era elettrica, fornita da un accumulatore – esattamente uguale a quelli di oggi – caricato da una dinamo e ancora più inaffidabile del magnete. Quante volte viaggiammo di notte al buio lungo la consolare Pompea, l'interminabile Statale Palermo-Messina, stretta, sterrata, polverosa e cosparsa del brecciame che instancabilmente gli spaccapietre producevano negli slarghi e cospargevano lungo la carreggiata, e per dare un segnale della nostra presenza ai quasi inesistenti veicoli veniva agganciata al radiatore una lanterna a petrolio da carretto.

Molti avventurosi episodi si verificavano nei nostri rituali viaggi estivi per andare nella Provincia messinese di cui era originaria mia madre. Di solito percorrevamo i duecentosessanta chilometri di distanza da Palermo in non meno di dodici-quattordici ore, ma capitò che impiegassimo anche due giorni, qualche volta perfino tre, per andare o tornare dalla villeggiatura. Era il termine diplomatico che mamà usava per camuffare il nostro frenetico turbinare fra le quattro sue proprietà terriere e immobiliari per accudire alla amministrazione, vendere le produzioni dei limoni, organizzare le vendemmie, fare i conti colonici, litigare con le "pecore zoppe" (gli inquilini morosi).

La nostra Fiat 505 verde (divenne per un breve periodo rosso fuoco, ma l'inseguimento di un toro la fece tornare al colore originario) in versione estiva veniva caricata "a tappo". Una volta, al posto dei due strapuntini fu collocato un grande baule sul cui coperchio – duro, durissimo – finimmo noi quattro pargoletti, che allora avevamo dai due agli undici anni. Un'altra volta, viaggiò con noi un gatto che, terrorizzato da scossoni e curve, scappava a ogni fermata e fu catturato solo dopo vivaci inseguimenti da parte di tutti noi, chauffeur e bambinaia compresi. Poi fu la volta di un pappagallo che emetteva laceranti stridii di protesta quando, a ogni curva o fosso, la gabbia si rovesciava, privandolo di acqua e mangime.

Le incognite principali durante il viaggio erano sempre le stesse: la resistenza degli pneumatici e il reperimento della benzina; se ne aggiungevano, però, anche altre: come la batteria che non si ricaricava o l'acqua del radiatore che bolliva rumorosamente (ricordo che all'incauto chauffeur che ne aveva svitato anzitempo il tappo, schizzò addosso uno sbuffo di micidiale vapore, per fortuna senza troppi danni).

Quando pioveva, poi, il problema era la pulitura del vetro anteriore. Non esistendo i tergicristalli, il guidatore tirava fuori la mano sinistra e tutto il braccio per cercare di detergere il vetro con uno straccio sempre più inzuppato. I lampeggiatori di direzione non erano neanche nella mente di Dio: sterzando a sinistra, si estraeva il solito braccio per segnalare la svolta; sterzando a destra, se c'era un passeggero a fianco dell'autista, toccava a lui mettere fuori il braccio, altrimenti, nessuno segnalava alcunché. Ci ripenso spesso quando oggi vedo molti siciliani ignorare del tutto l'uso delle frecce.

La verità è che il principale difetto di base era la scarsa preparazione, più mentale che tecnica, degli chauffeur: si trattava per lo più di cocchieri, quindi abituati a gestire animali, che all'improvviso avevano dovuto trasformarsi in gestori di meccanismi bruti, per giunta recalcitranti in maniera a loro del tutto incomprensibile. I motori, infatti, non nitrivano né sferravano calci per far capire che qualcosa non andava, si bloccavano e basta; e il più delle volte non c'era nessuno nel raggio di almeno trenta o più chilometri che sapesse capire perché e intervenire.

I motori di allora consumavano enormi quantità di benzina e un pieno non bastava mai. Poiché non esistevano distributori, in caso di necessità non restava che rivolgersi agli abitanti del paese più vicino. Quasi sempre si trovava qualche privato che in casa teneva ammonticchiate alcune decine di latte quadrate da quattro galloni (circa sedici litri) di benzina con le scritte in inglese, che ne denunciavano chiaramente la provenienza dagli Stati Uniti.

Capitò talvolta che la benzina si esaurisse in tratti solitari della strada o che si bucassero gli pneumatici, allora minuscoli a confronto di quelli odierni. In quelle situazioni ci si affidava al caso, o ai probabili passanti e persino al Buon Dio: ma nessuno di questi risolse mai il problema in meno di cinque o più ore.

1936 – Viaggio a Berlino
per Olimpiadi (e valigie)

Nell'agosto del 1936, mia madre con una delle sue spiazzanti iniziative interruppe la consuetudine dei viaggi estivi in Sicilia e decise di portarci alle Olimpiadi di Berlino. Non che fosse appassionata di sport: tutt'altro. Era una cultrice della civiltà classica, greca e romana, e una collezionista di monete antiche, della Sicilia greca soprattutto; e le Olimpiadi erano la più alta manifestazione dello sport legata all'antica Grecia, rievocazione di un evento che aveva saputo aggregare i popoli del Mediterraneo ogni quattro anni per circa settecento anni, fino alla duecentesima dell'antica Ellade. Mia madre diceva che i greci avevano cambiato l'uomo, dandogli la cognizione dell'esistenza divina: prima di tanti dèi, infine di un solo Dio.

Tre giorni di viaggio in treno ci lasciarono affumicati, completamente anneriti dalle locomotive a carbone. Ne cambiammo una decina di treni, perché già arrivare dalla Sicilia a Milano comportava quasi due giorni di viaggio. Eravamo un esercito di persone: mio fratello Giuseppe, mia madre, sua sorella Giovanna De Gregorio con la figlia maggiore; poi a Napoli si unì mio cugino Alfonso Mangoni, primogenito dell'altra sorella di mia madre. Alla stazione di Bologna, dove giungemmo accaldati dall'afa estiva e arsi dalla sete, ci lanciammo avidi su una grande carriola carica di bottiglie di acqua minerale San Pellegrino. La sputai al primo sorso perché mi sembrò salata e mi fece orrore, tanto da ricordarlo ancora. Fino ad allora avevo sempre bevuto l'acqua del rubinetto di palazzo Villafranca che arrivava direttamente dalla sorgente del Gabriele, canalizzata già in epoca araba.

Così a Berlino evitai accuratamente di sperimentare un'altra bevanda a me sconosciuta: la birra. D'altronde c'era molto altro da scoprire: Hitler aveva organizzato le "sue" olimpiadi con imponenza, fasto e propaganda, forse per camuffare i preparativi di ben altre sfide. Aveva fatto costruire uno stadio senza coperture che conteneva centomila persone: una cosa oceanica, gigantesca, impressionante. Ma anche l'Italia fece la sua figura: quell'anno vincemmo i tornei di calcio tra squadre cosiddette di dilettanti, che poi erano falsi dilettanti. (Questo del dilettantismo è un equivoco ancora non chiarito: chiunque faccia sport per eccellere deve dedicarvisi appieno; come può, quindi, sopravvivere un atleta o una nuotatrice che deve stare sei, sette, otto ore in palestra o in piscina ad allenarsi, se non percepisce uno stipendio, o comunque del denaro?)

Il motivo ufficiale del nostro viaggio era assistere alla sontuosa cerimonia di chiusura del concorso ippico, dove ci si aspettava il trionfo dei cavalieri italiani, dal momento che in quegli anni la nostra equitazione e i nostri cavalieri erano tra i più prestigiosi al mondo. I concorsi ippici si tenevano a Roma, in centro città, a villa Borghese. Ma in quell'immenso stadio di Berlino con quella massa umana che produceva un rombo persistente di voci e rumori, i cavalli frastornati si imbizzarrirono e si rifiutarono di saltare. Provai una rabbia terribile, e da allora nacque in me un odio per i cavalli che sono riuscito a estinguere solo molti anni appresso.

Quanto a mio fratello Giuseppe perse e ritrovò, a ventiquattr'ore di distanza, cappotto, portafoglio e macchina fotografica dimenticati su una panchina: episodio che lo impressionò al punto da ricordarselo per tutta la vita.

Dopo qualche giorno ci accorgemmo che per mia madre la storia delle Olimpiadi era stata tutta una scusa. In realtà il suo obiettivo era ben più ambizioso: visitare una delle sette meraviglie del mondo, l'altare di Pergamo, che era stato trasportato dalla Turchia in Germania, proprio a Berlino. Ma ce ne tornammo indietro con l'amaro in bocca, perché non riuscimmo a vederlo, non ricordo per quale motivo. Così lei, appassionata della pittura del Quattrocento e delle arti del Rinascimento, si consolò con una sosta di un paio di giorni a Dresda per ammirare la *Madonna di San Sisto*, il dipinto di Raffaello. Quando, durante la guerra, Dresda fu distrutta dagli Alleati, mia madre si preoccupò anche di sapere che fine avesse fatto quel quadro. Si era salvato, perché i tedeschi, che avevano tanti difetti ma anche tanti pregi, all'inizio della guerra si erano premuniti contro i rischi bellici, nascondendo tutto in casse all'interno di magazzini superprotetti da furti e bombe.

Sulla via del ritorno ci fermammo anche a Monaco, la città più italiana di Germania, piena di opere d'arte, con quella meravigliosa piazza neoclassica abusata da Hitler per le sue parate.

Mia madre, sapendo che in Germania si lavorava con maestria il cuoio, approfittò di quel viaggio anche per rifornirsi di un set di valigie di morbida ma robusta pelle color avana, dall'immensa ammiraglia con i sontuosi cinghioni a fibbia alla piccola portagioielli. L'ammiraglia, massiccia, gigantesca e indistruttibile, dopo più di settant'anni, durante i quali è stata maltrattata, schiacciata, sbucciata da graffi e urti, vive ancora oggi, sempre pronta a nuove avventure.

Quel mostro al muro
nello studio di mamà

Quando era entrata in famiglia sposandosi, nel 1914, mamà aveva adattato a suo studiolo il minuscolo spogliatoio annesso all'alcova, non più di otto metri quadrati, col suo enorme finestrone che, aprendosi sul balcone della facciata ad angolo con il vicolo Panormita, incanalava forti correnti d'aria anche quando non c'era vento. Gli spifferi penetravano da tutte le parti, cosicché, trascorrendo nello studio gran parte del suo tempo, mamà era continuamente raffreddata.

Al momento della ristrutturazione del palazzo, decise quindi di traslocare le sue scartoffie in un gran bel vano di una trentina di metri quadrati, anche questo con un enorme finestrone, ma impenetrabile al vento. Nell'adiacente locale più piccolo, che fungeva da archivio di passaggio per le pratiche in corso, vi era un mostruoso apparecchio rettangolare in legno scuro applicato al muro: un telefono primitivo, il cui numero era 579, che la dice lunga sulla diffusione di questa novità nei primi decenni del Novecento a Palermo. Per noi ragazzini quel marchingegno aveva le parvenze di un mostro con due occhi (le suonerie nichelate a mezza sfera), il naso (il battaglio che le percuoteva freneticamente), una bocca provocante (il microfono, un cono tronco in bachelite nera ben svasato) e le orecchie, costituite a destra dalla manovella per chiamare la signorina del centralino e a sinistra dall'auricolare, un grosso corno in bachelite appeso a una forchetta. Venti centimetri più in basso, una funebre cassetta conteneva quattro grosse e pesanti pile che ogni tanto venivano sostituite dal tecnico dei telefoni con abili manovre sui fili e rilascio di forte odore di acidi.

Per chiamare si girava la manovella e al contempo con

l'altra mano si sollevava l'auricolare dalla forchetta, fin tanto che la centralista non rispondeva; allora, le si comunicava il numero desiderato e si riappendeva. Dopo un po', le suonerie squillavano fragorosamente e... si parlava! Comunicare da una città all'altra era però un'impresa, sia per il tempo di attesa, ore e ore, che per la qualità del suono, pieno di interruzioni, interferenze e frequenti imprecazioni. Comunque, era una gran trovata che risparmiava fatica e soldi: non ci sarebbe stato più bisogno, per inviare messaggi, dei cosiddetti "volanti", che risultano dai registri paga dell'archivio.

Il nuovo studio fu arredato con intriganti mobili Liberty del Brasile, realizzati in palissandro della Guyana color rosso ciliegio e acquistati presso i famosi mobilieri Ducrot per la nuova casa dei nonni a Messina, dopo che il palazzo di famiglia sul lungomare era stato distrutto dal terremoto del 1908 (mia madre, allora diciottenne, si era salvata per miracolo, rifugiandosi sull'unico balcone rimasto attaccato a un troncone della facciata). Quei mobili erano stati poi riportati a Palermo nel 1925, dopo la morte del nonno. La grande tela a olio appesa dietro la scrivania era stata amorevolmente dipinta dal ragionier Cùscona, suo consulente economico, che si era spinto fino a Taormina alla guida del suo "scappacavallo" (minuscolo carrozzino) apposta per ritrarre il castello aragonese di Villagonìa. Il monumento, che si ergeva solenne sulla spiaggia, era stato espropriato intorno al 1912 e demolito dallo Stato per costruire i dormitori dei ferrovieri. Lì gli avi di mia madre, signori di quel territorio, avevano dato inizio agli scavi archeologici del Teatro Greco e promosso la moda del Gran Tour.

Mamà spendeva spesso intere nottate scrivendo con la sua bella calligrafia chiara e imperiosa sui "librazzi", i grandi registri amministrativi rilegati in verde, dove per tutta la vita annotò con notarile meticolosità e inconfondibile ironia spese, lutti, feste e viaggi. Nella scrivania custodiva gelosamente alcuni dei suoi pezzi prediletti: il settecentesco manoscritto anonimo, oltre novecento pagine rilegate con cura, che riportava la storia della famiglia Alliata fin dai mitici albori nel Regno di Lidia, e il servizio fotografico "stereoscopico" (due immagini da ricomporre con apposito visore) realizzato nel 1860 dall'ospite amico di famiglia Alexandre Dumas, durante la conquista di Palermo da parte di Garibaldi.

Qui Garibaldi riposò
e... dimenticò i calzini

Il 27 maggio del 1860 fu una giornata storica per la Sicilia, per l'Italia e anche per la mia famiglia, gli Alliata, principi di Villafranca, di Valguarnera, di Trecastagni, di Montereale, di Bucchèri, di Castrorao, di Gangi, di Ucrìa, di Gravina, duchi di Salaparuta e di Saponara, marchesi di Santa Lucìa, titolari di nove Baronìe e trenta Signorìe, nonché Grandi di Spagna di prima classe e, *last but not least*, Reichsfuerst (principe del Sacro Romano Impero con qualifica di Altezza Serenissima).

Il peso di tutti questi titoli non aveva impedito ai miei predecessori di schierarsi attivamente contro i Borbone ben prima del 1820, quando la rivolta era stata capeggiata da Giuseppe Alliata e Moncada, detto Giuseppe II. Così, dal momento dello sbarco di Garibaldi a Marsala, l'11 maggio 1860, la mia famiglia, ancora tramortita dalle cannonate subite nel palazzo di piazza Bologni quarant'anni prima, si era acquattata nella villa Valguarnera a Bagheria, dando tuttavia disposizione al personale domestico rimasto a Palermo di favorire al meglio l'impresa dei Mille, che si approssimavano alla città.

Dal giorno dello sbarco, nella parte occidentale dell'Isola erano esplose con furia le passioni contrastanti, tanto maldestramente compresse nei decenni precedenti in quella zona del Regno di Napoli e Sicilia, o delle Due Sicilie, denominato nell'uno o nell'altro modo a seconda delle opportunità politiche. C'era, infatti, chi sosteneva Garibaldi e chi agognava una Repubblica d'Italia, chi era per l'annessione della Sicilia al Regno di Piemonte e Sardegna e chi parteggiava per i Borbone, come tanti nobili di Messina, città da secoli aspra rivale di Palermo cui contendeva anche la supremazia politica, oltre a quella economica da sempre posseduta grazie al porto naturale sullo Stretto.

Da questi contrasti scaturì il generoso esercito dei picciotti, i giovani, che a frotte si unirono ai Mille (poi diecimila, poi quindicimila, infine cinquantamila).

Qui lascio la parola a mia zia Felicita Alliata, che da bambina vide Garibaldi e che negli anni Quaranta del Novecento, ricostruì nel suo libro *Cose che furono*[2] quegli eventi per lei meno lontani di quanto non lo siano oggi per me:

Alle notizie che giungevano dal "continente" nel 1859 i Siciliani gioivano... Palestro, Magenta, Solferino... frementi si sperava! [...] In maggio (1860): lo sbarco a Marsala... i combattimenti a Calatafimi, Gibilrossa, San Martino delle Scale ove cadde Rosolino Pilo... il generale La Masa, il colonnello Tukery ungherese, Orsini, i fratelli Cairoli, dei quali sono a casa Villafranca le fotografie che li ritraggono feriti e fasciati [...]. Erano questi i nomi fatidici che facevano fremere i palermitani durante i bombardamenti borbonici che per quei tempi erano terrorizzanti; incendi, distruzioni, barricate, si disse che le bombe lanciate dal mare – specie di grossi mortai – fossero state duemila! [...] Cose strabilianti.

[...] Garibaldi – entrato a Palermo – si fermò in piazza Pretoria. Il bombardamento continuava e – tenendo conto dei minimi dettagli – verso sera fece spegnere la piccola lampada votiva che stava in alto sul palazzo Pretorio innanzi l'immagine di santa Rosalia. Nella piazza era collocato un unico piccolo primitivo cannone, poi esposto al museo Nazionale. Egli – certamente molto stanco – si recò nel vicino palazzo Villafranca nella piazza Bologni. La famiglia era assente, gli appartamenti chiusi; una donna di fiducia chiamata Isabella – che io conobbi vecchissima – lo accolse come meglio poteva; gli apprestò due uova in tegamino e della zucca cucinata alla siciliana. Esiste il piatto da lui usato. Dopo il modestissimo pasto gli accomodò – per terra – un materasso nell'androne del palazzo e ivi dormì – come dice la lapide commemorativa: "Posò le stanche membra per solo due ore".

2 F. Alliata di Villafranca, *Cose che furono*, Palermo, Flaccovio Editore, 1949.

[...] Di Garibaldi posso dire di avere un ricordo personale. Nel 1882 egli tornò a Palermo – poco prima della sua morte che avvenne a Caprera nel giugno seguente. Era immobilizzato dalla paralisi e si recò in carrozza anche a Gibilrossa ove, sostando il 26 maggio 1860, in vista della città di Palermo aveva detto a Nino Bixio: «Nino, domani a Palermo!». Era allora sindaco di Palermo il marchese Ugo delle Favare, che lo ricevette nel suo palazzo di piazza Bologni. Avrò avuto cinque o sei anni e mi fu detto di non dimenticare tale avvenimento, così che – seduta al balcone – me ne stetti con grande importanza ad aspettare Garibaldi e lo vidi passare e lo rammento come se fosse ieri! Aveva la camicia rossa e il berretto, un "plaid" gli copriva le gambe inerti, pareva un cadavere e un mio fratellino ne ebbe tanta paura da rifugiarsi di corsa in casa. Così posso dire di aver visto Garibaldi!

[...] Cinquanta anni dopo il Sessanta – nel 1910 – venne a casa Villafranca un signore anziano, tipo vecchio soldato, e chiese di Felicita Alliata. Naturalmente mi presentai io assieme a mio padre... meraviglia del vecchio signore! Ed ecco cosa scrisse nel mio *Album*: «In questo palazzo, ove ebbi cure materne per ferite, riportate combattendo in via Maqueda, dalla principessa Felice Alliata di Villafranca nel maggio e giugno 1860, dopo cinquant'anni, ritornato ed accolto dai nepoti e pronipoti, questo scritto attestante la mia perenne riconoscenza in questo album lascio in memoria». Segue la firma tremolante di Radovin Antonio – 24 maggio 1910. Si capisce la meraviglia del vecchio rudere nel ritrovare – ancora giovane come l'aveva lasciata – Felicita Alliata... pronipote di quella già morta settantenne da venticinque anni!

Immagino che l'ava omonima, che era una canonichessa di Baviera (ordine cavalleresco e religioso) fosse accorsa a Palermo proprio per assistere i feriti nei combattimenti seguiti all'ingresso di Garibaldi in città.

In Sicilia l'immane impresa dei garibaldini è tramandata prevalentemente dai "riposi" del grande condottiero nizzardo: da Marsala a Palermo numerose sono le lapidi affisse a case, ora modeste ora aristocratiche, che ricordano una sosta ristoratrice di Garibaldi, per culminare con quella che campeggia sul palazzo Villafranca – oggi, per ironia della

51

sorte, di proprietà di un'istituzione che fu sempre ostile al nostro eroe.

Così recita la lapide murata al centro della facciata dal mio avo Alessandro e da suo fratello minore Edoardo:

IN QUESTA ILLUSTRE CASA IL 27 MAGGIO 1860
PER SOLE DUE ORE
POSÒ LE STANCHE MEMBRA GIUSEPPE GARIBALDI,
SINGOLARE PRODEZZA FRA L'IMMANE SCOPPIO
DELLE MICIDIALI ARMI DI GUERRA,
SERENO DORMIVA IL GENIO STERMINATORE DI OGNI TIRANNIDE

Nella nostra famiglia restò a tangibile memoria di quella fatidica giornata un paio di calzini da lui dimenticati quando, ristorato da quel brevissimo riposo, riprese il vertiginoso ritmo di vita politico-militare: a partire dall'alba, in quello stesso giorno, la conquista della città, il suo insediamento a palazzo Pretorio, il proclama dell'annessione della Sicilia al regno d'Italia e la conferma del regime di dittatura in nome del re Vittorio Emanuele II. Da allora, i calzini di Garibaldi divennero per i miei un'autentica reliquia "laica".

Da bambino ebbi la possibilità di vederli e alcune volte anche il permesso di toccarli (ma con "mani malate", come si usa dire volgarmente qui quando si maneggiano oggetti di sommo valore). I calzini erano di un colore verde scuro e, se non sbaglio, uno dei due aveva pure un buco in corrispondenza dell'alluce. Questo prezioso cimelio fu sempre conservato, insieme a un altro souvenir di quel 27 maggio, in un cassetto dello splendido mobile-toletta rivestito in tartaruga con borchie in argento che era entrato in casa nel 1752 con Maria Felice, figlia di Fabrizio Colonna Gran Conestabile del Regno di Napoli, quando andò sposa del Giuseppe Alliata ricordato in famiglia come Giuseppe I.

Il souvenir consisteva nella scheggia di una granata sparata dalla marina borbonica e piovuta nel salotto verde proprio accanto alla toletta, dopo aver sfondato il tetto, la volta affrescata e il pavimento del salone dell'ultimo piano. La data vi era stata dipinta sopra con vernice dorata. Quella scheggia pesava un paio di chili e, quelle poche volte che la potei avere in mano da bambino, la maneggiai pieno di paura che scoppiasse ancora.

Mi piaceva, invece, nel mazzo di carte siciliane che usavamo da piccoli per giocare a scopa o a briscola, quella che riproduceva l'episodio di Gibilrossa («Nino, domani a Palermo!»), con Garibaldi troneggiante a cavallo, il braccio destro teso e l'indice puntato verso l'orizzonte.

In seguito, a causa delle turbinose vicende dell'ultima guerra che coinvolsero anche il nostro palazzo, i due cimeli storici così intensamente legati a Garibaldi sparirono. Non sparì, per fortuna, la lapide che ricorda ancora oggi il riposo di cotanto guerriero.

Zia Felicita "mani d'oro"
mi regala la prima Kodak

La prima scintilla della mia travolgente passione verso la fotografia e il cinema era scoccata dalle mani paffutelle e geniali (sapeva fare tutto, con quelle mani) di zia Felicita, la sorella minore di papà. Era la maggiore di sei figli (tre maschi e tre femmine) e, come d'uso nelle famiglie siciliane, le era stato imposto lo stesso nome della nonna paterna Lo Faso, un'affascinante signora che aveva portato la bellezza femminile nella famiglia Alliata sia con la sfortunata Amalia, stroncata giovanissima dalla tisi, che con l'altra mia zia, la splendida Maria sposata Fabrizio di Napoli, madre di sei figli, tra i quali Quintino, artista eclettico e mio futuro socio nella Panaria Film (con l'accento sulla seconda a: Panària).

Invece, con la zia Felicita, il DNA si era tradito: di corporatura un po' abbondante, il viso a pagnottella, naso a patatina, certo non era bella, eppure incantava con una dolcissima espressione degli occhi. Profondamente religiosa, restò nubile, non so se per sua volontà o per altro motivo. Sempre sorridente e bonaria, colmava di affettuosità tutti noi quindici nipotini, i figli dei fratelli, ma con una ovvia predilezione per i sei della sorella superstite.

Zia Felicita non sembrava assolutamente disturbata dal suo aspetto fisico. Diceva che si era conquistata la pace interiore conversando in preghiera con il buon Dio, Gesù, la vergine Maria e tutti i Santi del paradiso. Tali conversazioni celesti non le avevano impedito di scrivere quel delizioso volumetto di memorie terrene, dove con ironia e divertimento aveva ricostruito l'epopea della nostra famiglia fino alla soglia del 1950. *Cose che furono* era ricavato da precedenti e barbose storie conservate in archivio, documenti scoperti e forniti da mia madre e, per gli ultimi due secoli, da ricordi suoi personali o di sua nonna e di suo padre.

Pur essendo tra le prime donne palermitane ad avere conquistato la patente di guida, zia Felicita preferiva viaggiare sulla sua Ansaldo quando il volante era impugnato dall'autista Pietro il Moro, un tripolitano di pelle scura che restò in Sicilia per amore, sposando una bagherese.

Per noi bambini era una festa poter assistere ai *tableaux vivants* o ai concertini per archi e piano che zia Felicita organizzava insieme alle due sorelle in abiti di svariate epoche di sua creazione. Superfluo aggiungere che nutrivo per lei ammirazione e affetto, che avevo modo di manifestarle soprattutto in estate, quando potevamo restare insieme più a lungo a villa Valguarnera, nostra residenza di villeggiatura a Bagheria. Qui mio padre le aveva assegnato in vitalizio uno dei due grandi bracci a ellissi (sorta di basilica di San Pietro in formato ridotto), precisamente quel braccio che era usato come foresteria e costituito da una decina di stanze con vari soppalchi e stanzini.

Era qui, nel suo "nirvana", che zia Felicita superava la sua dichiarata pigrizia approdando a una inimmaginabile operosità e a una prodigiosa creatività. Sempre serafica e sorridente, anche un po' timida, si cimentava senza "vedere pericolo", come si usava dire, nelle più svariate attività manuali artistiche riuscendo a realizzare pitture, sculture, porcellane e talvolta vere e proprie opere d'arte. Era stata allieva di illustri maestri, quali Rutelli e Ximenes. Aveva prodotto lei, con le sue mani, i busti, scolpiti o fusi nel suo atelier a palazzo Villafranca, le grandi teste di turco con turbante e le pigne verdi in maiolica che svettavano sopra il frontone della sua antica casa di corso Calatafimi a Palermo, dove per Natale, Pasqua e in occasione delle prime comunioni, zia Felicita riuniva i suoi quindici nipoti.

Le serate consistevano nella visione di comiche e cartoni animati che lei stessa gestiva con il piccolo proiettore a manovella della francese Maison Pathé, modello baby, che, quando funzionava, svolgeva, proiettava la pellicola da 9,5 millimetri a perforazione centrale e la riavvolgeva (spesso, però, la ingoiava, la spezzava e la disperdeva sul pavimento con immensa gioia di noi pargoli che ruzzolavamo tra le sue innumerevoli spire sguscianti nel tentativo, solo apparente, di ricomporla in bobina).

Quando avevo sette o otto anni, zia Felicita mi regalò una macchina fotografica Kodak box, una scatoletta nera che, con un semplice scatto prodotto dal dito indice, impressionava un rullino di pellicola fotografica che si trasformava in una foto formato 6 x 9 centimetri. E, miracolo, la foto era quasi sempre guardabile o, addirittura, gradevole al vedersi! Poter fissare sulla carta quelle stesse immagini che scorrevano fuggevolmente davanti agli occhi, fu per me una folgorazione, rimasta poi tale per tutta la vita.

In uno degli innumerevoli sgabuzzini di palazzo Villafranca allestii una camera oscura dove improvvisai un laboratorio di sviluppo e stampa. Uno dei primi rullini sacrificati alla mia inesperienza riguardò la visita alle nostre miniere di zolfo tra Assoro e Agira, in provincia di Enna, accompagnati dall'ingegnere direttore delle miniere. I pozzi erano stati scavati nell'ex feudo Zimbalìo, cinquecento ettari di terreno semisterile perché ricco di salgemma e zolfo, ed erano distinti da nomi pittoreschi come Ogliastrello, Panche, Pilieri e Zimbalìo stesso. Il feudo confinava con un altro esteso terreno dal nome preoccupante, Cugno di Galera: si trattava di antiche proprietà della famiglia dei principi di Valguarnera, le cui numerose quote erano divise in millesimi. Mia madre era stata incaricata dai parenti dell'amministrazione dei soprasuoli agricoli e dei sottosuoli, cioè le miniere vere e proprie. L'aver venduto quasi subito dopo il matrimonio le nostre quote, mentre gli altri grandi proprietari delle miniere siciliane continuarono fino al dopoguerra a gestirle (spesso con rovinosi investimenti), dimostra non solo la sagacia di mamà, ma la sua compassione per i "carusi" sfruttati, i bambini costretti a lavorare sottoterra. Mamà, che affettuosamente chiamavano "la principessona", comprendendo così in una sola parola le sue dimensioni fisiche, morali e intellettuali, merita un ricordo che possa rimanere esempio e guida di ciò che un'aristocrazia illuminata, dinamica e adeguata ai tempi moderni, può e deve offrire.

L'esperienza più sensazionale di quella visita, comunque, fu il "viaggio" di undici chilometri sulla linea ferroviaria a scartamento ridotto dell'Azienda mineraria, dalla stazione delle Ferrovie dello Stato di Raddusa Scalo (sulla tratta ferroviaria Palermo-Catania) fino a Panche, il più antico pozzo della miniera. La linea era stata creata nell'Ottocento per il trasporto dello zolfo, fuso e poi consolidato in "balate" (blocchi trapezoidali) dal seducente color giallo canarino e dal nauseabondo odore infernale, nonché di tutto il materiale necessario all'azienda. La famiglia ne aveva commissionato la realizzazione all'impresa inglese Trewella (che costruì anche la linea Messina-Catania).

Quel giorno scattai un intero preziosissimo rullino da dodici pose, formato 6 x 9, felice all'idea di conservarne un ricordo da me stesso creato. Non fu così: la mia impreparazione nella camera oscura fece sì che ne uscissero soltanto ombre confuse. La rabbia per l'insuccesso fu tale che mai più in seguito mi permisi il lusso di rovinare un intero rullino.

Andai da Randazzo, il miglior negozio di materiale fotografico di Palermo, feci amicizia con uno dei proprietari e, da allora, se avevo problemi e dubbi, mi rivolgevo a lui o al capo del suo laboratorio: imparai così a fare fotografie. Ne ho sbagliate una quantità enorme fino ai dieci anni, poi a poco a poco ho imparato e ho continuato a farne per tutta la vita.

La fotografia subiva costanti e strepitose evoluzioni, dal punto di vista delle pellicole, delle macchine fotografiche, delle tecniche di impressione, delle emulsioni sensibili alla luce e degli accessori, che diventavano sempre più numerosi e indispensabili. Mi dedicai con grandissima passione allo studio di questa straordinaria materia che, al momento dello scatto, veniva creata dalla luce e prendeva poi vita nel buio più assoluto della camera oscura, dove si affollavano bacinelle colme di sguazzanti miscele, apparecchi ingranditori, taglierine e mille altri congegni. Quante acrobazie si facevano per salvare un negativo o dare un risalto maggiore ai chiaroscuri!

La contemplazione delle immagini fisse, da chiunque fossero state scattate, mi faceva navigare beatamente in un mondo di fantasia, ricco di tutte le tonalità del grigio, ed era per me un godimento e uno stimolo. Passavo ore a gustare le ombre più o meno lunghe o radenti, i contrasti, deboli o forti a seconda del tipo di pellicola – ortocromatica o pancromatica – e i chiaroscuri provocati dagli schermi di vetro verde, giallo, arancione e addirittura rosso, che rendevano i cieli semigrigi o scuri e le nubi bianchissime e batuffolose come la bambagia. (Effetti che sarebbero stati la grande specialità di Fosco Maraini, l'antropologo che sposò mia cugina Topazia e che avrei coinvolto in numerose avventure al suo ritorno dalla prigionia in Giappone.)

Io, invece, mi dedicai con particolare passione a imprigionare nell'immagine l'attimo fuggente. Non mi stancavo di sperimentare ogni novità senza porre limiti alla mia sete di sapere. Ammiravo i bravi fotografi che andavo scoprendo via via che mi introducevo nel loro mondo. «Perbacco! Come è bravo!» mi dicevo osservando i loro scatti. Invidia? Sinceramente poca, pochissima. Veniva fuori in quel momento la mia vera natura: perché non essere bravo anch'io, in qualche maniera? Perché non individuare spazi creativi nuovi, diversi, nei quali tuffarmi con piena libertà, anche con il rischio di precipitare nel vuoto? Così ho osato sempre, da ragazzo, giovanotto, uomo maturo e anche ora, da anziano (con la mente un po' meno anziana, spero).

Già a sedici anni cominciai a partecipare ai Littoriali della Cultura e dell'Arte – eravamo in pieno regime fascista – nel settore della fotografia artistica, classificandomi ben bene al terzo posto nel 1938 e al secondo nel 1939. Ma desideravo di più. Nel 1940 il tema era la "fotografia sportiva". Presentai foto realizzate con la mia superfotocamera tedesca, Exacta 4,5 x 6, più moderna della Laica. La Laica, infatti, aveva una velocità di scatto normale, 1/50-1/100 di secondo, non so se arrivava a 1/200 o 1/250 di secondo; la mia Exacta, invece, arrivava a 1/1000 di secondo e mi consentiva di cogliere il momento cruciale dell'atleta, rendendo ben visibile ed evidente, ad esempio, lo sforzo del lanciatore di martello, che faceva girare girare girare il suo attrezzo per poi lanciarlo a grandi altezze, o quello del centometrista allo scatto.

La mia gioia fu immensa e incontenibile quando, a Bologna, nel maggio del 1940, mi fu comunicato che era stato riconosciuto il primo premio alle mie fotografie. Il diploma di "Littore di fotografia artistica", a convalida, mi sarebbe stato consegnato dal Duce in persona, con tanto di medaglia d'oro, circa un mese dopo a palazzo Venezia. Questa fu la promessa...

Seconda parte

Nato con la pellicola
attorcigliata al collo

Mia madre diceva che ero nato "con la pellicola attorcigliata al collo". In realtà, la passione per il cinema mi fu instillata paradossalmente dai gesuiti, quando frequentavo il ginnasio al loro Istituto Gonzaga di Palermo, la scuola "parificata" dove venivano preparati al sapere, alla cultura generale e a una vita di alta qualità morale e sociale i rampolli delle famiglie che più contavano in città.

Ogni mattina alle 8.30, all'inizio delle lezioni, il professore, padre gesuita di turno, ci faceva recitare le preghiere di rito: *Padre Nostro, Ave Maria e Gloria.* Al termine di questo rituale il sacerdote volgeva gli occhi e le mani ben aperte al Cielo invocando il Buon Dio con aria ispirata: «... e liberaci dai pericoli del cinematografo»!

Per un bel po' di tempo, forse qualche anno, mi limitai a recitare questa invocazione, non ricordo con quanta convinzione perché non capivo affatto il motivo che l'aveva provocata né lo scopo al quale era destinata. In quei primi anni di ginnasio, per me dodicenne o tredicenne il cinema era un grandissimo divertimento grazie alle comiche di Harold Lloyd, Ridolini, Cretinetti e del favoloso Charlot, un giovanissimo Charlie Chaplin. Era tutto così naïf e innocente! Quale pericolo potevano mai contenere per noi giovanissimi studenti quelle pellicole?

In quegli anni, il cinema, che fino a poco tempo prima si era espresso soltanto attraverso immagini che si muovevano in modo più o meno ridicolo, a seconda della velocità impressa alla pellicola di proiezione dalla mano dell'operatore di cabina, aveva fatto il suo primo grande balzo tecnologico: aveva imparato a parlare, cantare, suonare, riprodurre i rumori.

Il passaggio dal cinema muto, con le didascalie che interrompevano fastidiosamente la continuità del racconto, a quello sonoro impiegò tre o quattro anni per raggiungere Palermo dagli Stati Uniti, dove era nato nel 1927: un'eternità rispetto alla immediatezza della globalizzazione attuale, ma dobbiamo tenere conto della complessa trasformazione che le sale cinematografiche del mondo dovettero subire a seguito del passaggio dal manuale al tecnologico, anche se ancora alla sua prima espressione.

La pellicola cinematografica professionale originaria, di tre centimetri e mezzo di larghezza complessiva (comunemente chiamata 35 millimetri) non subì variazioni, ma vi si dovette ricavare, tra l'immagine e la linea di perforazioni di destra, una sottile striscia di un paio di millimetri per collocarvi la colonna sonora, che il proiettore doveva leggere alla velocità rigorosamente obbligata di 24 fotogrammi al secondo.

Altro che le proiezioni avventurose dalle primitive cabine fino ad allora esistenti, affidate alle mani, e spesso all'umore, del proiezionista, oppure a motorini elettrici definiti asincroni, perché acceleravano o rallentavano con il variare del carico di tensione della linea elettrica!

Il cinema era diventato adulto con *Il cantante di jazz*, in cui la voce cavernosa, oltretombale di Al Jolson, primo interprete del sonoro, intorpidiva gli entusiasmi degli spettatori accorsi a frotte nei cinema per godersi la fantastica novità. Naturalmente anch'io la affrontai con entusiasmo straripante, quando il film, prodotto a Hollywood nel 1927, fu presentato al Supercinema di Palermo, nel 1930 o 1931, non riflettendo sui "pericoli" tanto temuti dai miei educatori gesuiti (i cari padre Ferrara, padre Mistretta e padre Lo Giudice, i professori del Gonzaga che peraltro ricordo con grandissimi affetto e riconoscenza).

Ora che ci ripenso, mi convinco sempre più che quei pericoli fossero collegati con il concetto di castità, il primo e assoluto degli obblighi che gli ordini monastici pretendevano da maschi e femmine.

Comunque, io mi sentivo libero, liberissimo di pensarla a modo mio anche sul problema della castità, che ancora non mi riguardava, e sui tanti piccoli piaceri fanciulleschi: sport, fotografia, cinema, tutto quello che mi spingeva a volteggiare come un fringuello pedalando senza soste su e giù per Palermo: la mattina alle sette da casa al Circolo Canottieri Ruggero di Lauria, al porto; da lì al Gonzaga fino alla chiusura delle lezioni mattutine; quindi, ritorno a casa, colazione e velocissimo rientro tra i banchi per il doposcuola; poi, di corsa allo stadio per allenarmi a correre il mezzofondo (400-800 metri) o tentare altre discipline di atletica; infine, alla lezione di scherma, o al cinema a godermi uno di quei bellissimi film – soprattutto quelli romantici che mi strappavano lacrime e lacrime, tanto mi compenetravo. A quell'ora i "pericoli del cinematografo" paventati alla preghiera del mattino si erano ormai dissolti.

Erano proprio i film a insegnarmi a essere migliore, pensavo. Tanto più che eravamo in Era fascista – non so se nell'anno x o xi (la numerazione romana era stata adottata dal Partito per distinguersi dall'Era cristiana, come se dovesse essere altrettanto longeva, se non eterna) – quando il ferreo polso della rettitudine morale imposta dal regime pilotava gli italiani e per il cinema era addirittura stata istituita una censura altrettanto ferrea che tagliava materialmente ogni trasgressione, non solo politica. A ciò si aggiungevano i dettami del puritanesimo sui quali era fondato il cinema americano già allora imperante anche sui nostri schermi. Gli americani avevano addirittura elaborato e pubblicato un vero codice di autoregolamentazione: il codice Hays che straripava nel ridicolo a ogni prescrizione.

Se per la censura fascista non si potevano mostrare sullo schermo un uomo e una donna avvinghiati in un focoso bacio, anche se scambiato in piedi, il codice "volontario" del cinema statunitense non consentiva nemmeno di mostrare una camera da letto con letto matrimoniale; dovevano essercene due di letti, ma a una piazza, per giunta separati da un comodino largo almeno settanta centimetri; e, se un uomo e una donna dovevano conversare in quella camera, non potevano giacere sullo stesso letto: uno dei due doveva tenere poggiato un piede per terra, e con evidenza, per giunta!

Ormai conoscevo tutto di quella ancor nuovissima arte tecnologica: nomi e carriere di registi, attori e attrici, trame degli innumerevoli film di cui mi abbeveravo come un assetato ai cinema Diana, Savoia, Supercinema o Massimo, tutti rigorosamente di prima visione. Allora, infatti, esistevano i locali di seconda e terza visione che replicavano lo stesso film a prezzi più contenuti, oltre alle sale parrocchiali che furono molto potenziate nell'immediato dopoguerra. Non avevo un genere preferito, mi andava bene tutto, tranne i western del famosissimo Tom Mix, troppo simili l'uno all'altro, che venivano ripetuti a oltranza al cinema Bomboniera. Di questi, non accettavo l'esasperazione di cavalcate e sparatorie nonché l'assenza di sentimenti espressi garbatamente; invece, *Ombre rosse* di John Ford, del 1939, il più sofisticato western mai prodotto, mi colpì dritto al cuore tanto che lo rividi cinque o sei volte, e ancora oggi lo ricordo con emozione.

Nel frattempo, mi abbeveravo con altrettanta voluttà di notizie storiche e tecniche. Compravo libri e riviste che riguardavano esclusivamente le due nuove arti: quella della fotografia e quella del cinema.

La settima arte, come veniva chiamata allora l'attività di produzione cinematografica e, più in generale, tutto il complesso mondo del cinema, era nata tumultuosamente poco più di quarant'anni prima, grazie alla geniale intuizione dei due fratelli Lumière: quando fu presentata nel 1896 a Parigi in un locale al Boulevard des Capucines, le immagini in movimento proiettate per la prima volta su un lenzuolone bianco avevano provocato un terribile panico tra gli spettatori che, alla vista di una locomotiva in arrivo alla stazione ferroviaria di La Ciotat, temendo di essere investiti e massacrati si erano dati a fuga scomposta. Ai primi del Novecento erano poi sopraggiunti i grandi artefici dello spettacolo cinematografico: l'americano David Wark Griffith con *La nascita di una nazione*, suo primo colossal, e *Intolerance*, negli anni 1915 e 1916; mentre già nel 1914, l'italiano Giovanni Pastrone, sotto lo pseudonimo Piero Fosco, con la complicità di D'Annunzio aveva creato *Cabiria*, primo colossal in assoluto. Genio sommo del racconto sugli schermi fu, come si sa, Charlie Chaplin, che si era fatto amare con le sue irrefrenabili comiche e i suoi commoventi capolavori, dal film muto, *Il monello* del 1920, al suo primo sonoro, *Luci della città* del 1931.

Chaplin lo avrei conosciuto a Londra nel 1952 in occasione della proiezione privata, nello stabilimento della Technicolor, del film *La Carrozza d'oro*, da me prodotto. Chaplin venne a vederlo perché era grande amico del regista Renoir, oltre che suo buon vicino di casa a Hollywood, e il film gli piacque molto, tanto che si complimentò anche con me, incantandomi con il suo modo di gesticolare, quel "recitare con le mani" che aveva praticato sui set del cinema muto.

Con l'avvento del sonoro le varie industrie cinematografiche nazionali (americana, francese, tedesca, italiana) cominciarono a produrre diverse centinaia di film l'anno, diffondendo i diversi stili di produzione che le caratterizzavano. Si costituirono, quindi, le biblioteche cinematografiche, alle quali fu affibbiato il brutto nome di cineteche. Ne sorse una anche a Roma, diretta dal più noto storico e critico cinematografico, Luigi Chiarini.

Insieme con la ripetuta proiezione di tutte le pellicole amatoriali (9,5 millimetri, con perforazione centrale, adatte al mio piccolo proiettore Paté-baby) di Harold Lloyd o Charlot, passai al tentativo di creare io stesso sequenze cinematografiche utilizzando minuscole cineprese di amici ricchi o di amici negozianti (come il caro Angelo Randazzo, proprietario del già allora famoso negozio palermitano di ottica e fotografia). Le chiedevo in prestito con una spudo-ratezza che ancora mi sorprende, timido e riservato com'ero abitualmente.

Quando avevo ormai sedici anni e mi ero appena iscritto alla facoltà di Giurisprudenza all'Università di Palermo, ap-purai che esisteva un'istituzione del PNF, il Partito Naziona-le Fascista, che pareva fatta apposta per me: era stato creato anche a Palermo dal GUF (Gruppo Universitario Fascista) il Cineguf, la Sezione foto-cinematografica per incoraggiare e sostenere i giovani attratti da queste discipline, e qualunque studente universitario aveva il diritto di frequentarlo anche proponendo iniziative.

Detto fatto, mi presentai e mi proposi come collabora-tore, volontario naturalmente. Ma tutto si limitò ad alcuni incontri con altri ragazzi appassionati di cinema che riuscii ad agganciare nella sede del Gruppo Universitario Fascista (con le iniziali maiuscole, per rispettare le regole del tem-po), che si trovava in una delle piazze più belle di Palermo, al cuore del centro storico rinascimentale-barocco, sulla quale si affacciavano antichi palazzi e chiese magnifiche.

Proprio una di queste chiese, che si trovava di fronte al nostro palazzo, era stata espropriata all'ordine religioso, che l'aveva costruita nel secolo XVIII, al tempo della colossale razzia immobiliare che il novello Stato piemontese-italiano aveva perpetrato a danno della cosiddetta "manomorta", cioè i beni ecclesiastici delle curie vescovili e arcivescovili dell'Italia appena unificata sotto lo scettro dei Savoia. Era un edificio di poderose dimensioni, trasformato in ufficio centrale delle Poste di Palermo, alla fine dell'Ottocento.

Intorno al 1930, anno più, anno meno, era poi sorto nel centro moderno il nuovo palazzo delle Poste di Palermo in stile tipicamente littorio. Dall'alto della sua imponen-te scalinata dominava quasi con prepotenza via Roma tra piazza San Domenico e il museo Archeologico. Costituito integralmente in marmo molto pregiato (così fu sparsa la voce) volle magnificare con le sue massicce colonne, tipiche delle creazioni architettoniche del Piacentini, l'importanza del Partito Fascista anche nella nostra città. Tutti gli uffici della Posta centrale furono trasferiti qui, lasciando malinconicamente vuota l'antica chiesa, che fu destinata a sede del Gruppo Universitario Fascista. Un paio di locali, del tutto inadatti allo scopo, ospitarono la Sezione foto-cinematografica, il Cineguf appunto; ma non era stata dotata di alcuna attrezzatura tecnica che consentisse di esercitare una qualsiasi attività pratica: neanche una macchina fotografica né un proiettore cinematografico né una biblioteca, per quanto minuscola. Insomma, nel Cineguf di Palermo si viveva di parole. L'aspetto positivo è che lì conobbi, tra gli altri, Pino Mercanti, i fratelli Franzitta, Eugenio Bonanno, con i quali mantenni a lungo un ottimo rapporto: tanto che proprio a Pino Mercanti affidai, nel 1955, la regia dell'ultimo film che produssi, *Agguato sul mare*, il primo film italiano a colori in Cinemascope. Dentro quei locali, però, ci stava angusta, soffocata direi, la mia impazienza di imparare a fare cinema, né conoscevo in città qualcuno che mi potesse dare un minimo di addestramento.

Palermo, in quel settore, dopo una breve primavera di produzioni cinematografiche all'epoca del muto, si era assopita, anzi era caduta in profondo letargo. Il mondo cinematografico professionale, nato a Torino nei primi del Novecento con la Società Anonima Pittaluga, si era spostato interamente a Roma negli anni Trenta per volere di Mussolini. Il cinema, infatti, era molto sostenuto dal Partito come mezzo di propaganda soprattutto politica (una delle frasi storiche del Duce, riprodotta su centinaia di muri lungo le strade nazionali era: «Il cinema è l'arma più forte»); ma in realtà in Sicilia non aveva ricevuto stimoli veri né dal Partito né tanto meno dalle università, dove polverosi professoroni lo consideravano solo un passatempo «da ragazzi», di cui godere soltanto quando proprio non c'era nulla di meglio da fare.

La molla scattò nel 1938 quando, per un improvviso e travolgente mal d'amore giovanile che rapì ogni mia capacità di raziocinio – quanto era bella e attraente quella ragazza, purtroppo di cinque anni più anziana! – mia madre organizzò, me vagamente consenziente, il mio "trasloco universitario" a Napoli ospite da sua sorella Ninetta, lì sposata ad Arduino Mangoni, conte di Santo Stefano e ormai madre di ben nove figli.

Forse in quel mio consenso c'era l'inconscia speranza di trovare nel Cineguf di quella città, molto più importante di Palermo, pane cinematografico da masticare a sazietà, finalmente. E cosi fu: a Napoli il mio mondo si trasformò, perché lì trovai tutto quello di cui la mia fame di cinema necessitava.

Appena installato nella casa degli zii, non frapposi indugi nel recarmi a largo Ferrandina, salire il sontuoso scalone di un antico palazzo nobiliare e presentarmi ai responsabili del Cineguf considerato il più prestigioso d'Italia. Aveva, infatti, conquistato molti premi e titoli di "Littore" con i film prodotti dai suoi brillantissimi membri, quali Pio Squitieri e Domenico Paolella, registi, Lillo Filo Della Torre, tecnico del suono, e Vittorio Gallo, tecnico di montaggio. Fu proprio Gallo a insegnarmi l'insegnabile nel suo e in altri settori del cinema e ad affidare a me, suo frenetico e insaziabile apprendista-stregone la gestione completa del Cineguf, quando un anno dopo fu assunto all'Istituto Luce di Roma.

In una delle due grandi sale che ospitavano il Centro cinematografico universitario di Napoli (altri locali più piccoli rigurgitavano di ogni genere di attrezzatura per ripresa e proiezione) era dispiegato sullo sfondo un vasto schermo rettangolare bianco. Una grande emozione mi colse: era un cinematografo privato, soltanto per noi dell'Università di Napoli. Lì, finalmente, il cinema si masticava, si beveva, di cinema ci si ubriacava. Il Cineguf, però, non aveva facoltà di far concorrenza al vero cinema, quello professionale che produceva i film negli stabilimenti appositamente attrezzati e li proiettava nelle migliaia di sale italiane, con ingresso a pagamento.

Il nostro mondo era e doveva rimanere il dilettantismo, quello da praticare senza costi, col supporto totale dell'istituzione ufficiale del Partito Fascista. Nessuno, a nessun livello, percepiva compensi: si trattava esclusivamente di un periodo di formazione professionale che doveva servire ad addestrare i giovani alla scoperta del mondo del cinema (e, anche se in minor misura, della fotografia).

Ai Littoriali del Cinema, che si celebravano ogni anno tra la fine di agosto e l'inizio di settembre, a rotazione in una delle città italiane sede di Università, si concorreva per la conquista, solo onorifica, del titolo "Littore" nelle seguenti categorie:

1. Documentario con argomento a scelta, della durata massima di dieci minuti.

2. Documentario scientifico, della stessa durata.

3. Film "a soggetto", della durata massima di trenta minuti, dove l'argomento e la storia erano affidati alla libera scelta dei concorrenti.

Tutto doveva essere rigorosamente muto e realizzato in pellicola cinematografica "a passo ridotto", cioè 16 millimetri – larga la metà della pellicola usata per i film che si proiettavano nelle sale pubbliche. Data la minuscola dimensione, non c'era spazio sulla pellicola per la colonna sonora sulla quale registrare voci, rumori e musiche. Si dovette, così, da parte di noi concorrenti "dimezzati", creare un nuovo linguaggio cinematografico senza sonoro. Niente gesti da "sordomuti", quindi, ma soltanto didascalie scritte e, soprattutto, azioni e movimenti di facile comprensione. Che fatica!

Riuscii a organizzarmi con una macchinosa registrazione su piccoli dischi neri in gommalacca sui quali si poteva incidere con discreti risultati sonori, ma assoluta inaffidabilità di sincronia con le immagini, il minimo sonoro necessario. Quindi un giradischi, affiancato all'operatore di proiezione in cabina, trasmetteva in sala quanto registrato: una sorta di antesignano del disk jockey con il suo piatto.

I Littoriali del Cinema del 1939 si tennero all'inizio di settembre – quando stavo per compiere vent'anni – a Merano, organizzati dall'Università di Trento, credo, in un'atmosfera climatica resa uggiosa da una pioggerellina persistente e dal cielo cupo e psicologicamente angosciosa, direi addirittura funebre.

In quei pochi giorni, assistemmo – obliando quasi del tutto il cinema – al precipitare degli eventi che portarono all'invasione della Polonia da parte delle truppe tedesche e alla fulminante conquista di quello sventurato Paese inerme, impresa osannata dalla propaganda fascista soprattutto attraverso i filmati del *Giornale Luce* e le trionfalistiche esternazioni della stampa di regime.

Non avevo mai avuto interesse per la politica e durante il ginnasio e il liceo partecipavo senza alcun entusiasmo alle adunate obbligatorie; trovavo ridicolo lasciarci impalati in divisa per ore senza fare nulla, agli ordini di un gerarca con il buffo berretto a piumino nero svolazzante sulla testa. Mi sentii gelare il cuore alle notizie della radiolina che strombazzava entusiasmo per l'invasione. Pensavo a coloro che erano stati o stavano per essere uccisi e al fosco futuro che ci si parava davanti.

Frattanto, avevo preso le redini del Cineguf da me frequentato quotidianamente nei due anni già trascorsi a Napoli. I miei bravi predecessori, Squitieri, Paolella e soprattutto Vittorio Gallo, che mi aveva tenuto a balia filmica, ormai avevano preso le loro strade professionali: quest'ultimo occupava una saletta nella sede di Roma dell'Istituto Luce, dove era impegnato al montaggio dei *Giornali Luce*, armato di moviola, taglierine da pellicola, incollatrici e altri attrezzi. Mi ricevette diverse volte, insegnandomi anche lì i primi rudimenti dell'arte cinegiornalistica: la creazione di un racconto logico e fluido attraverso il taglio e l'incollatura di vari spezzoni di pellicola impressionata, sviluppata, stampata e quindi pronta per essere messa in onda.

Nonostante la preoccupazione per le vicende belliche,

tra l'inverno 1939 e la primavera 1940, mentre frequentavo l'ultimo anno di Giurisprudenza all'ateneo napoletano, mi riuscì di realizzare un breve documentario che intendevo presentare ai prossimi Littoriali del Cinema.

Quel documentario fu il frutto di una magnifica collaborazione che avevo istituito con l'Agfa, allora la più importante marca di pellicola fotografica e cinematografica tedesca, la cui sede italiana, in via General Govone a Milano, era diretta dal signor Sorrentino, uno di quei geniacci simpaticissimi napoletani che ben presto assecondò al meglio la mia insaziabile voglia di fare cose sempre nuove. Mise a disposizione del "mio" Cineguf tutta la pellicola necessaria per poter realizzare – finalmente a colori – il lavoro cui tenevo tanto: un documentario sul presepe napoletano. Avrei utilizzato con la mia cinepresa amatoriale la nuovissima pellicola Agfacolor 16 millimetri, tutta ancora da sperimentare sul terreno produttivo.

Individuai un magnifico presepe autentico del Settecento, con centinaia di pezzi, tra personaggi, arredi, paesaggi e addobbi vari, tutti creati con sughero, creta e panneggi, di eccelsa manifattura (quella stessa dei meravigliosi presepi troneggianti al museo di San Martino e a Capodimonte). Ebbi la fortuna di ottenere subito dal proprietario l'autorizzazione alle riprese di quella complessa composizione dall'immenso valore artistico ed economico. Valore di cui tenni sempre gran conto nel realizzare la mia opera, tanto da riuscire a completare il lavoro senza provocare una sola scalfittura alle preziose statuine. Facevo volteggiare la mia Kodak Special 16 millimetri come una libellula silenziosa, su e fra i numerosi marchingegni che avevo costruito e sistemato in ogni anfratto del presepe, servendomi degli elementi metallici e delle piccole gru del Meccano e di minuscoli binari in legno e altre diavolerie. Pensai anche di dare vita a quella massa statica attraverso il movimento della cinepresa, quindi: carrellata in avanti verso la cascata di acqua finta; carrellata indietro dal primo piano della cometa fino al totale del cielo stellato; carrellata avvolgente attorno ai protagonisti del presepe per valorizzare le caratteristiche di stile della Sacra Famiglia; e, infine, primo piano del pastore con al collo una pecorella o di uno dei re Magi in adorazione del Bambinello divino; e così via.

Le riprese durarono oltre un mese, non poco considerando la brevità del film da realizzare (dieci minuti, come detto), anche per la meticolosa cura mia e dei miei amici del Cineguf nel prevenire ogni possibile danno a quel monumento trionfante d'arte, misticismo, ma anche di napolitanità godereccia.

L'afflato vitale, il senso di movimento che speravo di ottenere con tutte quelle acrobazie operative, venne fuori evidente, tanto che la visione del filmino fu gradita a tutti coloro ai quali lo mostrai, tra gli altri a Sua Maestà il re Vittorio Emanuele III.

La direzione del Cineguf mi riempiva di sommo orgoglio, nonché di grande senso di responsabilità, e mi sembrava necessario mettere in opera qualche altro documentario e un film "a soggetto", quello della durata di trenta minuti, da presentare ai Littoriali del Cinema del settembre 1940.

Per la categoria "documentario scientifico" scelsi un argomento che fosse anche in linea con gli orientamenti politici del momento e che, soprattutto, non mi coinvolgesse in scene di sangue, data la mia incapacità di sopportarne la vista (non su di me ma sugli altri). L'argomento – oggi, e forse anche allora, risibile – fu *La ginnastica respiratoria nel miglioramento della razza*. Forte della consulenza tecnica di un mio coetaneo, studente in medicina, approntai una dozzina di corte stecche di legno che, imperniate tra loro, si potevano manovrare a mano stringendole o allargandole lentamente, dando, così, la sensazione del gonfiarsi e sgonfiarsi dei polmoni durante la respirazione. Poggiate su un drappo nero, queste similcostole in legno chiaro riuscivano a sostituire il disegno animato che non ero in grado di realizzare per l'inadeguatezza tecnica della mia cinepresa amatoriale a effettuare una serie di scatti, un fotogramma per volta, con cui creare l'immagine in movimento. L'effetto sembrò abbastanza ben riuscito a coloro ai quali mostrai la mini-sequenza, così mi cimentai in un'impresa ancora più audace, mai tentata prima da alcuno: riprendere in diretta, come si direbbe oggi, un'ispezione radiografica dell'intero sistema polmonare.

Mi procurai, con grandissime difficoltà, la pellicola cinematografica più sensibile allora esistente, quella dell'Agfa, che la stessa casa produttrice utilizzava per le più ardite sperimentazioni di riprese al buio. Ce l'avrebbe fatta a riprodurre la modesta luminescenza dei raggi x? Travolgendo con la mia parlantina un radiologo ignaro di cinema, riuscii a piazzarmi davanti al suo schermo durante un esame radiologico e a cinematografare "tutto aperto": spalancai al massimo l'obiettivo applicato alla mia piccola cinepresa, quello più luminoso che riuscii a scovare (velocità di ripresa non 24, ma 16 fotogrammi al secondo) per fare abbeverare di quella luce-non luce, con soste più lunghe possibili, ogni singolo fotogramma. Nella saletta dell'ospedale si doveva controllare l'operabilità o meno del ginocchio anchilosato di una bambina. Camminava a fatica, ed era molto triste vederla zoppicare tanto.

Fedele al mio compito di documentatore cinematografico seguii le successive rapide fasi degli accertamenti, tra esami e analisi, finché non si arrivò a una del tutto imprevista conclusione: introdotto insieme ai medici nella sala operatoria, vidi spuntare, a un certo momento, uno strano attrezzo che non individuai subito. Ma dopo qualche minuto di dilagante orrore e progressivi conati di vomito, mi resi conto che era una sega – chirurgica ovviamente. In metallo luccicante e con i suoi infiniti denti allineati in bell'ordine, quell'attrezzo cominciò a muoversi, da sola mi parve, si accostò alle ossa del ginocchio "guasto" della bambina e cominciò a segarlo, emettendo un suono simile a quello di una sega da falegname o da fabbro. Io precipitai per terra svenuto, trascinandomi appresso tutto l'armamentario cinematografico. A quanto poi mi dissero, i medici operatori, nel panico, furono costretti ad abbandonare la piccola paziente, che era sotto anestesia locale, per soccorrere il giovane cinematografaro colpito da anestesia totale provocata da orrore ambientale.

Il documentario su quel caso ortopedico non fu più realizzato, con mio sommo sollievo. Né ci furono mai più Littoriali del Cinema né di altre discipline, dopo lo scoppio, il 10 giugno 1940, della seconda guerra mondiale.

Primi amori e passioni
di un giovane sottotenente

Qualche giorno dopo il fatidico 10 giugno 1940, ero atteso all'Università di Napoli per la discussione della mia tesi di laurea. L'argomento che avevo scelto, piuttosto di malavoglia, era in Diritto Penale (materia poco attraente per me, che ero nemico di ogni lite o dissapore). Il titolo era *Caso fortuito e forza maggiore nel Diritto Penale*. Avevo preparato giudiziosamente una tesi corposa e ritenevo di poter riscuotere un buon voto, almeno intorno a 100, visto che avevo anche una pregevole media.

Abitavo in piazzetta Nilo, nel palazzo, allora di proprietà di mio zio Arduino, che sorgeva proprio di fronte alla facciata posteriore dello sterminato edificio universitario. Venni a sapere che proprio in quei giorni in università si erano verificati alcuni sommovimenti, provocati certo dal turbamento che aveva attanagliato gli italiani a causa della dichiarazione di guerra. In quel mondo universitario solitamente pacifico e sonnacchioso erano addirittura nati diverbi tra professori e studenti e, fatto clamoroso, in un'aula era persino volato un calamaio pieno di inchiostro (non esistevano ancora le penne a sfera), senza tuttavia procurare gravi danni, se non macchie nere su carte, libri e tavoli.

Il giorno della discussione della tesi, noi laureandi, una quindicina, eravamo in fila in piedi, affiancati l'uno all'altro, rivolti verso il bancone dei professori, che ci chiamavano a uno a uno, scandendo bene il cognome. Quando echeggiò il mio nome, scattai quasi sull'attenti, rispondendo secondo l'usanza di allora: «Presente!»

Uno dei professori scartabellò dei fogli, che evidentemente riguardavano me, parlottò per qualche secondo con i colleghi alla sua destra e alla sua sinistra, quindi si rivolse di nuovo a me e in modo frettoloso, ma in tono così indelebile che lo ricordo ancora, mi disse: «A Voi, Alliata, assegniamo il voto di 85 su 110».

Restai allibito. Non per quel «voi», prescritto e obbligato dalla deontologia conversativa fascista alla quale eravamo ormai abituati, ma per quel misero 85. Non potei trattenermi dal replicare: «Ma come? Professore, ho avuto sempre buoni voti agli esami. La mia media è di 27!»

La controreplica fu gelida, quasi infastidita: «O questo o niente» e si girò da un'altra parte.

La stessa sera di quel 12 o 13 giugno, appresi per telefono da mia madre che Giuseppe, mio fratello maggiore di quattro anni, si era laureato a Palermo proprio negli stessi giorni ottenendo il voto di 95, cioè 10 punti più di me! Proprio Giuseppe che era sempre stato un pessimo studente! Provai, però, un sentimento di autentico compiacimento: non era possibile nutrire sentimenti malevoli nei confronti del mio fratellone "malato" di radiofonia, come io lo ero di cinema. Ci amavamo molto. Ancora oggi, quando a villa Valguarnera attraverso il minuscolo disimpegno sulla cui parete è appeso ben incorniciato il suo diploma di laurea, sento sgorgare spontaneo il sorriso al ricordo di come fui da lui "beffeggiato" proprio sotto lo striscione di quel traguardo.

Il 15 giugno di quell'*annus terribilis*, dovevo presentarmi alla caserma del Reggimento di fanteria di stanza ad Arezzo, per trascorrervi i cinque mesi di apprendimento accelerato nel corso Allievi Ufficiali che mi avrebbe fatto diventare, se promosso, ufficiale di complemento del Regio Esercito col grado di sottotenente. Avevo scelto quella forma del tirocinio militare, allora obbligatorio per tutti i maschi, perché meno pesante. Eppure per me, pacifista e antimilitarista al cento per cento (e tuttavia ligio alle regole e alle leggi) era un vero incubo, ulteriormente aggravatosi dopo la nostra entrata in guerra.

Per fortuna, fin dall'inizio del mio terzo anno alla facoltà di Giurisprudenza, quando mi trasferii a Napoli, ero stato obbligato a frequentare il Corso premilitare, che si teneva ogni sabato pomeriggio ed era destinato ad addestrare noi italiani alla durezza, alla disciplina e, perché no?, al disprezzo delle mollezze nonché al comportamento da *homo masculus*, in tutti i sensi. Al primo esame ero stato subito bocciato. Alla domanda facile facile formulatami dall'ufficiale che mi interrogava («Che grado ho io?»), dopo ponderata riflessione avevo risposto d'impeto: «Caporale!»

L'aula aveva rischiato di crollare per gli insulti furibondi da cui fui investito. «Mi ha definito "caporale"!» non smetteva di urlare ai pochi presenti il mio inquisitore, e aveva ragione: era un generale, e la si vedeva, la differenza – eccome! – dalle ricche e luccicanti greche d'argento cucite ai polsi dell'uniforme e dalle file multicolori di mostrine al petto, segno delle benemerenze acquisite in carriera. Ma, allora, ignoravo tutto del mondo in divisa.

Quel prologo di vita militare, così maldestramente gestito, mi allarmò non poco, ora che dovevo affrontare il mio nuovo percorso. Quale ruolo sarei stato chiamato a ricoprire in quella guerra in cui si era appena infilata l'Italia e che sembrava già conclusa con le schiaccianti vittorie delle truppe hitleriane che erano state armate fino ai denti per tempo, prevenendo ogni possibile resistenza dei popoli limitrofi? Se il destino mi avesse costretto a usare un'arma contro qualche nemico, fronte a fronte, come mi sarei comportato? Non mi davo risposta, ma l'interrogativo permaneva tormentoso nel subconscio, perché io di sicuro non avrei mai sparato.

Un'anima pietosa mi aveva insegnato una massima semplice ma perentoria per sopravvivere alla vita militare: «Non passare mai davanti a un cannone, dietro un cavallo, vicino a un superiore». Cominciai ad adottarla ad Arezzo con sempre crescente determinazione, finché non l'acquisii come ferrea abitudine, avendone constatata l'eccezionale utilità.

Vivendo giornate intere in caserma o impegnato in faticose marce, verificai la veridicità di un'altra pillola di saggezza, attribuita a Gabriele d'Annunzio, il Vate secondo l'ufficialità fascista: «La vita militare è una vita di ozio senza un attimo di riposo e di cose inutili prese sul serio». I superiori ci organizzavano estenuanti marce (eravamo o no di fanteria?) di venti o trenta chilometri su per le montagne che sovrastavano Arezzo, avviluppati, anzi strozzati nella stretta, pesante e rasposa divisa da soldato semplice che all'arrivo ci era stata consegnata da indisponenti furieri, gli addetti a fare da balie asciutte ai nuovi allievi.

La divisa era dotata di pantaloni alla zuava, cioé che arrivavano appena sotto al ginocchio dove erano trattenuti da una fettuccia allacciata stretta stretta, lasciando libero, anzi nudo, il polpaccio. Al posto del gambale in similcuoio nero lucido, in realtà di cartone, che avevamo visto calzato dai sottufficiali, ci erano state scaraventate addosso delle specie di palle schiacciate della medesima stoffaccia verde della divisa, pesanti, compatte e abbastanza dure da far male anche se tirate per scherzo. Si trattava di strisce fittamente arrotolate, di larghezza tra i sette e i dodici centimetri, in crescendo dal basso verso l'alto e viceversa. I significativi sguardi di perplessità, curiosità e sconcerto che ci eravamo scambiati noi reclute non erano approdati ad alcuna illuminante spiegazione, finché con la solita grazia i furieri ci avevano ingiunto di utilizzarle per fasciarci i polpacci. Come? «Arrangiatevi!» Fu così che in quei cinque mesi di incubo, dal 15 giugno al 15 novembre 1940, non riuscii mai una volta ad avvolgermi quei micidiali strumenti di tortura attorno a quella parte del mio corpo, il polpaccio appunto, che da quel momento mi apparve inutile, anzi superflua.

Il peggio capitò una notte, quando al colonnello comandante del Reggimento Allievi Ufficiali di complemento della caserma che ci ospitava (termine generoso) saltò in mente di organizzare a sorpresa una marcia notturna attraverso quella porzione di Toscana, il Casentino, abbigliati in divisa completa, compresa la bustina copricapo confezionata con la solita stoffaccia, ed equipaggiati con le armi al braccio, quelle leggere in dotazione alla fanteria. Ma io, che ero, a parere dei miei più immediati superiori, uno degli allievi fisicamente più dotati in quanto rugbysta e atleta, ero spesso prescelto per caricarmi a zaino sulle spalle la mitragliatrice in dotazione a ogni plotone di fanteria: peso ufficiale quindici chilogrammi che, dal decimo chilometro in poi, a me sembrava aumentare almeno di un chilo a chilometro, fino a diventare addirittura un quintale.

Ho sempre avuto un sonno profondo, profondissimo, tanto che un paio di volte da ragazzo mi è capitato, nel voltarmi e rivoltarmi nel letto, di cadere a terra senza nemmeno svegliarmi. Quella notte, quindi, stentai molto a udire e interpretare gli schiamazzi del trombettiere che pareva si divertisse a svegliare tutto il quartiere. Riuscii infine a scardinare il torpore che mi avvinghiava e ad agguantare le fasce, dopo aver brancolato per un po' nel buio alla loro ricerca, quando gli altri allievi della camerata erano già vestiti e allineati. Legai comunque le due fettuccine grigioverde sotto le ginocchia, le avviluppai alla bell'e meglio attorno agli stinchi e alle caviglie e, balzando giù dai gradini, raggiunsi di corsa gli altri nel cortile, appena prima che andassero via.

Ma così come frettolosamente erano state avvoltolate, altrettanto in fretta le benedette fasce (o "mollettiere", come venivano definite in gergo militare forbito) si erano svoltolate, divenendo due originali code a prolungamento dei miei talloni. Inutile dire che quella marcia, tanto brillantemente concepita dal signor colonnello per perfezionare il nostro addestramento militare e la nostra forma fisica, costituì per me l'inferno in terra. Mi chinavo per riavvolgere le fasce, e la mitragliatrice dalla schiena scivolava in avanti battendomi con forza sulla nuca. Mi rialzavo e riassestavo la mitragliatrice, ma dopo qualche passo ecco di nuovo le mollettiere penzolare tra le gambe come la coda di un cane bastonato e strisciare a terra come un serpente morto. Mi chinavo di nuovo per rimetterle rapidamente a posto e ricompariva il problema della mitragliatrice. Sudavo, mi disperavo, rallentavo, mentre i miei commilitoni, procedendo spediti, mi distaccavano, al che dovevo affrettare il passo per riagguantarli, ancora mezzo rimbambito com'ero per quel sonno profondo interrotto.

Al termine di quei cinque mesi di addestramento (con relativa crescita della mia repulsione verso il mondo militare), affrontai l'esame finale e mi ritrovai questa volta tra gli allievi promossi, che avevano il diritto di poter scegliere la città e addirittura la caserma dove effettuare il servizio da sottotenente di prima nomina. Così, alla fine del primo semestre di guerra, nel dicembre 1940, ricevetti l'incarico di comandare un plotoncino di coscritti, i soldatini di leva, nella caserma del 31° Reggimento di fanteria (divisione Siena), all'Arenaccia a Napoli, ancora più squallida e più affollata di quella di Arezzo. Non immaginavo neppure che proprio lì avrei trovato l'ispirazione e lo slancio per intraprendere una vertiginosa carriera "militarfotocinematografica" durata per tutti i cinque anni di guerra, da quel 1940 alla fine di aprile del 1945.

Appena insediato in caserma, fui sottoposto alle incombenze più noiose e defatiganti che toccavano ai "sottotenentini" di fresca nomina. Tra queste: 1) le marce dei canonici quindici, venti, trenta chilometri verso o sul Vesuvio con i diciotto soldatini che componevano il plotone di cui ero al comando; 2) la funzione a rotazione di "ufficiale di picchetto" che obbligava chi era di turno a mantenere in perfetta disciplina i quasi duemila militari della caserma, a tenere sotto controllo tutti i servizi e a fare l'appello serale. Questa era forse la più estenuante tra le mansioni: dovevamo assicurarci che tutti i soldati rientrati dalla libera uscita (dalle sedici alle venti) avessero preso posto nelle rispettive cuccette in camerata.

Lo spiccato senso di individualità – per alcuni versi apprezzabile – tipico di noi, gente del sud, in quella circostanza si rivelò disastroso: non uno delle centinaia di soldati che risiedevano a Napoli, e di conseguenza cenavano a casa con le loro famiglie, rientrava in caserma all'ora giusta; ciascuno tornava quando voleva, a lento ritmo di passeggio. Una provocazione per chi come me aveva ricevuto un addestramento molto rigoroso.

Al mio turno di ufficiale di picchetto, che mi toccava una o due volte la settimana, ero costretto a restare per buona parte della giornata all'ingresso della caserma, trovandomi così per lo più in posizione molto visibile dalla strada. Abbastanza magro, di media altezza, capelli castani tagliati piuttosto corti e pettinati indietro "alla Umberto", come si definiva allora, portamento sportivo nella divisa grigioverde finalmente di buona stoffa, bel cinturone in cuoio bruno, fondina e rivoltella Beretta di ordinanza, ero facile da avvistare. Non mi meravigliai affatto, dunque, quando un bel giorno mi fu passata dal piantone di guardia una telefonata. Era una allegra voce femminile, chiaramente di giovane partenopea, con l'inconfondibile gradevole accento della buona borghesia, quell'inflessione che rende subito simpatici i napoletani, figuriamoci le napoletane! Mi cominciò a sfruculiare – tanto per mantenerci nel napoletanismo – pigliandomi un po' in giro su come vestivo, come mi muovevo, assorbito nella gestione del controllo di chi entrava e usciva dalla caserma.

Quella vocina scanzonata mi divertì molto e stetti al gioco. Seguirono poi molte altre farfalleggianti telefonatine. Ero alla soglia dei ventuno anni – non ancora maggiorenne, secondo le leggi di allora – ma i galloni da ufficialetto, testé conquistati, mi autorizzavano a considerarmi maturo per una vita da "maschio adulto". Immagino che sia stato il proverbio siciliano "Ogni lassata è persa" a istigarmi all'approntamento di una *garçonnière*, in previsione di chi sa quali orge e baccanali che non avrei certo potuto consumare in casa dei parenti Mangoni, presso i quali vivevo a Napoli. Non avevo calcolato, però, il peso dell'educazione ricevuta a Palermo sia in famiglia che presso i gesuiti negli otto anni di

83

scuola all'Istituto Gonzaga, dove le femmine allora non erano ammesse. Di ragazze, anzi di donne in quegli ambienti non si parlava neppure. Le donne, allora, per me non erano un tabù, semplicemente non esistevano.

Il destino aveva voluto portarsi via il mio papà ancora giovane, con una di quelle polmoniti fulminanti allora incurabili, quando io non avevo ancora compiuto dieci anni, quindi non aveva potuto "addestrarmi" – come allora usavano i padri – sugli aspetti più riservati della vita mascolina. Perciò non ero preparato al comportamento da adottare verso l'altro sesso, rispetto al quale mi sentivo del tutto indifeso. Sì, c'era stata qualche visitina suggerita dagli amici nelle case di tolleranza. I cosiddetti "casini" erano regolarmente autorizzati dalla legge che, anche attraverso il servizio sanitario, effettuava costanti ed efficienti controlli sulla presenza o meno di malattie veneree in quelle professioniste del sesso. Ero, tuttavia, molto turbato ogni volta che mi recavo in un "casino" per qualche fugace e molto maldestra "visita" alle ospiti, sovente prosperose e sempre disponibili ad addestrare noi maschietti ancora in imbarazzo per la scarsa dimestichezza con le belle rotondità che ci venivano offerte. Il mio turbamento, comunque, svaniva ben presto di fronte alle loro consumate arti amatorie. Quel commercio, però, a me, romantico e sentimentale come ero e sono rimasto, sembrava orrendamente falso, proprio perché contaminato dal denaro.

A ogni buon fine, comunque, la *garçonnière* da perfetto amatore me l'organizzai – una camera con lettino più servizi in uno dei grandi palazzi al Vomero, che mi potevo permettere con il mio stipendio di sottotenente. E la prima "preda" era a portata di mano, ne ero certo, anche se non sapevo bene con quale strategia e tattica procedere. Avevo da poco appreso, proprio al corso Allievi Ufficiali di Arezzo, i principi di base per preorganizzare gli scontri tra eserciti nemici; ora dovevo capire come adattare – e quindi adottare – quegli stessi principi in un'incontro destinato sì alla conquista, ma non di un qualsiasi territorio. Fantasticavo chi sa quante godurie; in realtà, nel fondo della mia coscienza, mi sentivo inquieto tanto era il carico di responsabilità "adulta" che mi tormentava. Era giusto o no attentare alla illibatezza, così presumevo, di una fanciulla che si abbandonava a me? E, avvenuto il "fattaccio" (e poi come e con quali modalità sarebbe avvenuto?), quali conseguenze avrei dovuto subire? E come potevo evitare quelle nefaste, di cui non conoscevo quasi nulla?

Ciò non toglie che disporre di un nido dove celebrare le mie galanterie mi solleticava molto, così dimenticai i saggi principi di rispetto umano propinati da mia madre, dimenticai le prediche moralistiche dei cari padri gesuiti e, nel corso di una di quelle telefonate, proposi alla fanciulla sconosciuta un incontro. Dove? Al Vomero, proprio alla Stazione superiore della funicolare di piazzetta Augusteo, quella che dominava l'intera piazza Vanvitelli (ma soprattutto quella prossima alla *garçonnière*).

Dire che ero euforico è mentire peccaminosamente: io ero *aux anges*, agli angeli, come dicono i francesi per descrivere lo stato d'animo più sublime per un essere umano. Toccai sul serio il cielo con un dito, quella volta.

L'attesa per l'incontro fu riempita da un permanente tumulto interiore fra la gioia scatenata dall'essermi conquistata ormai la patente di uomo completo (con *garçonnière* e, perché no?, amante) e le perplessità dovute alla mia inesperienza delle arti amatorie. Immaginavo la "marcia di avvicinamento" all'obiettivo da conquistare, una marcia che doveva essere giudiziosa, dolce, non aggressiva. Insomma, dovevo mettere in atto con assoluto successo alcune delle teorie apprese al corso Allievi Ufficiali di Arezzo.

Finalmente l'"incontro" avvenne. Proprio lì, alla Stazione superiore della funicolare di piazzetta Augusteo. Lei mi conosceva già grazie alle sue sbirciate verso l'entrata della caserma; al contrario, non avendola mai vista, avevo suggerito a lei di indossare un abito, o un accessorio, ben identificabile.

Era proprio carina, la ragazza, e abbastanza disinvolta, anche se il suo sguardo occhieggiante a destra e sinistra le conferiva un'aria un po' imbarazzata. Mi piaceva: sì, mi piaceva molto. In quel momento fui attraversato da un lampo che turbò la mia euforia: *Sono autorizzato a sciuparla?* Ma misi subito a tacere la mia coscienza dicendomi: *A la guerre, comme à la guerre.*

Entrammo nella *garçonnière*, era giunta l'ora dell'inaugurazione! Così, nella penombra della stanza accuratamente preparata, cominciò la progettata "marcia di avvicinamento". Per prima cosa le chiesi tante piccole, ma fondamentali notizie sul suo conto, a partire dal nome e cognome, quelli veri. Quelli con cui si era qualificata per telefono, infatti, erano fasulli. Aveva diciotto anni, mi confessò con un sorrisino bricconcello (minorenne, pensai, con un certo, seppur fugace, sgomento). Proseguimmo nel conoscerci meglio anche tattilmente ma con prudenza, pur essendo arsi da una furiosa voglia di approfondire l'argomento.

Anche la sua parlantina spigliata e allegra, ma sempre composta, mi conquistò (e rese ancor più aspro il mio conflitto interiore, per nulla assopito). Ma i tanti piccoli fatti della sua vita quotidiana da ragazzina di buona famiglia mi lasciarono quasi del tutto indifferente. A un certo punto, nel bel mezzo di un aneddoto famigliare BUM! scoppiò la bomba. E che bomba! Chiacchierando, chiacchierando, mi aveva accennato al suo papà: era un commissario di Pubblica Sicurezza! Non afferrai subito, poi realizzai: figlia di un poliziotto! E fui quasi colto da svenimento. Riprendendomi dalla sorpresa, mi sentii già colpevole di tutte le nefandezze erotiche che avevo immaginato e gustato nella fantasia. Quella stessa fantasia che adesso faceva comparire puntata alla mia tempia destra la canna nera di una pistola di ordinanza, impugnata dalla mano vibrante di furore del padre di quella figlia "disonorata" e per giunta violata da un giovanotto nemmeno maggiorenne che aveva approfittato per questo abuso del fascino della divisa. Esplosione di un colpo riparatore, sangue e lacrime, ambulanza, ospedale, funerale, tutto scorse davanti ai miei occhi chiusi, serrati, inorriditi dalla disperazione, in una sequenza di immagini istantanee confuse e affastellate, come nel "prossimamente" di un film dell'orrore. Il tutto durò, credo, un istante, ma a me parve un secolo.

Comunque, mi ricomposi e, con immenso sollievo, constatai che la fanciulla non si era accorta del mio tumulto interiore. Non aveva smesso di raccontare. A quel punto, però, nulla più mi importava di lei; ero divorato dal desiderio opposto a quello che mi aveva fatto ardere pochi minuti prima: dovevo liberarmene. Così, con la stessa dolcezza e lo stesso garbo che poco prima avevo adottato per conquistarla, cercai di sbarazzarmene. Da "marcia di avvicinamento" divenne una "fuga", anzi una vera e propria "rotta", per restare in ambito militaresco. Riuscii, infine, a congedarla e ne fui immensamente felice, allora come adesso, a settantadue anni di distanza.

Mi affrettai a restituire la *garçonnière* al proprietario, dimenticai persino con gioia il nome della ragazzina sfuggita al "massacro" e non organizzai mai più incontri amorosi, se non ben concordati in precedenza, con fanciulle soltanto maggiorenni, consenzienti e, soprattutto, dopo accurato accertamento della professione paterna.

Il cinema entra in caserma
per "rieducare" le reclute

Ancora depresso dalla mortificazione per il fallimento del mio primo convegno erotico-sentimentale, decisi di rinunciare alle bravate rintanandomi giudiziosamente in caserma. Anche se la mia era quella del 31° Fanteria, divisione Siena, un caotico mondo di reclute indisciplinate e recalcitranti verso ogni concetto di ordine. Erano soldatini di leva, freschi freschi di chiamata alle armi e totalmente privi di ogni genere di preparazione o sensibilizzazione. Dovevo, in qualità di ufficiale di prima nomina, addestrarli al meglio sia per quelle sfiancanti marce a piedi di quindici, venti, trenta chilometri su per il Vesuvio fra le pietraie della costa napoletana, che alla pratica di qualche sport di base.

Era, però, l'ora della ritirata, che nessuno dei soldati rispettava, quella che puntualmente mi portava alla disperazione. Al termine della libera uscita dovevo procedere all'appello serale, identificarli uno per uno – erano diverse centinaia – avviarli alle rispettive camerate e accertarmi che si fossero collocati sui giacigli loro assegnati. L'assenza di ogni senso di disciplina in quei ragazzi quasi miei coetanei era disarmante. Spesso dovevo riagguantarne qualcuno che si era perso in una camerata non sua o era andato a finire su un letto altrui e, quando li pescavo, per tutta risposta mi facevano un sorrisino innocente. Non erano colpevoli loro, semplicemente sbadati. Non osavo punirli, ma mi disperavo lo stesso, tanto che a un certo punto decisi di trovare un rimedio, e lo trovai. Eccome!

Scoprii che nell'immensa caserma dell'Arenaccia c'era un locale dimenticato, una cabina di proiezione dotata di proiettore cinematografico a passo normale, 35 millimetri, identico a quelli usati nei cinematografi pubblici di tutta Italia. Completava la mia scoperta una grande sala sottostante munita di grande schermo. Fu così che il cinema, che aveva suscitato tanta passionalità in me fin da ragazzino, tornò alla ribalta.

Diedi un'occhiata al proiettore, ma non riuscii a capire se si sarebbe messo in moto né se avrebbe proiettato qualcosa, se non altro il fascio di luce bianca di base; non sapevo neanche come si potesse fare, data la mia assoluta incompetenza tecnica in materia. Vidi che il collegamento elettrico era staccato, ma non ero certo capace di ricollegarlo. Per fortuna, tra le centinaia di quei soldatini di leva delle più varie estrazioni, ne trovai uno competente, così ottenni in breve che da quel proiettore scaturisse un bel fascio di luce bianca, dimostrazione che l'apparecchio era ancora in vita, dopo chissà quanto lungo letargo. A quel punto ero certo di poter trionfare sulla frustrante incombenza dell'appello serale, perché mi balzò immediatamente in testa un piano di azione: rimettere in uso la cabina di proiezione e portare il cinema in caserma.

Ne parlai con il mio comandante, che a sua volta ne parlò entusiasta con il capitano Caruso, capo dell'Ufficio Stampa e Propaganda del Distretto militare di Napoli, che da borghese era un avvocato. Entrammo subito in sintonia. Avrei organizzato le proiezioni negli orari di libera uscita, così quelli rimasti in caserma sarebbero stati sotto controllo e gli altri sarebbero rientrati comunque in tempo per non perdere la proiezione. In quel modo me li sarei ritrovati tutti pronti all'appello serale.

L'idea piacque tanto al capitano Caruso che mi invitò a inventare qualche cosa di simile anche per i numerosi soldati che scorrazzavano per Napoli in attesa di essere imbarcati e trasferiti in zone di operazione nei territori coloniali. Tanta fiducia mi caricò di risorse e inventive e di inarrestabile frenesia operativa.

Prima di ogni cosa, però, mi servivano i film. Ricorsi

all'esperienza portata avanti un paio di anni prima, nel 1938, quando ero ancora fresco d'investitura quale responsabile del Cineguf di Napoli e, con l'autorevolezza della mia carica di "fiduciario del Cineguf", ma soprattutto con tanti bei sorrisi e la mia forse efficace parlantina, mi presentai ai proprietari e ai gestori dei principali cinematografi della città e da molti ottenni che ogni tanto sospendessero per un giorno o per una serata la programmazione del film in prima visione per compiere "un atto di cultura": la proiezione a un pubblico scelto, e comunque pagante, di qualche film "antico" che la critica aveva promosso come prodotto di alta qualità.

Mi facevo prestare i film dalla Cineteca Nazionale di Roma che ne possedeva una raccolta enorme, perché ogni produttore italiano e ogni distributore di opere straniere era obbligato a donare all'istituzione una copia dei suoi film. Direttore della Cineteca era un palermitano, Beppuccio Sala, il fratello maggiore del mio carissimo compagno di scuola Vittorio Sala, che sarebbe stato anche compagno di avventure militari. Approfittando dell'amicizia, mi facevo prestare gratuitamente le pellicole del passato e le proiettavo nelle sale cinemtografiche napoletane messe a mia disposizione per rendere un servizio culturale alla città. Si trattava per lo più di celebri film dei primi del Novecento: colossal italiani come *Cabiria* e *Quo vadis*, ad esempio, e capolavori europei come *L'angelo azzurro* con Marlene Dietrich o *Grand Hotel* con la rivale Greta Garbo. Venivano presentati da un personaggio di prestigio scelto di volta in volta tra i giornalisti, professori e letterati che pontificavano di cinema.

In quell'anno o due in cui potei organizzare queste "Serate retrospettive" (le denominammo così), riuscii ad avere come presentatori Francesco Pasinetti, uno dei più brillanti docenti di estetica del cinema al Centro sperimentale di cinematografia di Roma, Mario Chiari, già allora affermato creatore di scenografie per i film, e, se non ricordo male,

Luigi Chiarini, direttore del Centro stesso, nonché l'eclettico e poliglotta Umberto Barbaro, docente al Centro e in seguito suo direttore. In pratica, avevamo inventato il cinema d'essai.

I film che riuscivo a ottenere in prestito dalla Cineteca Nazionale spesso erano muti, senza parlato, né musica né rumori. Ciò non inficiava la comprensione della vicenda, aiutata anche dalle originarie enfatiche didascalie che apparivano sullo schermo, ma ormai gli spettatori dei cinema si erano abituati al sonoro e non me la sentivo di privarne il "mio" pubblico. Mi industriai, quindi, in tal senso. L'accompagnamento sonoro migliore di cui potevo disporre era la musica, così, quando ottenevo un film, prendevo nota delle sequenze da "sonorizzare", precisando soprattutto la durata di ciascuna, quindi mi recavo al negozio della casa musicale Ricordi a largo Augusteo, fornitissimo di dischi – allora tutti a 78 giri al minuto – e sceglievo. Questa scelta poteva durare anche ore. A mano a mano che individuavo il brano adatto, segnavo sul disco stesso, mentre girava, l'inizio e la fine della riproduzione facendo scorrere la punta di una matita grassa di colore giallo o rosso. Il grasso della matita, infatti, non danneggiava in alcun modo i solchi, ma lasciava un segno ben visibile.

La mia ricerca musicale si concentrava in particolare sulla musica sinfonica a grande orchestra, soprattutto dei grandi compositori russi di fine Ottocento, da Mussorgski a Tchaikovsky a Borodin, ideali per i "miei" commenti sonori, perché riuscivano a sottolineare gradevolmente ambienti, fatti ed emozioni. Non mancai di aggiungervi brani di Vivaldi e di Mozart che, per la freschezza che li caratterizzava, conferivano vivacità e allegria alle immagini, quando occorreva.

Per realizzare la colonna sonora, infine, utilizzavo una mia tecnologia messa a punto molto facilmente nella cabina di proiezione: collegavo il pick up, la testina del giradischi, con l'impianto sonoro (gli altoparlanti) della sala e, alla fioca luce di una minuscola lampadina, inserivo esattamente la musica nelle sequenze scelte in precedenza. Questa trovata, che ogni volta mi costava una snervante fatica, ebbe fortuna tanto che il pubblico se ne compiacque sempre con i proprietari e i gestori delle sale in cui la esibii – compreso l'elegante cinema Alambra. Avevo ottenuto così un bel patrimonio di apprezzamento e stima da spendere ora in caserma.

Contando molto sul buon rapporto che si era costituito tra me e i titolari dei principali cinematografi napoletani grazie alle "Serate retrospettive", avanzai loro la mia proposta: perché non offrire allo sterminato contingente di truppe in sosta a Napoli in attesa della partenza verso le nostre colonie (Libia, Eritrea, Somalia, Etiopia, isole del Dodecanneso) la proiezione gratuita del film in programmazione in quel momento? Magari con uno spettacolo mattutino, diciamo alle dieci? L'orario da me suggerito trovò il consenso di tutti, dal momento che non interferiva con quello delle proiezioni pomeridiane e serali (tra le sedici e le ventidue).

La notizia dei film di prima visione gratis per le truppe si propagò in fretta tra le decine di migliaia di giovani in procinto di affrontare il loro primo incontro con la guerra vera e propria, e forse la morte, come accadde a tanti di loro. Il successo fu immediato, e la mia gioia immensa nel vedere ogni giorno plotoncini di soldati ben inquadrati per tre sgambettare spediti nelle vie centrali di Napoli: lunghi, allegri serpentoni di militari che marciavano verso i cinematografi della città e che, a spettacolo finito, rientravano puntuali nelle varie caserme. Ne venne fuori, per me che dovevo organizzare e controllare tutti, sia i "miei" che gli "esterni", un lavoro pazzesco, ma ebbi anche la soddisfazione di toccare con mano il buon animo dei soldatini dell'Arenaccia che mi dimostrarono il loro gradimento rientrando, da allora, un po' meno disordinatamente dalla libera uscita serale.

Tra me e il capitano Caruso era nato un bel sodalizio operativo, tanto che pensammo di "allargarci" coinvolgendo i militari della Sesta Armata che aveva base nella vicina Cava dei Tirreni. A capo dell'Ufficio Stampa e Propaganda di quell'importante Comando, che esercitava la giurisdizione militare su tutta l'Italia del sud, era il maggiore Arrigo Pozzi, padovano, giornalista, che non perse tempo nel chiedere il mio trasferimento a Cava.

Una grossa novità, tuttavia, sconvolse ogni programma: l'intensificazione delle operazioni militari belliche nel bacino del Mediterraneo – in corrispondenza con l'allentamento delle tensioni nel nord del nostro Paese (le armate tedesche avevano conquistato e occupato tutta l'Europa, Russia compresa) – esponevano la Sicilia al rischio di uno sbarco anglo-americano. L'Isola doveva essere difesa più di prima, ergo, il comando della Sesta Armata, al quale ero stato appena assegnato, si doveva spostare subito da Cava dei Tirreni a Enna, "l'ombelico della Sicilia".

La Sicilia era la mia terra madre, ma Enna proprio non la conoscevo: sapevo, come nozione di cultura generale, che questa città, il cui nome antico era Castrogiovanni, era il capoluogo di Provincia più alto d'Italia, sfiorando al suo apice i mille metri di altitudine. Avrei presto imparato a convivere con le nuvole che la invadevano in permanenza creando quella spessa nebbia che gli ennesi con bonaria temperanza chiamavano "la paesana".

Quella notizia mi lasciò sgomento. Come avrei conciliato quello che ormai era il "mio" mondo del cinema con una vita militare che non ne teneva alcun conto? Mi pesava soprattutto la perdita della grande autonomia che mi ero conquistata a Napoli.

Ormai correva l'autunno del 1941. Abbandonai, dunque, a malincuore, anzi con infinita tristezza, la magnifica casa degli zii Mangoni e mi trasferii a Enna, dove presi alloggio in un appartamento requisito dall'esercito in un immobile che svettava nella zona più elevata della città, proprio a fianco dei ruderi del medioevale castello di Lombardia.

In quell'appartamento, riservato agli ufficiali del comando dell'Armata, feci amicizia con alcuni dei residenti, con i quali instaurai subito un rapporto che andò avanti anche dopo la fine della guerra: il capitano Riccardo Quarà, torinese, nella vita civile industriale tessile, il capitano Enrico Restivo, noto avvocato palermitano, e il tenente Vittore Corvaja, pure avvocato di Palermo.

A Enna presi subito contatto con colui che mi aveva "prelevato" da Napoli, il maggiore Arrigo Pozzi che, conoscendo le mie esperienze di fotografo, mi assegnò un ufficio e un collaboratore. L'ufficio era una singola stanza situata in un lugubre edificio di periferia che però si affacciava sulla massiccia, poligonale costruzione medioevale chiamata Torre di Federico, perché costruita nel XIII secolo all'epoca del grande imperatore Federico II di Svevia, che dotò la Sicilia non solo di stimolo e sostegno alla cultura, ma anche di cospicue opere militari.

La mia prima operazione fu quella di trasformare l'ufficio in laboratorio fotografico dove collocai il mio collaboratore, un soldatino bolognese di nome Pizzigotti. Cosa potevo farmene, però, di un laboratorio per lo sviluppo, la stampa e gli ingrandimenti, se non disponevo di un committente e di un pubblico al cui giudizio sottoporre il materiale fotografico prodotto? Così mi armai di calamaio e penna (allora le biro non esistevano) e della sfacciataggine necessaria per scrivere al capo di Stato Maggiore dell'Esercito italiano, il generale Ambrosio. Caso volle (il caso, secondo me, è il più grande costruttore di eventi) che costui, prima della guerra (negli anni 1935-36), fosse stato il comandante militare della Sicilia e che i suoi due figli maschi gemelli avessero condiviso con me la stessa classe in prima liceo all'Istituto Gonzaga. Con i miei compagni ci divertivamo a torturarli per la loro erre moscia, costringendoli a recitare uno scioglilingua che avevamo inventato apposta: "L'orario ferroviario che varia col variare della temperatura".

Tra le nostre famiglie si era creata una simpatica conoscenza e poi una buona amicizia, tanto che al momento del suo trasferimento dalla Sicilia il generale chiese a mia madre di ospitare tutti i suoi mobili. Io stesso li avevo trasportati con un camion e con molta cura a villa Valguarnera, dove occuparono un vasto locale e sopravvissero indenni alla guerra (dopo il conflitto finirono però carbonizzati in un incidente accaduto al mezzo che il generale aveva inviato per recuperarli).

Approfittando del buon rapporto che avevamo instaurato, proposi in quella letterina al generale Ambrosio quanto segue:

Dalla mia ancor brevissima esperienza militare di ufficiale di prima nomina, promossovi a conclusione del corso Allievi Ufficiali di Fanteria di Arezzo (15 giugno-15 novembre 1940) nonché dalla mia esperienza di tecnica fotografica e cinematografica maturata in diversi anni di frequentazione e operatività dei Cineguf di Palermo e di Napoli e di partecipazione a competizioni in tali discipline, ho accertato che l'esercito italiano non dispone di specialisti che abbiano il compito di documentare adeguatamente gli eventi bellici. Perché non creare, allora, un'istituzione militare autonoma e agile che assolva a tale compito, utilizzando chi, tra i militari in servizio, abbia già le capacità tecniche per adempiere a tale funzione di importanza anche storica?

Non attesi risposta, che peraltro tardò ad arrivare, e mi fiondai a lavorare in piena autonomia approfittando della fiducia che mi concedevano i miei superiori, sia quello militare, il già citato maggiore Arrigo Pozzi, che quello politico, il segretario del Partito Fascista a Napoli, Fabio Milone, noto avvocato appartenente a una stirpe di giureconsulti molto stimati in quella città. Ottenni, quindi, di poter utilizzare le cineprese 16 millimetri e altre attrezzature del Cineguf partenopeo.

Creai così, proprio a Enna, il capoluogo di provincia più elevato d'Italia e anche il più sperduto tra le brume, il primo nucleo di quella che poi si configurò come l'istituzione più articolata e complessa nel campo foto-cinematografico delle nostre Forze Armate, il Cinereparto speciale del Regio Esercito Italiano, con sede a Roma, presso il Genio militare, nella caserma della Cecchignola. Di questo primo nucleo faceva parte il mio collaboratore Pizzigotti, che proveniva da un laboratorio fotografico di Bologna ed era abilissimo in camera oscura. Con lui stabilii un bel rapporto, perché alle sue qualità professionali di fotografo aggiungeva la bonomia e l'apparente spensieratezza tipica dei cittadini della sua amabile città. (Seppi, a fine guerra, che la sua vita era stata spezzata in maniera crudele da partigiani comunisti iugoslavi, aizzati dall'odio del dittatore Tito verso gli invasori italiani). Con Pizzigotti, fra l'altro, riproducemmo, ingrandimmo e stampammo centinaia di copie di una foto pervenuta al comando dai nostri servizi segreti: si trattava dell'immagine di un mezzo anfibio da sbarco in dotazione alle Forze Armate Alleate, allora nostre nemiche.

Il re e io, cineasta in divisa
nel Capodanno 1941-1942

A Enna, nell'autunno del '41, ottenni senza difficoltà dal generale Ezio Rosi, comandante in capo della Sesta Armata da poco qui trasferita in previsione di uno sbarco nemico, il permesso di riprendere in film le frequenti visite dei massimi personaggi militari per l'ispezione delle truppe e quanto altro ritenessi utile.

Così, realizzai alcuni cinegiornali alla maniera dell'Istituto Luce, ma in miniatura, allo scopo di mostrare ai militari dell'Armata loro stessi schierati per l'ispezione o impegnati in manovre di addestramento, nonché di far conoscere a loro, quasi tutti "forestieri", la Sicilia e il suo mondo. Poiché con le riprese in 16 millimetri si poteva ottenere una sola copia, una volta montati e messi insieme i servizi, mi recavo di persona nei vari reparti per proiettarli, con grande gioia dei protagonisti.

Come ricompensa ottenni dal maggiore Pozzi, mio diretto superiore, di poter rispettare un impegno preso a Napoli con il segretario del PNF, Fabio Milone: continuare a giocare nella squadra di rugby del Cineguf partenopeo. Ogni venerdì, quindi, partivo da Enna, mi facevo accompagnare in auto a Messina e da lì traghettavo a Villa San Giovanni, dove prendevo il treno militare e viaggiavo tutta la notte per Napoli, dove un altro treno mi consentiva di trovarmi la domenica in campo a Torino, a Padova, a Bologna e ovunque si svolgessero le partite; e viceversa per il ritorno.

Era una follia, una vera follia. Tuttavia, compivo molto disciplinatamente anche questo servizio sportivo, soddisfacendo le esigenze del Guf di Napoli, senza per questo trascurare le esigenze del comando dell'Armata di avere ocumentazione fotografica e cinematografica della guerra.

Quando arrivava il re per ispezionare le truppe, ovviamente ero sempre pronto per le riprese. Il re, però, siccome era basso, bruttino e anziano, non voleva essere filmato e all'inizio accettò soltanto che gli facessi delle fotografie. Gliene feci tantissime in occasione delle sue visite e delle ispezioni che compì in Sicilia, in Calabria e in Campania, tutti territori della gloriosa Sesta Armata, detta Armata del Po perché formata a Verona, l'unica corazzata in dotazione alle Forze Armate Italiane (si fa per dire corazzata, perché i nostri carri armati erano fatti di pura lamiera).

Nel dicembre del 1941, Sua Maestà il re Vittorio Emanuele III, comandante in capo delle Forze Armate, si trovava in Sicilia per una lunga ispezione alle truppe, ed ebbi il mio gran da fare per riprenderlo a Enna e dintorni (a mille metri di altitudine), a Piazza Armerina e in altri luoghi dell'Isola, uno più gelido dell'altro. Mi guadagnai così il diritto a un paio di giorni di licenza per trascorrere la notte di Capodanno finalmente in famiglia a Bagheria, nella nostra amatissima villa Valguarnera, dove erano sfollati i miei. Non erano passate ventiquattr'ore che con una telefonata mi si ordina di rientrare subito: il re aveva espresso il desiderio di vedere i miei documentari, tanto decantatigli dal generale Rosi, che aveva apprezzato in particolare quello sul presepe napoletano. Un'auto militare era già partita da Enna, a centoventi chilometri di distanza, per venire a prendere me con tutte le mie "opere" e il cineproiettore portatile Kodak di mia proprietà (che ho ancora). Era il 31 dicembre del 1941.

Sembrava un'operazione di routine, salvo il mio grande rammarico di non trascorrere con i miei quel Capodanno di una guerra dal futuro inquietante. Pazienza: sarei tornato a casa la mattina seguente. Ma tutti, compreso il re, avevamo fatto i conti senza l'oste. Nella circostanza, l'oste si materializzò nell'elemento meteorologico.

L'auto militare arrivò, vi caricai le mie dotazioni cinematografiche per la proiezione (compreso lo schermo arrotolato) e partimmo per Enna, accessibile allora soltanto da una strada carrozzabile cinta da mura che convergevano a est sull'imponente castello di Lombardia (dai Longobardi che vi dominarono) e, dal lato opposto, sulla torre di Federico II. Nessun nemico nella storia riuscì mai a espugnarla, si vantano gli ennesi.

Già mentre percorrevamo l'antica Palermo-Catania, un lungo serpentone che si inerpicava su innumerevoli montuosità che si susseguivano senza interruzione, nel cielo si raggruppavano nuvole sempre più nere: il buio poi cancellò tutto, rasserenandoci ingannevolmente. Il freddo intanto era sempre più intenso, come ci confermava la assoluta mancanza di impianti di riscaldamento nelle auto di allora, e cominciava pure a nevicare. Arrivati al bivio Kamut (a ottocento metri di altitudine), imboccammo l'ultimo serpentone, breve ma di micidiale pendenza, che portava alla città, a mille metri di altezza. A mano a mano che il giovane autista affrontava con sempre maggiore circospezione gli stretti e ripidi tornanti, la neve s'infittiva. Cominciammo a slittare, ma proseguimmo con determinazione. La coltre di neve, però, era sempre più spessa, finché a un bel momento (anzi brutto) la 1100 Fiat vi annegò e il motore si spense. Inesorabilmente.

Frattanto l'ora della cena alla mensa del comando dell'Armata, alla quale dovevo presentarmi con tutto l'armamentario, era trascorsa. Io, che da quel poco acquisito alla scuola militare avevo imparato a rispettare la puntualità, fremevo pensando soprattutto a Sua Maestà che mi aspettava. Ma non potevo far nulla per comunicare in quale disavventura mi fossi impantanato a causa di quella tormenta improvvisa.

Cercammo, io e il volenteroso autista, di rimettere in moto aprendo il cofano e tastando il motore – eravamo al buio completo – per trafficare sul carburatore piuttosto che sullo spinterogeno o non so che altro "nemico" del momento, ma non ottenemmo alcun risultato. Eravamo intirizziti e furiosi. Il soldatino allora prese una eroica decisione e si avviò a piedi, affondando nella neve e pattinando sul ghiaccio, per raggiungere l'autoparco del comando e chiedere soccorso, mentre io, che in quel frangente non potevo essere di alcuna utilità, restai in macchina a fumare di rabbia, ma soprattutto di freddo. Non ne avevo mai provato tanto.

Mi sentivo profondamente offeso da quella beffa perpetratami dalla mia Sicilia che, proprio in una delle sue zone più torride (in estate), mi stava annegando nella neve, mentre il re in persona mi aspettava poco più in alto. Neanche il biancore della tormenta dava luce a quel buio assoluto che mi circondava: essendo in guerra, di notte nessuna luce visibile all'aperto poteva essere tenuta accesa.

Finalmente apparve, a qualche centinaio di metri di fronte a me, la luce di due fari. Era il mio soldatino che era riuscito a far equipaggiare di catene un'altra auto. Nonostante le catene, però, non riuscì a raggiungermi, così trasferimmo a piedi, impantanandoci e scivolando, tutte le mie masserizie cinematografiche nell'altra auto, che infine mi scaricò, semicongelato e affranto, ma più determinato che mai, davanti al portone della mensa dello Stato Maggiore dell'Armata.

Si erano fatte le tre di notte, avevo "festeggiato" il Capodanno da solo, rintanato nel gelo di un guscio di lamiere (somma beffa: della neve notturna non avrei trovato traccia sulla strada del ritorno), ma ero arrivato!

Sua Maestà Vittorio Emanuele III, re d'Italia e imperatore d'Etiopia, circondato da generali e colonnelli insonnoliti, era là con aria serafica e impassibile ad attendere il sottotenentino Francesco Alliata durante la notte di Capodanno 1942.

Il re era un campione di semplicità e modestia. Quando, durante le ispezioni, era l'ora di mangiare, faceva fermare la macchina, liberava i suoi due ufficiali di ordinanza, il colonnello Cordero di Montezemolo e l'ammiraglio Puntoni, e li mandava a fumarsi una sigaretta (il re non fumava). Lui scendeva dall'auto reale, si sedeva su un muretto lungo la strada, scartava la sua pagnotta e mangiava. Più di una volta mi chiese di fargli compagnia. A me che ero un semplice ufficiale di rango inferiore poco più che ventenne!

Si era fatto amare anche durante la prima guerra mondiale, andando numerose volte al fronte, tanto che lo avevano soprannominato "il re soldato". Si era accattivato la simpatia e l'affetto dei soldati, perché lo sentivano vicino, partecipe dei loro problemi. Anche con me si comportò sempre da re soldato, garbato e cordiale, da "gran signore di antico stampo" quale era, senza mai scadere in eccessi pretenziosi, come altri del suo rango, o in atteggiamenti intemperanti e offensivi, consueti da parte degli improvvisati gerarchi non sufficientemente addestrati al comando.

Durante le sue visite, ero autorizzato a precedere con la mia macchina militare quella di Sua Maestà, così andavo avanti e indietro alla ricerca dei luoghi previsti per la sosta del corteo reale e l'ispezione delle truppe e trovavo già allineati i circa tremila uomini dei reggimenti di fanteria o di artiglieria. Per loro il re aveva sempre parole di incoraggiamento agli sforzi militari che li aspettavano giorno dopo giorno, anche se la guerra non si era ancora manifestata in tutta la sua ferocia.

Toccò proprio a me, nel '42, consegnare al re, che si trovava in Calabria per le consuete ispezioni, la bozza di un bollettino di guerra. Il testo, una volta approvato dal sovrano, sarebbe stato trasmesso agli italiani per radio alle ore tredici precise. Da Catanzaro, dove la bozza mi fu affidata dal comando del Corpo d'Armata, mi precipitai alla ricerca del treno reale, ma nella fretta avevo dimenticato il nome del paese in cui stazionava. Fu una mattinata di tensione terribile. Ricordai, però, che molti paesi calabri hanno nome di origine greca, consultai tutte le carte geografiche e statali che avevo e vidi che avrei potuto restringere le ricerche a Soverato, Badolato e Feroleto. Ma quale dei tre posti era quello giusto? Ero disperato, disperato. Di corsa con l'auto militare girai tutta la Calabria in su e in giù, perché i tre paesi erano molto distanti fra loro e a Feroleto, zona di montagna, non c'era nemmeno la stazione ferroviaria.

Comunque, alla fine raggiunsi il treno reale e, appena approvata la bozza dal re, tornai di volata a Catanzaro per consegnare il bollettino di guerra al comando militare, che lo avrebbe trasmesso a Roma per telescrivente. All'epoca non esistevano i fax, ma le telescriventi, che traducevano in parole tutti quei buchini che scorrevano su nastri magnetici. Un grande progresso di velocità rispetto al telegrafo con il segnale Morse.

1943 – Bombe e ancora bombe
prima dello sbarco in Sicilia

Erano trascorsi quasi tre anni da quel 10 giugno 1940 in cui Mussolini aveva annunciato con voce reboante che l'Italia era entrata in guerra, e le cose per il nostro Paese non andavano affatto bene (per la verità andavano malissimo da quando, nel 1941, gli USA erano entrati nel conflitto).

Ai primi del 1943 – ero sottotenente di fanteria della Sesta Armata – venni convocato a Roma dal comandante del Cinereparto speciale dello Stato Maggiore del Regio Esercito, presso la caserma del Genio militare, alla Cecchignola. Era passato parecchio tempo dalla spedizione della mia "letterina" al generale Ambrosio, ma finalmente la mia proposta era stata accettata: il Cinereparto era in corso di costituzione.

Mi fu assegnato il comando del Nucleo numero 13, con ricca dotazione di due auto di servizio, militari "specialisti", nonché ottime attrezzature fotografiche e cinematografiche: una fotocamera Rolleiflex 6 x 6 e una cinepresa Arriflex, il meglio esistente allora. I militari "specialisti", però, si rivelarono subito una delusione perché il sergente fotografo non sapeva fare fotografie, il soldato regista si era inventato questa qualifica per non essere spedito in Russia e l'operatore non era operatore di riprese ma di proiezione (aveva soltanto lavorato in un cinema di Bagheria). Per colmo i due autisti non sapevano guidare: avevano ricevuto la patente a tavolino con un corso teorico accelerato di otto o dieci giorni. Dovetti, quindi, ingegnarmi ad assolvere io a tutti i compiti, che per fortuna sapevo praticare bene. Ai due autisti avevo ferocemente ingiunto di non superare mai l'auto che avrei guidato io.

Una delle due autovetture era un furgone con la camera oscura: la carrozzeria era tutta chiusa, senza finestrini, senza vetri, nel vano si entrava da dietro e vi si poteva lavorare con la pellicola che non doveva prendere luce. C'era pure una scaletta per salire sul tetto che era praticabile: ci poggiavamo il treppiedi e da lì facevamo le riprese dall'alto. Sul tetto avevo anche installato una sedia a sdraio affinché uno dei sergenti potesse avvistare eventuali attacchi aerei durante i percorsi.

Questo sergente era di Santa Maria Salina e non smetteva di parlare e decantare le meraviglie delle sue isole Eolie (sarebbero state proprio le sue descrizioni a spingermi alla scoperta dell'arcipelago vulcanico che tanta importanza avrebbe avuto nella mia vita futura). Oltre che chiacchierone, era anche un gran fifone, e proprio questo mi garantiva la sua massima solerzia nell'avvertirci, a colpi di bastone sul tetto, delle incursioni in arrivo.

L'altra macchina invece era un furgoncino aperto con tendone, e ci accatastavamo tutto il materiale necessario alle riprese.

Le euforie iniziali, provocate dalla "guerra lampo" delle forze hitleriane in Polonia, Russia, Francia, Belgio, Olanda, Austria, Jugoslavia e in quasi tutta la restante Europa, si erano spente da un bel po' a seguito delle mazzate subite ormai ovunque. Inoltre, noi italiani avremmo dovuto inghiottire l'umiliazione più amara: lo sbarco sul nostro territorio nazionale, la prima azione di invasione armata della storia recente, e proprio in quella Sicilia che aveva dovuto accettare, secoli prima, tanti altri ospiti ingombranti: arabi, normanni, francesi, spagnoli e persino piemontesi. E prima ancora molti altri, tra i quali gli elleni che, insieme ai siculi, o "sicelioti" come li chiamavano i greci, diedero vita alla sontuosa civiltà classica al centro del Mediterraneo. Adesso, l'ultima invasione era quella degli Alleati agli ordini del celebre generale americano George Smith Patton, uomo rude e spericolato.

L'invasione della Sicilia era stata preparata da lungo tempo, e persino i nostri servizi segreti ne erano venuti a conoscenza con anticipo, non sufficiente, però, da permetterci di preparare un qualsiasi tentativo di opposizione valida. L'avevo saputo persino io, semplice tenentino dell'esercito, anche se con libero accesso ai segreti militari del comando della Sesta Armata di stanza a Enna, a difesa dell'Isola. La sete di vendetta degli Alleati per gli "sgarbi" ricevuti da Mussolini con la conquista dell'Abissinia era esplosa in quello stesso anno 1943 con i terribili bombardamenti su Palermo del 5 e 9 maggio, a puntuale distanza di sette anni esatti dal 5 e dal 9 maggio 1936. Erano le date in cui nelle sue pompose oceaniche adunate, il Duce euforico aveva annunciato, nella prima, il trionfale ingresso delle truppe italiane ad Addis Abeba, capitale dell'impero d'Etiopia, "al comando del maresciallo Badoglio" e, nella seconda, la proclamazione dell'Impero italiano con la qualifica per Vittorio Emanuele III di "re d'Italia e imperatore d'Etiopia" e per se stesso di "primo maresciallo dell'Impero", titolo appositamente coniato da Mussolini per Mussolini.

Allora, la "perfida Albione", come la definiva il Duce, era all'apice della sua potenza: amministrava colonie dirette e territori associati con l'ingegnosa formula del Commonwealth, comprendente quasi metà del continente asiatico, l'intera Australia, l'Oceania e gran parte dell'Africa.

Un nuovo impero coloniale, per quanto minuscolo, non sembrò tollerabile a Londra, e furono senza dubbio gli inglesi, che hanno memoria lunga, a spronare nel '43 i potenti alleati americani a infliggere un'adeguata punizione agli "impertinenti" italiani, che si accingevano a scalfire gli interessi britannici sul globo terrestre. D'altra parte gli inglesi nel '43 erano ormai costretti a una guerra "parsimoniosa" (entrati nel conflitto nel settembre del '39, erano stati ridotti al lumicino dallo sforzo teso a resistere agli assalti tedeschi). Al contrario, gli americani, subentrati in guerra solo dopo Pearl Harbour, nel dicembre 1941, erano in grado di dispiegare le loro risorse, in termini di armamenti e potenza organizzativa.

Così, il 5 maggio di quel 1943, arrivarono a sorpresa su Palermo quattrocento "fortezze volanti" americane, i colossali quadrimotori bombardieri con apertura alare di circa sessanta metri, che scaricarono sulla città alcune centinaia di tonnellate di grosse bombe; e il 9 maggio, quattro giorni dopo, sempre a sorpresa ne arrivarono altri cinquecento di quei colossi devastanti, che completarono la vendetta riducendo gran parte della capitale siciliana uno scheletro, in particolare il suo magnifico, antico centro storico.

Ancora oggi, a quasi ottant'anni di distanza, permangono, unici in Europa, significativi segnali di tali distruzioni; la bella via Alloro, la strada chic di Palermo nel XVI secolo, piange ancora dalle cavernose occhiaie aperte dai bombardamenti nei preziosi palazzi del Trecento e del Quattrocento e nelle chiese che raccontano la millenaria storia della città.

Le "fortezze" si accanirono soprattutto sul porto e sulle navi lì ancorate. Spazzarono via tutte le attrezzature portuali, dal momento che Palermo non aveva un aeroporto vero e proprio. Ce n'era soltanto uno piccolo a Boccadifalco, dove per la difesa aerea atterravano i nostri caccia, ridicoli monomotori, moschine al confronto con quei giganti volanti.

I due devastanti bombardamenti erano chiaramente premonitori. «Ve la stiamo facendo pagare cara» sembravano voler dire.

In quei giorni, io, che comandavo il Nucleo Cinematografico dell'Esercito con base in Sicilia, mi trovavo a Bagheria con le due vetture militari attrezzate per le riprese e i due rispettivi autisti. Nel cielo sopra Bagheria i bombardieri provenienti da Malta, dalla Tunisia o dal Marocco con obiettivo Palermo passavano tutti i giorni a gruppi di quindici o venti per volta. Quando li avvistavo, calcolavo che ci avrebbero messo circa tre quarti d'ora per raggiungere la città, il tempo di saltare sull'auto e muovermi con il mio seguito nella stessa direzione.

Durante il viaggio, mi scontravo con le macchine in fuga dalla città per paura dei bombardamenti. C'era anche chi fuggiva a piedi o in bicicletta, perché la benzina, proveniendo da Paesi orientali appartenenti al nemico, era razionata da almeno due o tre anni (e in quella, scarsissima, che c'era, a volte ci mettevano l'alcool).

Certo, andando a Palermo sotto le bombe, rischiavo la pelle, ma mi piazzavo comunque alla Marina, presso l'Istituto di padre Messina, dove c'era una postazione antiaerea che avrebbe dovuto difendere il porto. I bambini dell'orfanotrofio, quelli che avevano stampato l'opera sui feudi del nonno San Martino, erano stati portati via perché quel luogo era diventato il centro dell'uragano di fuoco. Ma era un posto ideale per le riprese.

Ricordo la prima volta che ci andai. I miei autisti, i due che non sapevano guidare, scapparono. Allora sparai qualche colpo in aria con la pistola di ordinanza e si bloccarono: avevano avuto più paura delle mie pallottole che delle bombe. «Fermi, non vi muovete! Noi restiamo qua e lavoriamo» intimai imbracciando la macchina da ripresa. So bene che tanti fotografi e cineoperatori cadono in guerra, ma c'è una spiegazione: quando hai l'occhio dietro l'obiettivo, non ti importa di niente altro che dell'immagine da fissare sulla pellicola.

Il mio compito era riprendere quanto più possibile dei bombardamenti e dei danni che provocavano e spedire poi tutto il materiale realizzato al Cinereparto speciale presso la caserma del Genio Militare a Roma. Ho fatto in quei giorni riprese importanti; i filmati, però, sono andati perduti nel caos subentrato all'8 settembre, purtroppo.

C'è una sola ripresa che non mi riuscì di effettuare a Palermo, la distruzione del cosiddetto "rifugio antiaereo" in piazza Sett'Angeli, alle spalle della Cattedrale normanna. Era il 18 aprile del 1943. Avevano scavato un piccolo cunicolo cui si accedeva tramite pochi scalini che scendevano appena un metro e mezzo o due sotto terra, una "pigliata in giro" che costò la vita a una quantità di persone. Arrivai sulla piazza dopo che le bombe avevano sfondato il "rifugio". Erano tutti morti lì dentro. Non ebbi la forza di guardare, tanto meno di filmare quello scempio, tutto quel sangue. Avevo solo voglia di vomitare... Riuscii a malapena a riprendere i cadaveri scaraventati dall'esplosione sul selciato e me ne andai alla vicina piazza Bologni.

Alcune bombe avevano sventrato il palazzo Salvo Ugo che confinava con il nostro e, per effetto dell'esplosione, un angolo della dimora avita si era "gonfiato" (il danno, per fortuna l'unico, fu riparato dopo la guerra). A palazzo Villafranca trovai il nostro povero portiere, Totò La Pietra, rimasto di guardia durante tutto il bombardamento, che con la faccia di uno spiritato e gli occhi fuori dalle orbite ripeteva ossessivamente: «Di qua non mi muovo, non mi muovo». Era terrorizzato, come tutta la popolazione del resto. Era proprio questo lo scopo terroristico dei bombardamenti indiscriminati sui centri abitati: costringere i siciliani ad accogliere con sollievo i nuovi invasori. «Basta, basta! Fate quello che volete ma lasciateci in pace...»

La resa dei conti finale avvenne all'alba del 10 luglio 1943, quando, nelle ore buie della notte, si adunò quatta quatta davanti alla costa sud-est dell'Isola una gigantesca flotta di milleseicento navi stracariche di truppe americane, inglesi, francesi, con contingenti polacchi e persino australiani, neozelandesi, sud-americani e marocchini. Le navi vomitarono un inferno di uomini, fuoco e mostri della tecnologia bellica. Quello sbarco costituì la più colossale azione di conquista militare di un territorio compiuta dal mare fino ad allora organizzata nella storia. L'operazione fu appoggiata da lanci di decine di migliaia di paracadutisti e, anche se in alcune aree subì qualche rallentamento o frenata, rapidamente si dispiegò sulla zona sud e sud-est della Sicilia per proseguire poi più lentamente verso l'interno, sulle coste a nord-ovest, sul Tirreno e da ultimo su Messina, dove le truppe alleate si attestarono definitivamente verso la metà del mese successivo, nell'agosto 1943.

La conquista della Sicilia significava la conquista dell'intero Mediterraneo.

Un forte contributo all'opera di convincimento attuata sulla popolazione era stato dato sia dalla spietatezza dei bombardamenti aerei sui centri principali dell'Isola – Messina, Catania, porti e aeroporti militari, in particolare – che dai milioni di volantini lanciati dagli aerei alleati per annunciare l'imminente "liberazione" del popolo siciliano dal mostruoso giogo del fascismo ed esortare i siciliani ad aiutare i "liberatori" a scrollarselo da dosso. Blandizie pelose: di fatto gli Alleati, che si proponevano all'ingenuità dei siciliani come liberatori, si sostituirono al giogo fascista con la materia prima procuratasi senza investimenti, per assicurare a liberatori e liberati la capacità di sopravvivere per qualche tempo. Portarono, infatti, con sé le banconote già pronte e coniate che sostituivano la lira italiana e che chiamarono "AMGOT lire", dove l'acronimo stava per *Allied Military Government Occupied Territories*: si trattava, quindi, di moneta emessa dal governo alleato per i territori occupati.

Si può dire che più che liberata la Sicilia fu "libertata", come Gianfilippo Villari intitolò un suo appassionante libro, nel quale svela le tante manovre sottobanco intercorse tra Alleati, nemici e complici che precedettero e propiziarono lo sbarco nell'Isola. Sbarco che mi fu impedito di filmare.

L'11 luglio stavo per raggiungere, con tutti i miei collaboratori, la costa sud della Sicilia, dove era appena iniziata l'invasione, quando a un posto di blocco tra Licata e Gela mi requisiscono tutte le attrezzature cinematografiche. Il colonnello Faldella, che aveva dato quell'ordine per me incomprensibile, mi spiegò in seguito: «Francamente, tenente, mi sembrava assurdo che fossimo noi stessi a documentare la nostra disfatta».

La Sicilia era ormai stremata. Anche Messina, dopo Palermo, era stata ridotta a un cumulo di macerie, perché "colpevole" di essere situata sullo Stretto, sede dei miti di

Ulisse e di Colapesce, ma anche strategico passaggio del traffico navale tra Tirreno e Adriatico. Si dice che fosse la città più bombardata d'Italia dal mare, quattro volte, e dal cielo 2805 (solo nella prima settimana di agosto le fortezze volanti vi effettuarono 346 incursioni, sganciando complessivamente 6542 tonnellate di bombe).

Nel giugno '43 mi trovavo proprio a Messina per documentare i bombardamenti. Quasi ogni sera, perché gli aerei inglesi arrivavano di notte – quelli americani, invece, di giorno – mi inerpicavo sulla montagna fino al forte Gonzaga, dove si erano installati gli avvistatori della Difesa antiaerea. Il forte doveva il suo nome al viceré spagnolo che lo aveva costruito nel 1540. Qui, nel 1861, erano rimasti assediati per mesi quattromila soldati del Regno delle Due Sicilie in attesa del permesso reale di arrendersi, ma Francesco II di Borbone era già in esilio a Roma e il suo Regno non esisteva più.

Gli avvistatori, ingegnosi e bravissimi, appartenevano alla Milizia Volontaria per la Sicurezza Nazionale, "l'esercito di Mussolini" in continua competizione con le Forze Armate italiane. Raccoglievano il rombo dei motori che veniva dal cielo con uno stravagante collettore di suoni: un elmetto della prima guerra mondiale che, rivolto verso il basso muretto che delimitava la piazzola del forte, rifletteva i rumori. Bastava poi analizzarli e comunicare i dati per telefono alla Centrale della contraerea, nascosta con l'artiglieria nelle grotte ai piedi della rocca. Il linguaggio era convenzionale: «Signor tenente, sono tre apparecchi da sud a ore undici».

L'aviazione britannica, logorata dalla guerra contro Hitler, si limitava a inviare su Messina due o tre aerei al massimo, ma le incursioni non erano meno feroci di quelle americane e, poiché arrivavano di notte, per individuare i luoghi dove ritenevano di fare più danno gli inglesi sganciavano delle specie di "lanterne" che, appese a un paracadute, scendevano lentamente illuminando a poco a poco le zone da bombardare.

A Messina, quando non ero in servizio, soggiornavo in una proprietà agricola di mia madre a Santo Stefano di Briga, tredici chilometri a sud dal centro città. Vi erano un corpo centrale, che confinava con l'abitato, e una ventina di ettari di limoneto, mandarineto e vigneto; un terreno tutto scosceso ma "umanizzato" da innumerevoli terrazzamenti, in dialetto "armacìe", che erano riusciti a rendere utile pianura una montagna dirupata. Al corpo centrale della proprietà si aggiungevano sessanta "fondicelli", da uno a tre ettari ciascuno, sparpagliati nelle vicine montagne, anche queste sapientemente raddrizzate da terrazzamenti sostenuti da muri a secco costruiti con abilità sopraffina dai nostri contadini. Nei fondicelli si producevano ciliegie, castagne e innumerevoli varietà di pere, compresa la benaugurante Sanamalati.

In questa proprietà ospitavo spesso i giornalisti, corrispondenti di guerra, che il Comando dirottava per competenza all'ufficiale reporter Alliata. Tra questi accolsi una volta anche Dino Buzzati, allora scrittore già noto.

Ospiti fissi, invece, erano i sei soldati del mio nucleo. Andavamo a prelevare presso la base militare il pane e tutta la roba da mangiare, dato che avevamo diritto a essere riforniti dal nostro esercito.

Quando gli inglesi, il 13 giugno, colpirono il Duomo di Messina, mi trovavo già a forte Gonzaga, così, vedendo dall'alto le fiamme, mi precipitai a cinematografare... Furono riprese sconvolgenti, ma splendide dal punto di vista professionale: il Duomo aveva preso fuoco, le travi della chiesa bruciavano e crollavano, nelle cappelle le statue sfigurate dal calore si sbriciolavano.

I vigili del fuoco provarono a cacciarmi via, anche dirigendo qualche idrante su di me. *Grisc-grosc* facevano i miei stivali inzuppati. I vigili continuavano a grandi gesti a farmi segno: "Via via, vai via!" e mi lanciavano l'acqua addosso. Ero fradicio, ma sono uscito dal Duomo soltanto quando l'ho ritenuto opportuno per fare le riprese esterne.

Alle prime luci dell'alba vidi l'arcivescovo di Messina, monsignor Paino, che aveva da poco completato la ricostruzione del Duomo distrutto dal terremoto del 1908. Era raggomitolato su se stesso, seduto su una panchina là fuori tra le nuove macerie della "sua" cattedrale, e piangeva, piangeva disperatamente. Non ho osato dirgli niente, non ho osato proprio parlare, per rispetto a tanto dolore. Non mi sono neppure avvicinato. Ho aspettato un po' e poi, con le pellicole che avevo appena girato, mi sono messo sul primo treno che la stessa mattina ho trovato per Roma. Lì consegnai le pellicole al Cinereparto speciale dello Stato Maggiore, dislocato nella caserma del Sesto Genio militare alla Cecchignola, dove furono subito sviluppate e trasmesse dal cinegiornale Luce.

Soddisfatto degli elogi ricevuti dai superiori e da tutto il personale del Cinereparto, me ne tornai al lavoro in Sicilia, dove intanto si erano intensificati i bombardamenti che preparavano lo sbarco del 10 luglio, la "nostra disfatta" che il regime mi vietò appunto di riprendere, sequestrandomi tutte le attrezzature.

Rimasto, dunque, senza gli strumenti essenziali al mio lavoro, accolsi di buon grado l'ordine di richiamo a Roma. Venne giù appositamente per consegnarmelo il capitano Cogliati Dezza.

Attraversai lo Stretto con i miei collaboratori e le due auto a bordo di uno zatterone, l'unico mezzo disponibile (traghetti e navi erano stati tutti affondati dal nemico). Era una piattaforma galleggiante a due motori che i tedeschi usavano per il trasporto di truppe fresche e armamenti destinati a contrastare l'avanzata delle forze appena sbarcate dagli anfibi americani. La piattaforma che ripartiva vuota per Scilla mi fu concessa, dopo lunghe trattative, grazie alla mia tessera da ufficiale del Regio Esercito. Il documento scritto in italiano e in tedesco mi consentiva il libero transito nelle zone militari, anche in quelle di più assoluta segretezza.

Trovammo rifugio per la notte a Bagnara Calabra in una specie di albergo dove, l'indomani, passando davanti alla camera confinante con la mia, mi accorsi di un gigante che, in piedi sul suo lettino e col rischio di sfasciarlo, saltellava come un forsennato. Lo riconobbi, si chiamava Della Valle e lo avevo incontrato come avversario sui campi di rugby (lui giocava nel Guf di Roma, io in quello di Napoli). Saltava come un dannato, pazzo di gioia perché aveva appena saputo che la sera prima, il 25 luglio '43, nel Gran Consiglio del Fascismo Mussolini era stato esautorato dagli uomini del suo stesso partito, perché la guerra stava andando malissimo.

Nuovo capo del governo, nominato frettolosamente dal re che aveva appena fatto arrestare il Duce, era il maresciallo Badoglio. Per lui, ma purtroppo anche per noi, la pace non era vicina. Come si sa, proclamò: «La guerra continua!»

Arrivai a Roma quando erano già iniziati i bombardamenti dei nostri futuri alleati (sarebbero proseguiti fino al 4 giugno '44, fino cioè alla liberazione dall'occupante tedesco). Mi fece un po' impressione apprendere che papa Pacelli, Pio XII, dopo il bombardamento che aveva addirittura scoperchiato le tombe del Verano, si era recato a San Lorenzo e aveva distribuito denaro alla gente più bisognosa di aiuto. Un pontefice con i soldi in mano! I romani si stupivano, non erano ancora i tempi rivoluzionari di papa Bergoglio, Francesco.

Dalle stelle di Cinecittà
al caos dell'8 settembre

A Roma, dov'ero stato richiamato dalla Sicilia subito dopo lo sbarco degli Alleati, ricevetti l'ordine di organizzare la difesa delle tre prestigiose istituzioni create dal Fascismo per dare consistenza e sviluppo all'industria cinematografica italiana, riunite e militarizzate sotto un unico comando, il mio. Il trittico, che avrei dovuto tutelare da eventuali sabotaggi, si componeva di tre centri dislocati sulla Tuscolana: Istituto Luce, Centro sperimentale e Cinecittà.

L'Istituto Luce, nato nel 1924, era l'immensa sede del cinegiornale ufficiale del Partito Fascista, il *Giornale Luce* appunto, che veniva aggiornato più volte nel corso della settimana e proiettato in tutti i cinema d'Italia. Conteneva la documentazione, spesso "addomesticata", dell'andamento della vita nel Paese e degli eventi nel resto del mondo. L'Istituto, inoltre, produceva e distribuiva documentari sulla politica e sulle attività promosse dal Partito.

Il Centro sperimentale per la cinematografia, creato tra il 1935 e il 1940, era costituito da tre nuclei: la scuola, di livello universitario, per la preparazione e l'addestramento dei giovani a tutte le tecniche e all'arte del cinema (recitazione, sceneggiatura, regia, ecc.).

La cineteca, dove confluivano tutti i film che si andavano producendo in Italia, in quanto ogni produttore era obbligato a consegnare gratuitamente in deposito una copia di ogni suo prodotto, mentre i distributori di film stranieri dovevano fare altrettanto per quelli più importanti su semplice richiesta della direzione del Centro sperimentale. Fu così costituita la collezione della ricchissima Cineteca Nazionale che tuttora dispone delle migliaia di film ricevuti a quel

114

tempo. E infine una molto intensa attività editoriale, con la pubblicazione della rivista *Bianco e Nero* e di numerosi libri divulgativi sul cinema.

La più imponente delle tre istituzioni, Cinecittà, fu creata nel 1936-37 ed era costituita da numerosi teatri di posa, capannoni ben attrezzati nei quali si costruivano le scenografie dove ambientare le sequenze cinematografiche, che venivano poi demolite non appena esaurite le riprese. Un immenso complesso composto da ventidue teatri di posa di varie dimensioni, stabilimenti di sviluppo e stampa della pellicola cinematografica, ricchissimi magazzini per tutte le attrezzature tecniche necessarie alla realizzazione dei film e altrettanti contenenti le migliaia di costumi e arredamenti che si andavano utilizzando. Era, inoltre, disponibile per le costruzioni in esterno una sterminata area all'aperto ben attrezzata: il tutto copriva una superficie di ben quarantasei ettari, dimensioni per l'epoca sorprendenti.

Le tre istituzioni erano conosciute nell'ambiente del cinema con soprannomi piuttosto volgari, che mi consento di riferire soltanto in qualità di esempi del greve *sense of humor* fascista: l'Istituto Luce, dove ai cinegiornali del regime lavoravano quasi soltanto uomini, era detto "Culonia" (doppio il riferimento beffardo: alle conquiste dell'Impero... e ai gay); Cinecittà, pullulante di belle attrici affermate ma anche di attricette pronte a tutto, era detta "Ficonia"; quanto al Centro sperimentale, frequentato da ragazzi e ragazze che si riteneva avessero ancora esperienze molto limitate in fatto di sesso, era stato appioppato il termine di "Lecconia".

Battute poco eleganti a parte, le tre istituzioni costituivano un patrimonio su cui temevamo che prima o poi i tedeschi avrebbero messo le mani. Ce le misero, infatti, dopo l'8 settembre, quando, risalendo lo Stivale divenuto nemico, si portarono appresso fino a Venezia attrezzature e pellicole di film e documentari di guerra. Fu così che andarono persi anche tutti i miei lavori. L'8 settembre, comunque, non stavo più a Roma.

In quella fine luglio del '43 i tedeschi erano ancora nostri alleati, tuttavia ne diffidavamo. Il loro comando militare per l'Italia, sotto il generale Kesselring, aveva sede a Frascati. Percorrevano su e giù la Tuscolana, dove al chilometro dieci c'era Cinecittà, per recarsi a Roma e ritornarne con i loro carri armati, autoblindo e altri mezzi corazzati (e questi lo erano per davvero, al contrario dei nostri che di corazzato avevano solo il nome).

In qualità di difensore del cinema nazionale, organizzavo per ogni evenienza turni di guardia ai tre "monumenti". Non potevo contare sui novanta soldati che il comando mi aveva assegnato, perché, dopo la caduta di Mussolini, il 25 luglio, si erano quasi tutti imboscati. C'erano disponibili alcuni attori – ricordo Amedeo Nazzari e Leonardo Cortese – un paio di sceneggiatori e qualche tecnico. Riuscii almeno a stilare con loro una specie di accordo: chi portava vettovaglie per tutti non doveva fare la sentinella, e chi era disposto a sorvegliare i luoghi sapeva di avere i pasti assicurati, in quel momento di totale penuria.

Dopo circa un mese di quella vita, tutto sommato sedentaria, decisi che il ruolo di "guardiano delle istituzioni" – per di più senza armi e affiancato da pochi, scalcinati volenterosi – non mi si addiceva. Fino ad allora ero stato in continuo movimento ed ero riuscito a documentare la guerra in piena libertà (a parte lo sbarco). Chiesi e ottenni, quindi, di tornare in zona operativa. Stessa richiesta fece il mio amico e parigrado Vittorio Sala. Gli ordini furono di recarci uno in Puglia e l'altro in Calabria, perché in quelle zone ci si attendeva un nuovo sbarco di truppe nemiche. Decidemmo, comunque, di fare il viaggio insieme, a bordo delle due Fiat 1100 "coloniali" decappottabili che ci erano state assegnate, complete di autisti e collaboratori alle riprese. Ci saremmo recati entrambi sull'eventuale luogo dello sbarco.

In Puglia ci presentiamo al comando del Corpo d'Armata nelle vicinanze di Lecce. L'accoglienza è sconfortante. Il comandante raduna i suoi ufficiali e, presentando i nuovi arrivati, urla: «Vedete chi ci manda lo Stato Maggiore? Ci manda i fotografi invece dei carri armati!» Sconcertati torniamo alle nostre auto. Forse – ci illudiamo – andrà meglio in Calabria. E ricominciamo a macinare chilometri su chilometri.

L'8 settembre ci coglie alle porte di Catanzaro con la notizia dell'armistizio, firmato cinque giorni prima tra l'Italia e i nuovi alleati. L'annuncio viene dato alla radio dal generale Badoglio: «Ogni atto di ostilità contro le forze angloamericane deve cessare in ogni luogo». Non mi dilungo sui particolari che ciascuno può ritrovare sui libri di storia: la fuga del re a Brindisi, il governo insediato a Bari, il frenetico "tutti a casa" dei militari rimasti, come noi, senza ordini, mentre i tedeschi sono diventati ora "il nemico".

A Catanzaro raggiungiamo per scrupolo la sede del Corpo d'Armata in Calabria: deserta, tutti spariti. Anche i nostri collaboratori e gli autisti, tranne uno, si dileguano. Vittorio Sala e io decidiamo, comunque, di tornare a Roma, almeno per riconsegnare le auto di servizio e le attrezzature cinematografiche.

Togliamo la bandiera con lo stemma Savoia dal cofano delle 1100 e procediamo a velocità superando i lunghi convogli della Wehrmacht diretti a nord, con gli autocarri stracarichi di merci e, in cima, di soldati armati di tutto punto. Forse sanno già che noi italiani li abbiamo "traditi" e potrebbero spararci addosso da un momento all'altro. Pensiamo sia più prudente distaccarci, almeno di cinquecento metri: per un'ora andrò avanti io, solo al volante della "mia" decappottabile, poi passerà in testa Vittorio Sala con il suo autista Alberto Pozzetti, e via così. In caso di imprevisto, uno di noi potrà aiutare l'altro e, in caso di complicazioni, salvarsi.

L'imprevisto capita sulla tortuosa strada per Laurenzana, in Basilicata. Era successo che Sala e Pozzetti, nel loro turno di precedere la mia auto, erano incappati in un posto di blocco. Un soldato tedesco aveva spalancato lo sportello sinistro indicando a gesti all'autista di scendere. Pozzetti aveva fatto finta di non capire e di colpo aveva ingranato la marcia ed era ripartito di scatto a tutta velocità. Lo sportello rimasto aperto aveva colpito in pieno il tedesco scaraventandolo a terra (ferito o morto, non lo saprò mai). Li avrebbero fermati quindici chilometri dopo, dove anch'io ero atteso al varco.

Un fucile mitragliatore puntato a venti centimetri dal viso mi convince subito a lasciare l'auto. Questa e quella di Sala, già ferma sul ciglio della strada, vengono spinte nel burrone sottostante. Noi tre veniamo arrestati, caricati su un camion e portati a Potenza.

Anche la mia preziosa cinepresa che avevo ben nascosto nella 1100 è finita nel burrone (andrò io stesso a recuperarla in seguito, dopo il ritiro della Wehrmacht).

A Potenza i tedeschi ci consegnano al direttore del carcere e se ne vanno, presi da ben altre preoccupazioni. Sala, Pozzetti e io siamo gli unici "ospiti" della prigione, ma dopo pochi giorni un provvidenziale bombardamento alleato fa crollare i muri delle nostre celle. Ci ritroviamo liberi alla ricerca di un posto dove nasconderci. A piedi ci dirigiamo verso Pietrapertosa. Come noi vagano per l'Italia sbandati interi reparti del dissolto Esercito Regio.

Mi tornano alla mente identiche, le rattristanti immagini colte nel precedente luglio in Sicilia, dopo lo sbarco degli Alleati, quando migliaia di nostri soldati, abbandonati dai loro comandanti, si aggiravano impauriti e affamati lungo le strade e nelle campagne. Si erano strappata di dosso la divisa per timore di essere arrestati, dagli americani appena arrivati o dai tedeschi ancora nell'Isola. Rivestiti con stracci di fortuna raccattati qua e là sotto il sole implacabile dell'estate siciliana, i soldati originari del Continente si trascinavano in massa verso Messina con la speranza di imbarcarsi su un traghetto. Ma tutti i mezzi di trasporto civili e militari sullo Stretto erano stati affondati. Viaggiavano soltanto gli zatteroni tedeschi che trasferivano a sud la divisione corazzata Goering per contrastare a oltranza l'avanzata degli Alleati, una impossibile resistenza sulla nostra pelle. Io ero riuscito a imbarcarmi con difficoltà e solo grazie al mio lasciapassare bilingue da ufficiale dell'Esercito Italiano. Ma quei poveri ragazzi del Continente – più sfortunati dei loro commilitoni siculi, già al sicuro a casa – rimanevano disorientati sulla costa ionica o tirrenica, dove la Calabria gli appariva come un miraggio della fata Morgana. Si sfamavano e dissetavano addentando avidamente le succose fette di anguria in quel momento in piena produzione: un dono che sembrava Dio avesse moltiplicato proprio per loro.

Ora, nel caos del dopo 8 settembre, eravamo noi tre, Sala, Pozzetti e io, appiedati e affamati a necessitare di un ricovero e di aiuti. Anche noi avevamo sostituito le divise con tenute borghesi rimediate non ricordo dove: io avevo una camiciola di seta color avana a maniche corte, poco adatta all'autunno incombente.

A Pietrapertosa caritatevoli Carabinieri ci accolgono nella loro stazione, ci foraggiano e addirittura ci prestano un po' di denaro. Restiamo con loro circa quindici giorni, risparmiando le forze in vista della lunga "passeggiata" di quattrocento chilometri – a piedi! – che ci attende in direzione sud. A Corleto Perticala occupiamo l'ufficio postale deserto, ma dopo una notte schifosa siamo costretti alla fuga da orde di cimici. A Sant'Arcangelo il vescovo ci ospita, e ci regala un intero prosciutto, cibo per alcuni giorni. Proseguiamo verso sud, sempre a piedi, due siciliani e un piemontese che, afflitto da un flemmone alla gamba, ci precede a cavalcioni di un mulo, noleggiato insieme al suo proprietario.

In ospedale a Castrovillari, Alberto Pozzetti si libera del flemmone (e noi del mulo) e dopo qualche giorno riprendiamo la strada, sempre utilizzando i più strampalati percorsi per non essere arrestati dagli americani, e quindi tagliando per i campi, dove i contadini generosamente ci nutrono con i prodotti della terra. A Cosenza partecipiamo, insieme con una massa di profughi, all'assalto di una littorina (il famoso vagoncino con due motori diesel).

Arriviamo a Catanzaro il 4 ottobre, giorno del mio onomastico e dormiamo, morti di freddo, sui tavoli di un albergo semidistrutto. L'indomani ci separiamo: Pozzetti diretto a Reggio Calabria, dove ha dei cari amici, mentre Sala e io pensiamo di continuare verso la Sicilia. Ma prima cerchiamo il comando militare locale e lo troviamo, gestito, però, da un solo volenteroso ufficiale, che ci ordina di sgomberare le macerie della città. Non è questo il lavoro che fa per noi. Lo rifiutiamo.

«Allora tornatevene a Bari, il governo è lì» ci dice l'ufficiale, consegnandoci 1500 lire a testa e un foglio di viaggio con la scritta: *Destinazione Stato Maggiore Regio Esercito*. Saltiamo, quindi, su un camion militare che trasporta scatole, scatoloni, imballaggi vari e – miracolo! – materassi, sui quali ci tuffiamo con goduria. Il camion ci lascia alla stazione di Corigliano Calabro. Da lì altra littorina per Brindisi, dove ci fermiamo una notte in attesa di un altro affollato trenino con le panche di legno. In albergo ho la sorpresa d'incontrare un amico d'infanzia, Raimondo Lanza di Trabia che, avrei appreso in seguito, era come il fratello Galvano un agente segreto con un ruolo importante nello sbarco alleato. A Bari, nostra meta finale, avrei trovato anche un altro amico, oltre che parente, Quintino di Napoli, che nel dopoguerra diventò mio compagno di avventure subacquee.

Finalmente arrivati nella sede del Governo militare del maresciallo Badoglio, prima di presentarci allo Stato Maggiore del Regio Esercito, ci concediamo una vera e propria abbuffata in un centro di raccolta per i profughi, dove c'erano centinaia e centinaia di militari, quasi tutti in borghese.

A noi due, in qualità di ufficiali del Cinereparto speciale, vengono assegnati un appartamento requisito, una lussuosa Lancia Astura pure requisita (che però avremmo scassato quasi subito) e la gestione del nuovo Ufficio Stampa e

Propaganda, ospitato nel palazzo della *Gazzetta del Mezzogiorno*. Tra i nostri compiti: coordinare i "bigliettini", quei disperati messaggi degli italiani che, divisi tra Regno del Sud e Repubblica di Salò, chiedevano dal sud notizie dei congiunti dispersi al nord. I bigliettini venivano poi diffusi da Radio Bari.

Fummo anche addetti alla censura delle centinaia e centinaia di film italiani ridondanti di apoteosi del fascismo. Tagliavo e cucivo quelle stesse pellicole che a Roma, nell'estate appena trascorsa, avevo avuto ordine di proteggere.

Dopo qualche breve congedo – il primo lo ottenni nel Natale '43 – rimasi a Bari fino alla conclusione del servizio militare nel 1945, quando fui proposto per una "croce al merito" che non mi interessai mai di sollecitare né farmi consegnare. Addirittura quando poi mi convocarono al comando del Distretto militare di Palermo per la promozione da tenente a capitano, risposi: «Dovete piuttosto retrocedermi a caporale. Non voglio onori, la guerra è finita e non voglio più saperne della vita militare!»

Breve ritorno nella villa,
obiettivo del generale Patton

«Piiieeppou!» Lo stentoreo richiamo spezzò il profondo silenzio dell'aeroporto semideserto. Quel "Pippo" con le vocali storpiate, caratteristiche del dialetto siciliano, non era rivolto ad alcuno di noi, ma ci rincuorò: eravamo indubbiamente a casa! Girolamo Messeri e io, unici passeggeri sbarcati da uno scassatissimo ma efficiente trimotore militare, ci abbracciammo. Un gesto inconsueto per un diplomatico compassato quale era il mio amico, uno che sulla testa calzava sempre, come d'uso, la bombetta (non se l'era tolta neppure a bordo, per tutta la durata del viaggio!).

Il trimotore, un esemplare della ricostituita Aeronautica Militare Italiana, era stato messo a nostra disposizione dal Governo Badoglio all'aeroporto di Galatina (Lecce) per condurci allo scalo di Catania: aveva una struttura in legno e tela con timide presenze di alluminio, era completamente vuoto all'interno e mancante non solo di armi da difesa ma anche di portello a saracinesca per l'accesso e l'uscita e persino di scaletta. Si trattava di uno di quei velivoli ricomposti con pezzi di aerei gemelli cannibalizzati.

Avevo resistito bravamente al fiotto d'aria che entrava nella cabina aperta sul vuoto, un fiotto tuttavia modesto data la scarsa velocità dell'aereo. Volavamo a bassa quota (qualche centinaio di metri di altezza) e a non più di due o trecento chilometri all'ora (la velocità di quei tempi), il che mi consentiva incomparabili vedute dall'alto, panorami finalmente pacifici. Potei così, saldamente afferrato agli stipiti dell'inesistente portello, godermi appieno la vita di campagna, con gli asini e i contadini che percorrevano lenti le trazzere lungo la Calabria, e poi lo splendido e tanto martoriato Stretto di Messina; e, poi ancora, nella piana taorminese riuscii a identificare la tenuta di mia madre a Pietraperciata. Sembrava indenne, ma era ancora nostra? E chi dei miei famigliari avrei potuto trovarci? Quanti di loro erano sopravvissuti?

Ritornavano le angosce degli ultimi, tumultuosi, interminabili mesi in cui milioni di italiani, me compreso, erano rimasti separati dai loro cari in un Paese ferito e spaccato in due dalla linea Gustav. Tornava quel velo di mestizia che aveva avvolto il mio cuore davanti a tanti corpi straziati dalle bombe e abbandonati sulle strade... Ecco perché quel «Piieeppou!», esploso nel silenzio di una Sicilia che non si era ancora risvegliata dalle distruzioni, aveva avuto il fragore di un tuono. Era la voce del Creatore che ci annunciava una nuova vita dopo i tremendi anni della guerra.

A Catania città, a due passi da quell'aeroporto militare semideserto, che oggi è lo scalo civile di Fontanarossa, affollato e rumorosissimo, decidemmo di separarci: io mi sarei recato a Pietraperciata che distava solo cinquanta chilometri verso nord, Girolamo nella sua Palermo, cioè nell'altra Sicilia, distante duecentosessanta chilometri.

Per Palermo viaggiava un treno alla settimana a orari imprecisati; idem per Messina. Per fortuna, però, "l'intrallazzo" funzionava anche in quel settore: esistevano "imprenditori privati" che, con camioncini riassemblati, corriere senza sedili e altri semoventi inaffidabili, percorrevano le nostre tortuosissime strade (si trattava ancora delle Consolari romane) partendo non appena stipati di viaggiatori.

Come Dio volle, arrivammo a destinazione: io molto prima di Girolamo, ovviamente.

Per il "grande evento" – la mia riapparizione in famiglia dopo cinque mesi senza notizie reciproche (non esistevano più telefoni né servizi postali) – mi ero fatto confezionare da un sarto barese un bel vestito "borghese" nuovo, con l'unica stoffa disponibile nei suoi scaffali, che aveva la consistenza più del cartoncino che del tessuto. Potevo così, finalmente, togliermi quella divisa da ufficiale di fanteria divenuta ormai per me un'armatura, appesantita dalle recenti amarezze e disavventure. Quell'imborghesimento non significava il termine della mia "carriera militare", ero soltanto in licenza e avrei dovuto riprendere il mio servizio, che durò un altro anno e mezzo. Quell'abito borghese, tuttavia, rappresentava il simbolo di una riconquistata normalità.

A Pietraperciata, la situazione si presentò rassicurante (erano tutti vivi: parenti, fattori, coloni, mucche, cani, alberi di limone e l'immenso *eucalyptus* piantato quarant'anni prima da mio nonno). Sconvolgente era invece il panorama politico: il governo dell'Isola era stato assunto dagli Alleati (gli americani a est e gli inglesi a ovest) che si erano subito sbarazzati di gerarchi e fascisti, o presunti tali. Al loro posto, con la fascia da sindaco, gli americani avevano insediato noti mafiosi! Quante vendette, cattiverie, usurpazioni, quanti abusi furono perpetrati da quei militari, che ignoravano tutto della Sicilia e che, divenuti improvvisamente governanti, si facevano abbindolare dai locali diventando strumento per le loro vendette personali.

Ci era incappata anche mamà, a Bagheria: era stata denunciata per "collaborazione con i fascisti" da una parente, ritengo invidiosa. Il sommario processo, allestito in una sala del Comune, condotto da ufficiali inglesi ignari del diritto e assistiti da un'interprete (guarda caso, quella stessa parente sospetta della denuncia), si era risolto con piena soddisfazione di mia madre. Ancora oggi c'è chi racconta, qui a Bagheria, che quella signora, nota per il suo leggendario potere di seduzione, era chiacchierata perché "dalla Villa faceva segnali agli aerei americani".

Al mio imprevisto arrivo a Pietraperciata, mamà, la forte e combattiva mamà, reagì in modo imprevedibile: mi strinse a sé con infinita tenerezza e pianse! Pianse per l'intensa, prorompente gioia di ritrovare un figlio che aveva temuto disperso.

Durante quei cinque mesi di totale assenza di contatti,

così turbolenti e pieni di rischi per tutti, aveva evocato la mia compagnia ascoltando a ripetizione i miei dischi preferiti: la danza di Anìtra, per esempio, dal *Peer Gynt* di Grieg, oppure le sinfonie dei grandi compositori russi dell'Ottocento. Ma aveva fatto ben altro per temperare le sue ansie.

Pierina, la nostra guardarobiera, ex infermiera con una gamba di legno – la sua era stata amputata a seguito di un incendio – era considerata in famiglia una "mavàra", una maga, di quelle, però, apportatrici di bene. Tra i suoi poteri vi era quello di ottenere risposte dalle "anime dei corpi decollati" (decapitati per crimini nei secoli scorsi). La procedura era costituita da un breve pellegrinaggio da compiersi a piedi dall'abitazione del richiedente in Palermo fino alla chiesetta dedicata appunto ai Decollati, in prossimità del normanno ponte dell'Ammiraglio, dove, ancora oggi, c'è chi di notte "vede" aggirarsi quegli inquieti fantasmi. Durante il pellegrinaggio si dovevano interpretare le parole dei passanti incontrati, nonché i suoni e i rumori ritenuti "interessanti". Quelle volte che Pierina aveva fatto il percorso, per conto suo o di terzi, aveva quasi sempre azzeccato la risposta "giusta".

Mamà, che era allergica a tutte le forme di spiritismo, doveva essere davvero disperata per il mio lungo silenzio, se un bel momento si rivolse a Pierina. Proprio lei che da giovane sposa era stata terrorizzata dalle pratiche occultistiche che papà insieme con il gemello, lo zio Alvaro, conducevano con l'aria divertita dei dilettanti. Chiese a Pierina di effettuare il "pellegrinaggio" per sapere se ero ancora vivo. Tuttavia, le condizioni di insicurezza di Palermo a quel momento, i tredici chilometri di distanza da Bagheria, dove la nostra famiglia era sfollata, nonché la gamba di legno, le impedirono il rito consueto, così l'intrepida maga lo adattò alle circostanze: si appostò dietro una porta-finestra della foresteria, suo alloggio, che dava sulla corte d'onore e ascoltò per ore quanto le serviva al fine di formulare un responso. Quindi sentenziò: «Suo figlio è vivo» con immenso sollievo di mia madre che le credette in pieno.

A Pietraperciata c'era anche mio fratello maggiore Giuseppe, allora ventottenne, ufficiale dell'Autocentro dell'Esercito di stanza a Udine, che si era trovato in licenza in Sicilia al momento dello sbarco ed era riuscito a non finire prigioniero degli Alleati. Gli altri fratelli, Raimondo troppo giovane per "servire la Patria" e Gabriella, ultima nata, erano rimasti a Bagheria.

Avevo trovato mamà a Pietraperciata perché finalmente era riuscita a raggiungere quella sua proprietà, dove era tutto abbastanza in ordine. Mancava soltanto un bottaccio da duecento litri di vino perpetuo, vecchio di sessant'anni, portato via dai militari, tedeschi o americani, che avevano occupato la tenuta.

Fra un controllo e l'altro passò il Natale del 1943, ma il Capodanno del 1944 l'avremmo festeggiato finalmente tutti insieme a Bagheria. Pregustavo la gioia del ritorno a casa, ma ero anche molto curioso di vedere le straordinarie fotografie aeree di villa Valguarnera scattate dal generale americano George Smith Patton in persona, quando, pochi mesi prima, aveva capeggiato gli stormi dei bombardieri diretti a Palermo. Punto di riunione delle fortezze volanti che provenivano dalle basi nordafricane, da Malta o dalle navi era proprio la nostra settecentesca dimora, facilmente individuabile dall'alto per la sua insolita architettura a forma di chiave. O perlomeno questo aveva raccontato Patton stesso a mia madre, offrendole le foto con dedica, quando, dopo aver liberato (o occupato?) la Sicilia, si era presentato – da comandante in capo delle Forze Alleate – con un gran corteo di auto militari a villa Valguarnera «per conoscerne i fortunati proprietari» (fortunati perché non l'aveva ridotta in macerie come gran parte delle antiche dimore di Palermo?).

Mia madre, come tutti i palermitani che potevano permettersclo, sin dal 1940 si era rifugiata con tutta la famiglia e il personale di servizio in una zona che sembrava meno esposta alle furie della guerra, nel suo caso Bagheria. Era trascorso circa un anno dall'inizio del conflitto, quando, vista la piega preoccupante che ormai avevano preso gli avvenimenti bellici, aveva convocato tutti i restauratori soliti lavorare nel palazzo di città. Aveva capito che le maestranze e loro famiglie non desideravano altro che sottrarsi alla morsa del terrore di rimanere imprigionati a Palermo nell'eventualità di micidiali azioni nemiche. Invitò, quindi, artigiani, mogli, figli, suoceri e gatti (non mi risultano cani o galline) a sfollare – era la parola magica di quel tempo – a villa Valguarnera. La nostra era la più ampia tra le ventisei antiche ville di Bagheria, ricca di spazi abitabili annessi, quali case coloniche, scuderie dismesse, magazzini e l'immensa cantina affacciata sul viale, nella quale i nostri avi Giuseppe ed Eduardo avevano creato, un paio di secoli prima, l'industria vinicola Corvo di Salaparuta, poi trasferita a Casteldaccia.

Con il trasloco di massa – circa duecento persone – tutti quegli spazi tornarono a popolarsi, e gli artigiani ritrovarono un lavoro a busta paga per mia madre che li impiegò nel restauro totale della villa, ormai provata dai suoi duecento anni di vita. Tutto, dico tutto, doveva essere ripristinato, e così fu: a stucchi, dorature, affreschi e pavimenti fu restituito l'antico splendore. Nella Chinesa, il padiglione affrescato a cineserie, furono stipati non solo tutti gli arredi ma anche, con felice premonizione, tutti gli infissi dei saloni di palazzo Villafranca, prima che il Fascio lo requisisse e subito lo restituisse perché "invivibile". «Principessa, senza porte e finestre noi che facciamo?» E il Fascio fu così costretto a installarsi nell'attiguo palazzo Riso (ovviamente poi bombardato).

Bagheria era stata fondata alla fine del secolo XVII in considerazione dell'aria buona e ventilata della zona, posta in dolce rilievo a cavallo degli immensi golfi di Palermo e Termini Imerese. Qui l'aristocrazia si costruì le sontuose dimore estive da alternare con la residenza abituale, i palazzi di città.

Tanto forti le attrattive del sito che, nello spazio di pochi anni, ne sorsero oltre una ventina dalle caratteristiche e architetture più varie e, talvolta, estrose, come la bizzarra e celebratissima villa dei Principi di Palagonia, la cosiddetta "villa dei Mostri"; e, visto che il territorio era non solo ameno ma anche scarsamente popolato, ognuno circondò la propria villa di un parco più o meno esteso e ricco di piante rare e uccelli esotici, ai quali venivano «tarpate leggermente le ali onde non volassero troppo lontano». Le recinzioni furono realizzate con alte siepi o muri muniti di imponenti cancelli, che servivano, più che per separare, per unire una proprietà all'altra, tanto che si poteva raggiungere il mare a piedi o in portantina anche dalle ville più lontane senza attraversare strade pubbliche. Erano infatti nominati cancelli di cortesia.

Tra il 1808 e il 1809 i varchi tra villa Spedalotto e villa Valguarnera furono protagonisti di una storia d'amore che avrebbe cambiato i destini d'Europa: la storia di Maria Amelia di Borbone, figlia dei sovrani in esilio Ferdinando IV e Maria Carolina d'Austria, quest'ultima ospite con parte della famiglia presso i miei antenati. L'ex regina si opponeva alle nozze tra Maria Amelia e Luigi Filippo d'Orleans, un giovane squattrinato, emissario (spia?) degli inglesi, per giunta del ramo complice nell'esecuzione a Parigi di Maria Antonietta, sua sorella. Il ragazzo, che le alterne vicende della Storia avrebbero condotto sul trono di Francia con il nome di Philippe Egalité, era ospite a villa Spedalotto e attraverso i cancelli di cortesia raggiungeva la sua amata sulla Montagnola del parco Valguarnera. Lì decisero di sfidare ogni divieto e annunciare il loro matrimonio. La cerimonia ebbe luogo nel 1809 a Palermo nel Palazzo Reale (impropriamente "dei Normanni") e la coppia si installò a villa Santa Teresa, futuro palazzo d'Orleans, in piazza Indipendenza, dove visse per alcuni anni. I discendenti avrebbero messo radici in Sicilia fino al 1950, quando il conte di Parigi fu costretto a rinunciare al palazzo d'Orleans e alla circostante tenuta di ben settanta ettari.

Da adolescenti, noi approfittavamo dei cancelli di cortesia ancora in uso per scambiarci visite e per giocare a calcio o a ladri e carabinieri con i nostri parenti e amici confinanti. Ne ho uno splendido ricordo perché, tra le decine di ragazze e ragazzi dello stesso ambiente che si riunivano in tali occasioni, nascevano sentimenti, tenuti a freno dal rispetto delle regole di buona vicinanza e di castità delle fanciulle.

Oggi, quando scorgo per caso nelle pubbliche strade effusioni piuttosto esplicite tra giovani, ripenso a quei tempi. Erano migliori? Forse no, ma ricordo quelle tormentose repressioni, più o meno volontarie, con una sorta di dolce malinconia, perché ci fecero soffrire, sì, ma ci insegnarono un sentimento per noi nuovo: il piacere della rinuncia (per quanto mi riguarda... temporanea).

Tornando ai preparativi per il Capodanno 1944, mamà, mio fratello e io partimmo per Bagheria con due auto cariche di tutto il ben di Dio che avevamo raccolto nelle nostre campagne o ricevuto in dono dagli amici messinesi: una torta natalizia, un bel lacerto e una magnifica ricotta fresca, grondante siero nella "fascedda", che doveva proteggerla per duecentosessanta chilometri. Sarebbe stata il completamento delle prelibatezze, scarse, per celebrare con la famiglia infine ricongiunta l'addio a quell'infausto 1943.

Mamà aveva provveduto anche ad approvvigionarsi di mezzi di trasporto adeguati: una Topolino, l'eroica 500 di anteguerra che la nonna aveva donato dieci anni prima a Giuseppe per i suoi diciotto anni, e una grande, pretenziosa Lancia modello Lambda sesta o settima serie. Entrambe sgangheratissime.

La Topolino (unica auto privata autorizzata a circolare in Sicilia, con un permesso specialissimo del comando della nostra Sesta Armata) era stata un gran successo per la Fiat degli anni Trenta. La nostra era consunta, ma ancora molto amata per la tenacia con cui aveva servito la famiglia in tutti quegli anni. Raimondo, anche lui "strumentioso" come Giuseppe, era riuscito persino a rimediare al furto delle quattro ruote. A quei tempi i copertoni con le camere d'aria, quando si riuscivano a trovare, costavano ben 100.000 lire l'uno, contro le 500 lire dell'anteguerra (il pane, quello schifosissimo razionato, costava 20 lire al chilo, un aumento di ben 19 lire). Raimondo miracolosamente aveva reperito a carissimo prezzo due ruotine di un aereo militare per rimpiazzare le ruote posteriori e due ruote di una motocicletta – sempre a prezzi stratosferici – per quelle anteriori. Il nuovo assetto della vettura era assolutamente ridicolo: alto e rigido sul davanti e dolcemente ancheggiante, come una baiadera, nel posteriore. Un autentico mostriciattolo.

Stare nell'amata Topolino era quasi una prova di fachirismo, dovendo sopportare pari pari tutti i sobbalzi della ormai scomparsa asfaltatura stradale e, inconveniente ancor più sgradevole, gli schizzi gelidi di liquido non classificabile che zampillavano dalle pozzanghere attraverso il lamierino marcito che fungeva da pavimento tra i sedili.

Quanto alla Lancia Lambda sesta o settima serie aveva tutto un suo passato alle spalle. Poco prima che scoppiasse la guerra, precisamente all'inizio del 1940, mia madre, abitualmente molto accorta nell'uso del denaro, abolì tutte le spese destinate a feste e vacanze per dotare la famiglia di una bella macchina che fosse una vera novità rispetto alle precedenti Fiat 505 degli anni Venti e Fiat 515 degli anni Trenta, appena dignitose.

Arrivò, così, a palazzo Villafranca una Bianchi S/6 nera, "strapuntinata", a sei posti comodi e a sei cilindri, che doveva servire sia per i viaggi di lavoro che per la rappresentanza. Mamà ne era fierissima e cercò di salvarla dalla raffica di requisizioni per utilizzo militare che, a guerra inoltrata, si abbatté sulle auto private. Così la fiammante Bianchi, dopo solo qualche uscita, venne rintanata nel garage di Bagheria e sommersa da valigie vecchie, casse vuote, sedie sfondate e ogni altro oggetto che potesse contribuire a nasconderla.

La scovarono però gli Alleati dopo lo sbarco. Il comando delle truppe britanniche che presidiava Bagheria, opportunamente informato, si suppone, dalla stessa parente che aveva già accusato mia madre di collaborazionismo, fece scassinare il portone del garage e portare via la "bella di casa", lasciando all'esterrefatta proprietaria un'indecifrabile ricevuta non onorata da alcun pagamento.

Quel furto con scasso mimetizzato con il pudico (o sfrontato) termine di "requisizione" fu per mamà un brutto colpo, al quale, tuttavia, reagì con la solita razionale tenacia. E tante gliene cantò ai comandanti invasori, che li convinse a darle in uso una macchina altrettanto grande, sia pure per un breve periodo di tempo. La concessione, con un canone di noleggio giornaliero esosissimo, si materializzò proprio con quella Lancia Lambda, bella e importante a vedersi ma molto usurata, in pratica un bidone, come accertammo durante il viaggio Messina-Bagheria. Partiti nella tarda mattinata del 30 dicembre 1943, arrivammo a villa Valguarnera nella notte inoltrata del 2 gennaio 1944: tre giorni per appena duecentosessanta chilometri!

La Lambda, che aveva agonizzato fino a Santo Stefano di Camastra, era definitivamente defunta, costringendoci a uno squallido Capodanno in una squallida camera d'albergo senza finestre, ma solo con una piccola apertura in alto, come nella cella di un carcere.

Eppure, consumammo in letizia la ricotta fresca, il lacerto e la torta natalizia. Almeno eravamo vivi!

Mussolini e io, ricordo
di un incontro molto irritante

Ho vissuto appieno, dal primo all'ultimo giorno della seconda guerra mondiale, i miei cinque anni di vita militare. Un tempo più che sufficiente per farmi un'idea del personaggio Mussolini e del perché delle sue azioni e contraddizioni. Secondo me, che non sono uno storico ma soltanto un testimone sopravvissuto al ventennio fra i più nefasti per l'Italia, il Duce possedeva il sommo difetto degli uomini politici: l'ignoranza. Pur dotato di indubbia intelligenza e pur avendo vaste esperienze di giornalismo – fu lui a fondare *L'Avanti* – Mussolini non era un uomo animato da curiosità intellettuale, non aveva quindi gli strumenti necessari per aprire gli occhi sul mondo e percepire e interpretare al meglio quanto vi accade o possa accadervi; come uno che guidi a occhi chiusi, non si accorga degli ostacoli e ovviamente va a sbattere.

Mussolini l'ho incontrato di persona una volta sola, nel 1940. Tutti noi, vincitori delle varie categorie ai Littoriali della Cultura e dell'Arte di quell'anno – io in qualità di Littore di fotografia artistica – fummo convocati quel 9 giugno a Roma, rigorosamente in giacca di orbace nero, la divisa universitaria, per avere appuntata sul petto – da Mussolini in persona! – la medaglia con la "M" d'oro che accompagnava l'ambito diploma.

Ci ritrovammo così, qualche centinaia di ragazzi la mattina di quel giorno sotto palazzo Venezia, sede degli uffici del Duce. Lì fummo scaglionati in gruppetti e abbandonati dai gerarchi che ci avevano accompagnati. Attendemmo un bel po' ma nessuno di noi se ne infastidì; o comunque non ne dette alcun segno, per via dell'importanza dell'evento e "soprattutto" dell'onore che sarebbe derivato dalla benemerenza accordata da colui che era capo del Governo e del Fascio, nonché Primo Maresciallo dell'Impero, e che avrebbe consegnato a ciascuno di noi, da mano a mano, l'attestato di Littore della Cultura e dell'Arte.

Finalmente, qualcuno ci pilotò su per un imponente scalone in marmo e ci introdusse in un grandioso salone, che si apriva su un altrettanto grandioso balcone affacciato sull'immensa piazza Venezia. Da quel balcone Mussolini arringava la folla, suggestionandola con la sua oratoria intramezzata da pause a effetto, e ostentazione della mandibola volitiva. Il suo modo di tenere al guinzaglio un intero popolo! Questa del guinzaglio è la definizione migliore che oggi a più di settant'anni di distanza mi venga in mente.

In quel momento non ebbi neanche la voglia di rifletterci sopra, annoiato come ero dall'attesa prolungatasi ben oltre ogni previsione. L'immenso salone era denominato, seppi poi, la sala del Mappamondo, che il Duce utilizzava come ufficio di rappresentanza nelle occasioni importanti. Fummo abbandonati là, in piedi davanti all'enorme scrivania deserta, e aspettammo, aspettammo, aspettammo.

Passò qualche ora. Ormai ero molto indispettito e a un certo punto pensai: *Guarda questo cafone che ci fa perdere tanto tempo!* Perché, pur essendo ancora un ragazzino – avevo appena superato i vent'anni – un certo amor proprio l'avevo e mi sembrava di poter pretendere un po' di rispetto anche da uno che accumulava tante cariche. Di fatto era il dittatore dell'Italia.

Noi ragazzi, tutti maschi in uniforme nera con il fazzoletto di seta azzurra al collo, restammo a lungo in silente attesa della cerimonia di premiazione. Allora erano molto poche le ragazze che partecipavano ai Littoriali: era un Paese maschilista il nostro, molto maschilista, ignorava le donne, considerandole soltanto buone fattrici di famiglie, meglio se numerose. Passò altro tempo, cosa che progressivamente incrementava la mia impazienza. Persino i gerarchi che ci avevano pilotati fino a lì si scambiavano sguardi interrogativi. Nulla si muoveva in attesa del Grande Capo.

Finalmente le due ante a ventola di accesso al salone si spalancarono, proprio come quelle che vedevamo nei film western, utilizzate dai cow-boy per entrare nelle osterie. Il Grande Capo era arrivato e le ante sventagliarono più volte alle sue spalle.

Mussolini entrò a grandi falcate, a testa bassa, lo sguardo fisso a terra, le mani intrecciate dietro la schiena e andò su e giù negli spazi lasciati ordinatamente liberi dal nostro schieramento. Fu un ingresso di grande effetto teatrale che ci mise subito in apprensione. Era indifferente a tutto e a tutti, concentrato su se stesso, totalmente astratto dal resto del mondo. Io che mi aspettavo di vedere il grande personaggio appuntarmi sul petto la spilla col nastrino, mi ripetevo: *Ma guarda che cafone, va su e giù come una tigre in gabbia. Che strano!*

A un certo punto si fermò, e subito un alto gerarca provò a lanciare con voce stentorea il rituale: «Salutiamo nel Duce il fondatore dell'Impero!» Era il saluto al Duce che Achille Starace, quando era segretario generale del Partito Fascista, nel 1936, si era inventato nella sua lecconeria (mi si scusi il termine, ma non saprei come altro definire quell'atteggiamento subordinato e strisciante). Ma il saluto che celebrava la conquista dell'Abissinia restò bloccato a metà dal gesto chiaramente infastidito di Mussolini.

Eravamo esterrefatti. Quell'uomo che di solito appariva tanto sicuro di sé, manifestava adesso uno stato di complesso turbamento psicologico. Sempre con le braccia dietro la schiena e a capo chino, percorse ancora un paio di volte su e giù il salone e rapido scomparve al di là delle ventole che sventagliarono ancora più vistosamente di prima. E noi, sottovoce: «Ma che bel maleducato!»

Sconcertato e mogio mogio, presi il treno per Napoli e la sera stessa da lì mi imbarcai sulla motonave della Tirrenia per Palermo, che raggiunsi la mattina successiva, proprio il fatidico 10 giugno 1940.

La spiegazione del misterioso comportamento di Mussolini mi giunse quello stesso giorno dai potenti altoparlanti che ormai erano montati permanentemente nelle principali piazze delle città: tutti gli italiani erano convocati nel pomeriggio per un importante annuncio del Duce.

A Palermo, il luogo destinato al raduno era piazza Bologni, un lato della quale era interamente occupato dal nostro palazzo. In breve fu gremita, stipata dalla folla, che, fin dai tempi della guerra di Etiopia, sui giornali diventava una "folla oceanica".

La caratteristica voce del Grande Capo tuonò, ammutolendo l'umanità lì assiepata. Non ricordo con esattezza le parole che sgorgarono dagli altoparlanti; di certo sono immortalate e reperibili, oggi persino su Internet. Ma l'enfasi di Mussolini, accuratamente elaborata per trascinare il popolo italiano, non riuscì a scaldare gli animi.

Precipitammo invece nel gelo più profondo ascoltando le spaventose parole con le quali il Duce annunziò la dichiarazione di guerra che, a nome dell'Italia, aveva fatto trasmettere ai governi di Francia, Gran Bretagna, Unione Sovietica e agli altri Paesi che ormai, da mesi, si andavano scontrando sui campi di battaglia di tutta Europa o erano già stati sconfitti e occupati dalle dilaganti armate germaniche, a partire dal Belgio, l'Olanda, il Lussemburgo, la Polonia, gran parte della Francia.

Questa volta, il Grande Capo carismatico d'Italia aveva proprio sbagliato. La massa degli italiani non fu travolta dall'entusiasmo anzi si domandò, come accadde a noi in famiglia: «Come usciremo da questa avventura?» Un'avventura in cui sarei stato coinvolto cinque giorni dopo, chiamato alle armi.

Se non altro, compresi l'arcano celato nel comportamento da tigre in gabbia a Roma il 9 giugno, vigilia dell'entrata in guerra. Quel giorno, in quello stesso palazzo che nei secoli addietro aveva ospitato l'ambasciata della Repubblica di Venezia e che dal 1922 era divenuto il pulpito da cui il Duce ipnotizzava gli italiani, Mussolini in preda a una terribile tensione mentale stava decidendo cosa doveva fare del suo e del nostro futuro e, in parte, di quello del mondo intero. E io che mi ero indispettito per una patacca mancata!

1944 – Tra le macerie di Cassino
per rivedere i parenti "dispersi"

L'8 febbraio 2010, l'apertura di una banale busta a me indirizzata si rivelò un pugno nello stomaco che mi tolse il respiro, facendo balzare fuori dalla memoria e dal cuore eventi lontanissimi carichi di emozioni intense, che credevo di avere occultato per sempre sotto la polvere del tempo.

All'interno vi era il bigliettino da visita di un mio caro zio acquisito, Carlo De Gregorio Cattaneo. Lo zio Carlo, cui mi rivolsi sempre con un timido "lei", era il marito di Maria Mangoni, unica sorella di Arduino, che mi ospitò a Napoli dal 1937. Viveva a San Giovanni a Teduccio, nella splendida villa settecentesca di sua proprietà progettata dal Vanvitelli, l'autore della Reggia di Caserta. Durante i secoli passati la sua era stata una famiglia molto potente che aveva ricoperto le più alte cariche nel Regno di Napoli e, con Carlo III, anche in quello di Spagna.

Nella busta vi erano anche due fogli con lo stemma Savoia e l'intestazione: MINISTERO DELL'INTERNO – UFFICIO STAMPA. Un rigo più in basso, a macchina, tra virgolette: "L'ITALIA COMBATTE" e una data: NAPOLI, 7 GIUGNO 1944, che con violenza mi fece rivivere il momento più cruento e disperato di una guerra che in una sorta di forsennato turismo militare mandò italiani, tedeschi, americani, inglesi, polacchi, neozelandesi, marocchini, titini e tanti altri a massacrarsi ovunque.

Il testo sui due fogli è quasi identico ma in due lingue: italiano e, sotto la vistosa scritta TRANSLATION, inglese. Oggetto dichiarato: DOC. DI VIAGGIO. In calce la firma del capo della Sezione, dottor Pio Ambrogetti; nome che non mi era nuovo affatto, ma dove collocarlo, dopo tanti anni?

Il contenuto dello scritto: tre militari italiani devono recarsi da Napoli nella regione di Isola del Liri, provincia di Frosinone, per «urgenti motivi di servizio». Si pregano le Autorità Militari Alleate di facilitare il loro viaggio». Nel testo in italiano, uno dei tre militari è il maresciallo dei Carabinieri Coletti Berardino (che non partecipò affatto al viaggio), nel testo in inglese, invece, è il tenente Alliata Francesco.

Mi sono occorsi giorni e giorni per ricostruire quel 7 giugno in cui con lo zio Carlo, allora capitano della Regia Marina, ci trovammo faccia a faccia con la tragedia di Cassino. Cassino era stata il perno del fronte di resistenza tedesca della linea Gustav che, allestita precipitosamente dalle truppe hitleriane dopo il nostro armistizio, aveva resistito a oltranza agli impietosi assalti aerei e terrestri degli Alleati ed era stata appena sfondata.

Gli zii Mangoni e tutta la tribù – avevano nove figli, anzi dieci con Ettore, l'unico avuto da zio Carlo da un matrimonio precedente – erano sfollati nelle loro terre in Lazio, sull'isola chiamata del Liri per via del fiume da cui era stata formata e circondata. Dall'8 settembre avevamo perso ogni contatto con loro, come fosse calata una robusta saracinesca dal Tirreno all'Adriatico saldamente rinforzata al centro, a Cassino appunto. Il taglio in due dell'Italia era netto e il passaggio fisico della linea Gustav impossibile.

Le catastrofiche notizie degli scontri, delle violenze, delle devastazioni avvenute nella zona, propalateci con l'enfasi del caso da radio e giornali, cui si aggiungevano le preoccupanti notizie sulle paurose carenze alimentari, avevano gettato allarme e provocato angoscia vivissima fra la parentela, sparsa tra Napoli e la Sicilia. La maggior parte delle famiglie italiane, in quei quattro anni dalla dichiarazione di guerra (10 giugno 1940), si era andata frammentando finendo con il disperdersi in maniera scomposta su tutto il territorio, per motivi militari, economici, alimentari, per proteggersi dai bombardamenti, per difendersi da possibili altre invasioni e per altri innumerevoli motivi di sopravvivenza.

Quando, alla fine di maggio del 1944, apprendemmo che la linea Gustav era stata infranta in vari punti, zio Carlo e io configurammo un piano per varcarla e portare i primi soccorsi ai nostri cari. Dalle voci di chi era riuscito a rientrare dall'orrore di Cassino, Anzio e Termoli, appurammo una situazione inimmaginabile: la prima necessità in assoluto per quelle zone era il sale!

Le popolazioni a nord della linea Gustav avevano terribilmente sofferto – e soffrivano ancora – per l'assoluta e totale irreperibilità di questo componente alimentare che, pur conoscendone l'importanza, ignoravamo fosse essenziale per la sopravvivenza.

Il 2 giugno si sparse la notizia tanto attesa: Cassino è stata espugnata!

Io che in quel momento mi trovavo in Sicilia, mi scaraventai sul primo mezzo di fortuna. Un treno? Neanche a immaginarlo (dalla Sicilia a Napoli viaggiava un solo convoglio alla settimana). Mi imbarcai sul *Mocenigo*, una carretta del mare che faceva servizio quotidiano in sostituzione delle navi "postali" della Tirrenia, affondate tutte dalle bombe alleate. A Napoli lo zio Carlo e io ci chiedemmo per prima cosa: chi poteva rilasciare un salvacondotto, un permesso, un passaporto, qualsiasi cosa insomma che consentisse a noi due – in qualità di militari non pertinenti al luogo e alla situazione, quindi irregolari – di oltrepassare eventuali posti di blocco dei vincitori? La decisione non fu neanche discussa, fu presa. Lo zio Carlo spazzò via *ipso facto* la sua pigrizia e, in pochi giorni, procurò tutto il necessario: un carabiniere in divisa, Gerardi Enrico, alla guida di un motocarro Guzzi 500 cc a tre ruote dal pianale scoperto, un po' sbrindellato ma funzionante, con targa 985 della provincia di Frosinone – da dove era sbucato? – e pieno di benzina – allora introvabile, se non a prezzi aurei; e, non so come, anche quel documento bilingue che avevamo ritenuto essenziale come lasciapassare.

C'è voluto tempo per far riemergere dalla mia memoria quel Pio Ambrogetti firmatario dei lasciapassare datati 7 giugno 1944. Era quel brillante personaggio che avevo conosciuto a Bari, un mese dopo l'armistizio, insieme con il mio amico e collega tenente Vittorio Sala, dopo i nostri vagabondaggi a piedi e quasi senza cibo da nord a sud e, quindi, da sud a nord tra la Basilicata e la Calabria, sballottati fra militari tedeschi, americani e italiani. Allora a Bari, nuova sede del Governo militare del Regno d'Italia guidato dal maresciallo Badoglio, era stata rimessa frettolosamente in attività la stazione radio dell'EIAR – Ente Italiano Audizioni Radiofoniche – per assumere l'essenziale funzione di ponte di comunicazione fra italiani, ma solo a senso unico tra l'Italia del sud e quella del nord, separate dalla linea Gustav.

Nella massa di profughi, militari, politici, professionisti e gente comune, tutti "dispersi" che, come noi, confluirono a Bari presentandosi alle autorità del governo provvisorio, c'era appunto anche Pio Ambrogetti, popolare star radiofonica. Ebbe l'incarico di far sentire agli italiani la voce del Governo Badoglio che, in quel momento, si riteneva legittimo (anche l'altro, quello dei repubblichini di Salò, si ritenne tale, e l'Italia continuò a irrorarsi di sangue fraterno). Pio Ambrogetti, era stato lo speaker del regime che, dai microfoni dell'EIAR di Roma, ogni giorno alle ore tredici, aveva irradiato il bollettino di guerra. Fino al giorno in cui, nel precipitare degli eventi bellici e logorato dalle mezze verità – o assolute falsità – che doveva propinare agli italiani, a quell'ora ansiosamente appesi all'apparecchio radio, dimenticò di spegnere il microfono al termine di un notiziario e sbottò esausto: «Tutte balle, tutte balle!» Gli italiani lo sentirono, e il governo fascista lo buttò fuori.

Il ponte di comunicazione da Sud verso Nord fu costituito proprio da lui – recuperato dopo la caduta di Mussolini. Radio Bari venne famelicamente sintonizzata e ascoltata dagli italiani separati dalla linea Gustav. «Giovanna, sorella di Vittoria, fa sapere ad Antonio, militare in una città collocata su un affluente del Po, che tutti stanno bene e hanno da mangiare a sufficienza. L'ultimo loro figlio ha messo i primi dentini. Gli raccomanda di proteggersi e lo abbraccia»: questo è uno delle migliaia di messaggi cifrati che giorno e notte, 24 ore su 24, Pio Ambrogetti, afferrato al microfono, sorseggiando acqua, acqua, acqua (si cibava solo di acqua?), affidava a quel nero strumento inerte, nella speranza che quelle parole, ora rassicuranti, ora drammatiche, raggiungessero almeno qualcuno dei destinatari le cui identità erano volutamente camuffate.

Provai anch'io a dare notizie a mia madre, ma lei, come seppi in seguito, non ascoltava la radio.

Le richieste arrivavano a Bari a migliaia e migliaia dalla gente del Sud, con bigliettini scritti su ogni tipo di carta, prodotto molto carente nel Meridione, ricco di grano e ortaggi, ma ormai sfornito dei manufatti realizzati al Nord (come gli aghi, il filo per cucire o la carta vetrata).

Come ho raccontato, Vittorio Sala e io eravamo stati incaricati di creare e gestire l'Ufficio Stampa della Presidenza del Consiglio, responsabile di numerosi compiti più o meno improvvisati e collocato nell'edificio deserto del quotidiano *La Gazzetta del Mezzogiorno*. Il giornale non era stato più stampato dal giorno dell'armistizio, data l'assenza di giornalisti, tecnici, inchiostri, carta e possibilità operativa, e toccava a noi, sempre più spesso, correre alla vicina Radio Bari per aiutare a smistare le cataste di bigliettini da trasmettere.

In contemporanea, Vittorio Sala e io, ufficiali tuttora in forza al Cinereparto speciale dello Stato Maggiore del Regio Esercito Italiano, eravamo stati cooptati grazie alle nostre competenze nella Commissione mista italo-alleata di revisione dei film del deposto regime. Passavamo giornate, serate e a volte nottate intere a rivedere le innumerevoli pellicole italiane ancora in circolazione o giacenti presso i distributori in Puglia e nelle circostanti aree appena conquistate dagli Alleati. Dovevamo tagliare tutte quelle immagini e sequenze – se non addirittura l'intero film – che celebravano in modo diretto o trasversale il fascismo. Lo pretesero gli Alleati in cambio del permesso concesso alla popolazione italiana, angosciata dalle tragedie vissute e dall'incerto futuro, di concedersi un po' di evasione al cinema. Fu una maratona frustrante, ridicola e umiliante quell'abbeverata di retorica fascista durata buona parte dei nove mesi che intercorsero tra l'armistizio e lo sfondamento della linea Gustav.

Il capo della Commissione era un brillante capitano dell'esercito americano, dirigente da borghese della Metro Goldwin Mayer, che si comportò con sapiente *fair play*, non mettendoci mai in difficoltà. Ci ritrovammo qualche anno dopo, finita la guerra, a Roma, io quale produttore italiano indipendente, a capo della mia Panaria Film, e lui quale direttore per l'Italia della stessa MGM. Ne nacque una bella amicizia che durò a lungo.

Per nove mesi esatti, da quel terribile 8 settembre 1943, eravamo stati martellati dalle notizie sempre più tragiche della linea Gustav, attaccata dagli Alleati e difesa con tetragona determinazione dai tedeschi. Un cruento, cruentissimo gioco all'elastico veniva ripetuto ogni giorno con macabra monotonia: conquista di qualche postazione e/o ritiro da qualche postazione a ridosso di Termoli, Cassino o Anzio da parte di uno dei due irriducibili belligeranti, che allungava il fronte – o lo accorciava – di qualche miserabile centinaio di metri, lasciandolo comunque sostanzialmente invariato, ma cosparso di proiettili distruttivi lanciati da terra, dal mare e dall'aria e irrorato dal sangue di chi non sarebbe più tornato a casa. Nessuna notizia sulla vita quotidiana dei milioni di italiani intrappolati da nove mesi oltre Cassino trapelava dalle linee di fuoco. Era lecito immaginare tutto e il contrario di tutto.

Quanto alla scelta del primo soccorso da portare ai nostri cari, non avevamo dubbi: il sale. Oltretutto sul piccolo scalcinato motocarro eravamo già in tre e c'era posto soltanto per una cinquantina di chili di mercanzia al massimo. Fugammo l'ultimo dubbio – non sarebbe stato più utile il grano? – e caricammo un gran sacco di sale: scelta indovinata, come risultò al termine di quell'assai complicato pellegrinaggio.

Zio Carlo, nel suo subconscio comodista, si era chiesto: «Perché percorrere chilometri e chilometri accosciati su quel duro sacco col rischio a ogni curva di scivolare giù dal pianale privo di appigli?» Ed ecco spuntare al momento della partenza, quel 7 giugno 1944 – splendida giornata di quasi estate – un divanetto a due posti in allegra tappezzeria floreale, di quelli imbottiti e molleggiati con spalliera e sponde ritorte in fuori, che il padrone di casa aveva fatto calare giù dai saloni della villa. Fu collocato esattamente sopra il sacco di sale che si assestò tra i quattro piedi del divanetto costituendo così un blocco unico resistente a ogni possibile slittamento. La radiosa idea del "sofà da viaggio" era figlia di quelle geniali risorse di sopravvivenza tipiche dei napoletani, a compensazione delle difficoltà di vita imposte loro nei secoli dai potentati dominanti.

Partimmo all'alba: il capitano di Marina Carlo De Gregorio, il tenente di Fanteria Francesco Alliata e il carabiniere Gerardi Enrico, tutti rigorosamente in divisa, i primi due accomodati con sussiego sul divanetto floreale piazzato sopra il sacco con il sale, il terzo impettito in sella allo sgangherato Guzzi dal motore assordante.

La distanza tra Napoli e Isola del Liri era di centocinquanta chilometri: pochi, quando la domenica per andare allo stadio Ascarelli sfrecciavamo sul percorso inverso con la sontuosa Lancia verde modello Astura fuoriserie carrozzata da Giuseppe Farina (il "Pinin" sarebbe venuto dopo) dello zio Arduino, appassionato tifoso. Lo chauffeur Luigi, inamidato come il colletto dell'impeccabile divisa grigio scuro dai grandi bottoni neri, si avventava a velocità vertiginosa sulla millenaria via Casilina attraverso Capua, Santa Maria Capua Vetere e Aversa dove, pur tremando per la paura di uno schianto, mi veniva l'acquolina in bocca al pensiero delle meravigliose mozzarelle di bufala che vi si producevano.

Impiegavamo solo un'ora e mezzo a percorrere quei centocinquanta chilometri, a una media di cento all'ora!

Quanto ci avremmo messo questa volta?

Ci stimolava a ben sperare il cuore ottimista della Napoli popolana di periferia che stavamo attraversando. Non ci rendevamo neppure conto del ridicolo che propalava da quel nostro terzetto in uniforme con annesso sofà floreale a bordo di uno sgangherato e rombante motocarro dalle ruote sbilenche che sembravano andare ciascuna per una strada diversa. In altri tempi sarebbe partita dagli astanti una eloquente pernacchia (di quelle a lunga gittata alla maniera di Totò). Ma evidentemente, a causa degli sconvolgimenti dei quattro anni di guerra, anche il popolo partenopeo si era abituato a non sorprendersi di nulla. Bastava sopravvivere e avere di che sfamarsi anche l'indomani.

Zio Carlo appariva particolarmente compreso – direi meglio "compresso" – nella sua uniforme. In quegli anni di fame (per gli altri) lui, al contrario, aveva preso qualche chilo, così il sussiego da lui assunto si disperdeva tra le abbottonature sul punto di esplodere della divisa blu mare.

Quanto al nostro mezzo di trasporto, non era il solo veicolo a motore a circolare in condizioni pietose. Tutti i veicoli a motore di proprietà privata ormai erano dei relitti: da oltre quattro anni tutte le industrie di auto e moto sfornavano soltanto veicoli militari. Le auto private o erano state requisite per esigenze pubbliche o belliche, o erano state usate a oltranza dai cittadini fino alla loro scarnificazione o reinvenzione con parti di ricambio di altri modelli e marchi comprati a peso d'oro sul mercato – ormai generalizzato – dell'intrallazzo.

Fendendo quasi a passo d'uomo la folla che deambulava ignorandoci ci dirigemmo verso Capodichino e Secondigliano per immetterci nella storica via Casilina. Avremmo attraversato Aversa, Santa Maria Capua Vetere, Capua e Cassino per arrivare a Isola del Liri, che distava circa cento chilometri da Roma, conquistata dagli Alleati pochi giorni prima di quel 7 giugno. Un evento coronato dal tripudio per la liberazione.

Zio Carlo e io eravamo piombati nel più ermetico silenzio, anche se di tanto in tanto ci scambiavamo un'occhiata incoraggiante e uno scaramantico sorriso. La Casilina era ancora percorribile? Le migliaia di tonnellate di bombe aeree e i milioni di proiettili scaraventati da mitragliatrici, cannoni, mortai obici dei due belligeranti, che tanto aspramente si erano scontrati per quasi un anno, avevano distrutto e interrotto l'antica strada e i suoi ponti? Queste le domande che mi tormentavano, ricordando le condizioni della mia Sicilia a seguito delle incursioni degli Alleati.

Procedendo sulla Casilina, notammo con sorpresa che non c'era alcun segno di distruzioni né di danni evidenti. Il paesaggio era identico a come lo ricordavamo: intatto, in ogni minimo dettaglio. Ad Aversa molti pedoni, qualche raro automezzo e nessun segno di violenza umana. *Ovvio che tutto sia integro* – mi dissi – *siamo molto lontani dal fronte.*

Riemersi in aperta campagna, popolata dalla gente di sempre, raggiungemmo Santa Maria Capua Vetere, la vera antica Capua, dove Annibale aveva sperperato, oziando, i successi sui romani da lui sonoramente sconfitti a Canne. Vi entrammo sempre con il timore di accertare disastri: nulla di tutto ciò.

Arrivammo quindi a Capua, quella nuova, che appariva mummificata nel tempo, con la gente che entrava e usciva dalle botteghe vociando e attraversava le strade senza neppure guardarsi attorno: insomma regnava la più assoluta normalità. Sulla sinistra, usciti da Capua, apparve il campanile della Matrice di Teano, e anche lì nessun segno di guerra. A Teano era avvenuto, il 26 ottobre 1860, lo storico incontro tra Vittorio Emanuele II e Garibaldi, quando quest'ultimo, completata la conquista del Regno delle due Sicilie, glielo aveva consegnato, proclamandolo primo re d'Italia e dimettendosi dal suo ruolo di dittatore. Ripensandoci, mi gonfiavo di fierezza al ricordo di Garibaldi ospite nel nostro palazzo di famiglia a Palermo.

Dopo Aversa, Capua, Teano, anche San Vittore parve un luogo sereno sotto un limpido, magnifico sole. Perplesso mi chiedevo: *Allora questa guerra, queste feroci battaglie c'erano o non c'erano state?* Le avevamo o no vissute, attraverso le radio, i cinegiornali e la stampa, le atrocità di quegli ultimi mesi in cui molte migliaia di vite umane erano state sacrificate – e di questo avevo assoluta certezza – al dio delle stupide guerre?

Eravamo ormai a pochi chilometri da Cassino, e persino l'asfaltatura della via Casilina appariva in perfette condizioni; ma più avanzavamo, più accertavamo che il manto stradale era stato rifatto da poco, pochissimo, perché puzzava di bitume e sembrava ancora fumare per il calore. Era la prima traccia degli americani, che avevano ricostruito la strada dopo averla distrutta con le loro bombe, i loro camion, i carri armati, i mezzi blindati e persino i carri dalle ruote di ferro proiettati all'attacco delle linee tedesche. Sapevo che Cassino, conquistata e rioccupata solo da pochi giorni da truppe di mezzo mondo (oltre a quelle americane, le polacche, le inglesi e le neozelandesi) era diventata simbolo della crudeltà, della ferocia, della spietatezza e soprattutto dell'ottusità umana, che con la guerra pensa di risolvere ogni contrasto. L'impatto con la realtà fu per me devastante. Cassino era spettrale nel fulgore di quel sole quasi estivo. Una massa di macerie informi, di colore bianco, un bianco assoluto abbacinante apparve ai miei occhi. In realtà, non poteva essere tutto così bianco come è nel mio ricordo, vivissimo e immutabile anche nell'udito e nell'olfatto da oltre settant'anni.

Ho appreso dal programma *Apocalypse*, trasmesso da Rete 4 il 5 gennaio 2011 alle ore ventidue circa, che tutto quel bianco era il pulviscolo del marmo, dei conci, della calce, dell'intonaco dell'immensa abbazia che per secoli aveva protetto dall'alto la cittadina. Il 15 gennaio 1944, ben duecentoquaranta fortezze volanti americane l'avevano letteralmente polverizzata con una delle più criminali azioni belliche del conflitto, originata da errate informazioni. Oltre quattrocento tonnellate di bombe avevano anche ucciso le centinaia di innocenti rifugiatisi al suo interno in cerca di scampo.

Ci trovavamo ora in un universo deserto. Senza un suono, un rumore, svuotato da ogni segno di umanità e di vita e saturo di un orrendo tanfo di morte. Non c'erano cadaveri sparsi sulle strade, come con orrore ci aspettavamo di vedere, ma quel fetore di morte ci disse subito che i resti umani ormai in dissoluzione, tanti, tantissimi, sempre troppi per la pietà umana, erano sepolti tutti frammischiati, interi, spezzati o a brandelli, *dentro* quelle strade, *dentro* quelle immense buche, *dentro* i cumuli scomposti di pietre, mobili sventrati, assi di porte, pezzi di lavandini e sanitari.

Mi tornarono i conati di vomito che mi avevano assalito quasi un anno prima in Sicilia davanti al massacro di piazza Sett'Angeli a Palermo e, poco dopo, sulla via per Messina. Attraversavo in fretta a notte fonda il centro di Termini Imerese, al termine di un viaggio tutto a luci spente, durante il quale avevo rischiato più volte la vita incrociando centinaia di automezzi tedeschi diretti verso la città sullo Stretto nel tentativo di porre argine al dilagare delle truppe angloamericane che conquistavano l'intera Isola. Termini Imerese aveva subito, a sorpresa, violentissimi bombardamenti alleati, che avevano disseminato di morti la cittadina. Resti incomposti di soldati e civili sparsi sulle strade e ormai in dissoluzione emanavano quello stesso terribile fetore che ora avvolgeva Cassino. Ringrazio il buon Dio per non avermi mai più sottoposto a così atroce tormento.

Pensammo di imboccare la strada che portava all'abbazia; avanzammo per qualche centinaio di metri, lungo l'angusto percorso che le truppe alleate avevano creato tra le macerie, ma ci mancò l'animo per proseguire.

147

Fugacemente attraversammo Cassino, deserta, imputridita, azzerata. Era la stessa cittadina che ai tempi delle scorribande con gli zii avevo giudicato insignificante e ora mi bruciava la pelle e la mente con il marchio della sua totale distruzione. Era la spietata materializzazione dell'espressione "rasa al suolo".

Ed ecco, all'uscita dalla cittadina, un'altra sorpresa: un tumulto di umanità operante, schiamazzante e di mezzi meccanici di ogni tipo e genere. Migliaia di uomini sbracciati in camicia militare, o a torso nudo, in pantaloni corti, dai visi chiari o scuri, per razza o per il sudore impastato alla polvere e al bitume, formicolavano sulla via Casilina e sulle sue numerose deviazioni o parallele provvisorie appena tracciate dai bulldozer militari. Avevano fretta di ricostruire le strade e portare a Roma, e oltre, il maggior numero di camionette, blindati, cannoni, carri armati e camion stracarichi di militari per schiacciare ogni prevedibile resistenza dei tedeschi che – sloggiati dalla linea Gustav – non si sapeva se avessero apprestato nuove forme di disperata resistenza più a nord. I lavori procedevano a ritmi furibondi, con l'intervento di decine e decine di autocarri fumanti che vomitavano pietrisco impastato con bitume, asfalto e calore, soprattutto calore sotto forma di fumi, vapori e tanfo di sudore. Tutti vociavano, tutti davano e ricevevano ordini, tutti erano pervasi da una frenesia che sembrava contagiosa e inestinguibile. A poco a poco riuscimmo a intravedere qualcosa attraverso quella "muraglia" umana e di mezzi in caotico movimento, come dei flash che sparivano prima di essere interamente captati. Quanto riuscimmo a percepire bastò a farci inorridire.

Le numerose volte che, negli anni precedenti, provenendo da Napoli, avevo superato Cassino, ero rimasto colpito dai giocosi colori di Aquino, poco più avanti. Mi attraeva soprattutto per il fatto che fosse il luogo natale di San Tommaso, il teologo e dottore della Chiesa di cui tanto avevo sentito parlare e che avevo anche un po' studiato all'Istituto Gonzaga dei padri gesuiti di Palermo. Scrutavo, allora, attentamente tra le case, le fattorie e le stradine di campagna nella ingenua speranza di scorgere un segno del grande santo.

Il mio sguardo, quindi, uscendo da Cassino quel giorno del '44, si focalizzò subito sulla sinistra: mi sarebbe piaciuto dare ancora un saluto a quel luogo sacro. Ma per quanto mi sforzassi, non riuscii a vedere altro che ammassi di macerie, spuntoni di ruderi, travi impennate, e così era per chilometri, ben oltre Aquino, il ridente paesino della mia memoria ormai sparito.

Sembrava che un tornado avesse spazzato via ogni cosa anche minima, persino l'erbetta spontanea. La terra non aveva più lacrime: brulla e nuda come la sabbia del deserto, dove scheletri di querce secolari e di giovani pini e cipressi senza più rami e chiome giacevano stecchiti, arsi dalla furia della guerra. Non un casolare, fino a distesa d'occhio, era più integro: insomma, un paesaggio come neppure Dante sarebbe riuscito a concepire né a descrivere.

Ovunque, innumerevoli crateri aperti da bombe aeree e terrestri o tracce di altri frettolosamente ricoperti o in corso di riempimento da parte di quella massa vociante ed eccitata che ci circondava.

Ormai sfiniti dalle innumerevoli emozioni che, come dardi di balestra, avevano trafitto i nostri occhi, i nostri cuori e le nostre menti, ci domandavamo se saremmo mai riusciti a superare quell'ultima quarantina di chilometri che ci separava da Isola del Liri. Come scavalcare o aggirare quella fiumana di uomini-formica? A chi avremmo dovuto chiedere l'autorizzazione a passare? Valevano quei documenti con tanto di stemma Savoia, simbolo ormai malinconicamente insignificante per noi e ignoto certamente a loro?

Zio Carlo tirò fuori il lasciapassare a firma Ambrogetti e lo sventolò sotto il naso di qualcuno degli energumeni vocianti in un incomprensibile slang americano: ne ricavò una smorfia infastidita.

Procedemmo sobbalzando tra una ruota di bitumatrice e la gamba nuda di un militare al lavoro, superando "a striscio" il parafango anteriore di un enorme camion carico di soldati. Apparivano felici per aver sgominato il nemico ed essere riusciti a raggiungere una meta pagata col sangue. Erano tutti giovani sradicati da Paesi e continenti lontani, dai loro problemi e amori, espropriati comunque di una parte importante della loro vita, ma in quel momento erano consapevoli che almeno fino al prossimo, possibile scontro più a nord, come avvenne poi, ciascuno di loro era ragionevolmente in salvo. Anche il nostro procedere a singhiozzo cominciò a sembrarci meno problematico e la tensione ad allentarsi: saremmo riusciti ad arrivare fino a Isola del Liri ed eravamo persino speranzosi di trovare in buone condizioni i nostri congiunti.

Eppure, continuavamo a chiederci sbalorditi come mai il paesaggio da Napoli fino a pochissimi chilometri da Cassino era intatto, mentre, dall'altro lato del fronte e per molti chilometri oltre Cassino, c'era la più totale devastazione.

Erano due modi diversi di fare la guerra? La risposta, per quanto ovvia, non si presentò subito alla mia mente appannata da quella memorabile giornata. Lo compresi dopo.

Per spezzare la linea Gustav da sud e sradicare il nemico gli Alleati avevano dispiegato ogni mezzo, evitando il più possibile l'impiego di uomini, per ridurre al minimo le perdite. L'avevo già intuito durante la campagna di Sicilia quasi un anno prima e ne ebbi conferma in seguito, dalla cura dedicata ai loro caduti sepolti nei numerosi piccoli e grandi cimiteri di guerra sparpagliati ovunque e ancora oggi orgogliosamente conservati.

I tedeschi, al contrario, avevano dovuto soltanto difendersi. Un'azione di contrattacco, quindi di distruzione, verso sud, doveva essere apparsa irrealizzabile a quello stesso Hitler che tanto baldanzosamente cinque anni prima (autunno-inverno 1939) era penetrato in Polonia come un coltello nel burro tiepido e poi era riuscito a terrorizzare mezza Europa e persino Stalin. L'irresistibile (così sembrava) corsa verso Mosca era stata scongiurata in extremis dall'immensità di armi, tecnologie e mezzi di ogni genere forniti alla Russia sovietica dalla colossale macchina industriale americana tramite navi e uomini. Alleanza di cinica convenienza tra due mondi opposti e incompatibili.

Sul fronte di Cassino le forze armate tedesche avevano limitato oltre ogni aspettativa l'uso delle armi; non per pietà, ma perché le loro fabbriche erano state colpite, smantellate e distrutte. In quel 7 giugno 1944, a noi risultò chiaro che il gigante tecnologico europeo era boccheggiante. Ci volle, però, quasi un anno ancora, fino ai primi di maggio del 1945, perché i cannoni si zittissero e le bombe degli aerei restassero nelle loro santabarbare.

A poco a poco l'andatura del motocarro Guzzi FR985 accelerò per il progressivo diradarsi della marea di uomini e macchinari al lavoro sull'asfalto. Permaneva solo una fila interminabile di automezzi militari di tutte le taglie che avanzava verso nord piuttosto lentamente – ora riuscivamo a superarli con facilità – trasportando cannoni, attrezzature e centinaia e centinaia di militari.

Nella mia già lunga e varia esperienza bellica non avevo mai visto un militare americano procedere a piedi, fucile o mitra a spalla, come invece era prassi nel nostro esercito, quasi sempre appiedato; ogni soldato italiano portava a spalla almeno il pesante e lungo moschetto '91, un fucile all'avanguardia cinquant'anni prima, e lo zaino contenente una specie di lattina da bibita – la bomba a mano – considerata persino dai manuali del Regio Esercito come "un'arma di grande effetto psicologico" e niente di più. Definizione che io, antimilitarista quale ero, ripetevo con sdegno ai miei allievi ufficiali di un breve corso di Armi e tiro. Il fatto che i militari alleati venissero trasportati sempre e solo su automezzi costruiti e destinati unicamente a tale scopo era un esempio del rispetto che gli anglosassoni – avendone le risorse finanziarie – dimostravano verso i loro giovani chiamati a rischiare la pelle.

All'altezza dell'antica fortezza romana di Arce imboccammo finalmente il bivio per Isola del Liri, una strada quasi deserta: luoghi distanti ormai più di trenta chilometri da Cassino, dei quali non si erano avute notizie di guerra. Ma come si erano comportati i tedeschi nel periodo in cui avevano spadroneggiato in quel pezzo di territorio di un'Italia "traditrice" e quindi di una popolazione non meritevole di rispetto? Riemerse l'angoscia: dove e in quale stato avremmo ritrovati i nostri cari?

Per nostra fortuna, nessuno di noi aveva ancora sentito parlare dei campi di concentramento, i lager di Hitler, dove in quei tempi si stavano consumando le più efferate atrocità nei confronti degli ebrei, degli zingari, dei gay e di chiunque altro fosse considerato un "diverso" dalle famigerate ss.

Avanzammo, sempre con "un cuor d'asino e un cuor di leone", lungo la Nazionale 82. Il sole del pomeriggio inoltrato cuoceva tutto attorno a noi. Mancava qualche chilometro soltanto alla meta. Superammo diversi cavalcavia e ponticelli, intatti. Ci rassicurammo: *Vuol dire che i tedeschi non hanno fatto terra bruciata alle loro spalle, sembra un buon segno!*

A un tratto, un brutto indizio: alla nostra destra, pochi metri più in là del filare di alberi sul viale che conduceva a villa Mangoni, giacevano i resti di una piccola costruzione sparpagliati sul terreno. Un'esplosione l'aveva sbriciolata lasciando al suo posto una profonda buca.

Appena cento metri più avanti, però, oltre il grande cancello spalancato, si ergeva *integro!* il bianco edificio abitato dai miei. Arrivammo fino allo spiazzo antistante e il carabiniere Gerardi Enrico spense il motore. Non ci fu il tempo di guardarci attorno, il rombo del Guzzi che aveva squarciato il silenzio solido di quel meriggio era stato udito: da ogni finestra della casa al primo, secondo e terzo piano, dalla scaletta a destra, dal cancelletto a sinistra che proveniva dal giardino

degli ippocastani cominciarono a sbucare, affacciarsi, corre
re urlanti e festosi i cugini, gli zii, il personale di servizio al
completo (Paolino, Maria grande e Maria piccola, Memè,
Mimmino). Il piccolo Ettore si fiondò sul papà, lo zio Carlo,
e lo abbracciò tanto forte da fargli schizzare via, come
tappi di champagne, un paio di bottoni dell'uniforme blu.
Sembravano tutti in buona salute, anche se dimagriti.
Zio Arduino un quarantenne di un metro e novanta, era,
però, magrissimo: doveva aver perso, in quei nove mesi di
privazioni, almeno venti chili. Era quello che si dice "una
larva", corroso anche dal diabete, pesante eredità paterna.

Erano tutti vivi, comunque, e felici di sapere a loro volta
che anche i gruppi famigliari a Napoli e in Sicilia erano stati
risparmiati dalla guerra. Finalmente era anche arrivato il
tanto desiderato sale e la vita poteva riprendere.

Una lezione dalla Storia:
fate lo sport non la guerra

Il solo ricordare le vicende dei terribili anni tra il 1939 e il 1945, vissute personalmente da fotoreporter militare, mi fa male ancora oggi. Ho sempre detestato le guerre sin da bambino, quando ero ossessionato da una lugubre stampa che campeggiava nella mia minuscola camera da letto a palazzo Villafranca e riproduceva un momento del cruento finale dell'avventura intrapresa nel 1812 da Napoleone, lanciato alla utopica conquista di Mosca.

Un destino ben più atroce avrebbero subito – ancora in Russia più di un secolo dopo – le nostre truppe che sconsideratamente Mussolini, accecato dalla vanagloria del collega Hitler, avrebbe mandato allo sterminio nel 1942. Il corpo di spedizione – la cosiddetta ARMIR (Armata Militare in Russia) – era partito per raggiungere le truppe tedesche che puntavano – anche loro! – su Mosca. L'inesorabile inverno russo colse l'ARMIR in zone impervie ed estreme e i nostri poveri ragazzi, che non avevano un equipaggiamento adeguato (come non lo avevano i loro commilitoni spediti a "spezzare le reni" alla Grecia con gli stivali di cartone!) caddero assiderati tra le nevi.

Per pochi centimetri mi fu risparmiata la stessa sorte. Grazie infatti al metro e settantadue della mia statura (troppo alto? troppo basso?) venni scartato alle selezioni per l'ARMIR, che a Palermo si tennero in una caserma di corso Calatafimi.

Sono settant'anni che l'Europa si è prefissata di non fare più guerre così catastrofiche. Si deve sempre trovare il modo di vivere in maniera più o meno pacifica. Ecco perché apprezzo tanto lo sport e invito i giovani di oggi a praticarne tanto: solo con uno spirito sportivo è possibile evitare situazioni pericolose e superare i contrasti.

Quando ero ragazzo, facevo moltissimo sport. Per qualche anno, durante i miei studi di ginnasio e liceo, avevo praticato il canottaggio, nelle prime ore del mattino, al Circolo Canottieri Ruggiero di Laurìa a Palermo; nel pomeriggio allo stadio mi sbizzarrivo in varie prove di atletica leggera e, verso sera, tre volte alla settimana non mancavo mai le lezioni di scherma. Le teneva il maestro Viola, sottufficiale dell'esercito italiano, in uno dei tanti saloni di intrattenimento che contornavano il magnifico teatro Massimo. Il mio sport preferito era, però, il calcio. Mi cimentavo quale portiere nella squadra giovanile del Palermo, finché non realizzai che non ero abbastanza alto per difendere adeguatamente la porta. Dirottai la grande passione verso il nuovo sport che stava divenendo popolare negli ambienti universitari di tutta Italia, il rugby; ma allora, in pieno regime fascista, che vietava l'uso di "indecenti termini anglosassoni", si doveva indicare con termine esclusivamente italico: "palla ovale".

Quando mia madre, che mi aveva appena proibito il calcio (ero rientrato a casa sanguinante da una partita particolarmente combattuta), mi domandò in che cosa consistesse il nuovo sport, risposi: «È una specie di atletica leggera». Era una clamorosa bugia, ma fino a un certo punto. Del resto, sebbene questo sport sia molto duro e "da maschi", in genere non procura gravi traumi fisici a coloro che lo praticano. Ne ricavai giusto qualche sbucciatura, quando giocavo nel Guf di Napoli, e persino una piccola lacerazione al cuoio capelluto che mi costò cinque punti di sutura (di cui ovviamente non parlai a mia madre). Nel periodo in cui dovevo viaggiare con la testa avviluppata da una vistosa fasciatura bianca, mi capitò di sentire qualcuno invitare i presenti a "rispettare l'ufficiale ferito", cosa che da una parte mi inorgogliva, dall'altra mi imbarazzava, stante l'origine non bellica della ferita.

Proprio in un viaggio di ritorno da una delle città in cui da militare giocavo con la squadra del Guf (due volte addirittura con la Nazionale) incorsi in quella che fu l'avventura più terribile che mi potesse capitare. Eravamo nel pieno della guerra, le forze alleate avevano già cominciato a imporsi su quelle tedesche e italiane e con i loro temibilissimi e agili aerei caccia-bombardieri tenevano sotto controllo buona parte di quel Mediterraneo che era sempre meno *mare nostrum*.

Avevo preso, come al solito, il treno notturno che, lungo il tracciato ferroviario che corre a fianco del mar Tirreno, arrivava di buon mattino alla stazione di Villa San Giovanni, cui fanno capo tutti i treni che partono dalla Sicilia o provengono da quello che chiamiamo "il continente".

Appena il treno si fermò, ebbi il sentore di qualcosa di anomalo: un silenzio felpato, direi addirittura opaco, ci circondava. I numerosi fasci di binari che si sviluppavano attorno alla stazione ferroviaria erano completamente vuoti. Deserti anche i marciapiedi, di solito gremiti di una quantità di persone in procinto di imbarcarsi sui traghetti o appena sbarcate. Capii che eravamo sotto stato di allarme per incursione aerea nemica.

Con un potente rombo apparve, infatti, uno dei velocissimi caccia nemici, forse uno Spitfire americano, uno sputafuoco di nome e di fatto. Sembrava sbucato dal mare proprio vicino ai binari che dovevamo attraversare. E volteggiava sulla testa di noi poveri viaggiatori, terrorizzati che stesse per colpirci con i proiettili delle sue mitragliere o con gli spezzoni incendiari, quasi sempre mortali, lanciati dalle sue capaci sentine.

L'improvviso fragore che aveva spezzato l'irreale silenzio ci costrinse istintivamente ad "aggattarci", come si usa dire nel nostro dialetto quando si verifica qualcosa di più grande di noi, alla quale non è possibile sfuggire. Anche se eravamo in pochi, pochissimi, ci stringemmo insieme come un sol uomo, rifugiandoci in un minuscolo cunicolo sotto un fascio di binari.

Proprio sopra di noi era parcheggiata una locomotiva, di quelle antiche, a vapore, azionate dal carbone. Ci sembrava una protezione sufficiente, invece era l'obiettivo principale della furia distruttrice nemica: l'aereo ronzò due o tre volte sul nostro capo e, infine, sganciò con precisione uno spezzone che andò a colpire la locomotiva. Il boato fu enorme, ma non fu questa la causa della improvvisa angoscia che mi congelò il sangue; mi ero reso conto, all'improvviso, che mia madre non sapeva neppure dove mi trovassi in quell'attimo in cui la distanza tra la vita e la morte era questione di qualche frazione di secondo o di millimetro.

La guerra in quei giorni cominciava ad andare male per noi, e già si sentivano i singhiozzi delle tante madri e spose disperate per le centinaia di migliaia di militari dichiarati dispersi sui numerosi fronti del conflitto. Anch'io mi sentii candidato al termine disperso, ma mi rifiutai di immaginare mia madre fra quelle donne alla ricerca dei propri cari scomparsi.

Mi resi anche conto per la prima volta di essermi sempre comportato da irresponsabile, scorrazzando senza alcuna precauzione da un luogo di guerra all'altro, così come da bambino attraversavo in bicicletta Palermo quattro volte al giorno, senza "guardare i pericoli". Mia madre, rimasta vedova giovanissima con cinque figli, era troppo impelagata nella complicatissima amministrazione della famiglia, perciò mi concedeva ampia fiducia consentendomi sin da allora di condurre una vita ben più autonoma di quella dei miei coetanei.

Quel giorno a Villa San Giovanni, però, l'urlo della coscienza si fece sentire, mentre la locomotiva bombardata si sbriciolava in ferraglie che ci precipitavano addosso, rischiando di ferirci, o peggio. Imparai a diffidare dei caccia nemici. Quando ti avvistavano, non ti mollavano più, dandoti l'impressione di essere l'unica preda al mondo. Per evitare le loro sfrecciate mortali avevo imparato a incunearmi con l'auto militare nel primo anfratto che la natura mi poteva offrire. Riuscii così a sfuggire ai loro mitragliamenti e – come dimostra questo libro – a portare la pelle a casa.

Non per nulla il mio Nucleo fotocinematografico era contrassegnato dal tredici, numero per me fortunato. Prova ne è anche che a guerra finita potei recuperare tutta l'apparecchiatura tecnica in dotazione, acquistandola dall'esercito. Funziona ancora, malgrado l'uso a oltranza che ne ho fatto per le riprese subacquee che io – primo al mondo (posso ben affermarlo e provarlo) – iniziai a effettuare, a livello professionale, nell'agosto del 1946.

Terza parte

Alla scoperta delle Eolie
e dei segreti del mare

Il mio primo rapporto con il mare fu piuttosto schizofrenico. Non ci capivamo molto. Quell'immensità di un colore blu assoluto, quella fluidità che mi frusciava intorno quando mi immergevo, quello scomparire e ricomparire garbato e timido sulla splendida, bianca sabbia di Fondachello mi ammaliavano come accade, credo, a tutti i bambini. Non mi andava giù, però, il fatto che l'acqua fosse salata, che provasse ad affogarmi nei miei primi tentativi di nuoto e che mi sballottasse su e giù con la risacca che talvolta, quando era più impetuosa, ci obbligava a tornare malinconici a casa.

Nello scrivere queste parole, a distanza di più di ottant'anni, mi torna vivo quel senso di frustrazione che provavo verso quell'affascinante mondo liquido e misterioso che attraeva e respingeva.

Eppure, fin da allora, la fondamentale caratteristica del mare mi parve la certezza dell'orizzonte, quella linea lunga, sconfinata, precisa e ben determinata anche se non la si raggiunge mai, e che, reale e ideale insieme, ci fa sentire sperduti.

Fin da bambino, da quando imparai a nuotare, tentai varie volte di andare a vedere cosa c'era sotto il pelo dell'acqua, dove si muovevano tante cose sfocate e incomprensibili avvolte da un colore verdolino. Fugare le paure connesse con queste incognite fu il mio sogno sin dai tempi delle avide letture di Jules Verne. Mi immersi infinite volte a testa in giù, scalciando nell'acqua in modo scomposto con il risultato di ricavarne qualche vaga immagine prima della risalita a piombo in superficie, quando restavo senza aria.

Quel poco mi bastò, comunque, per acuire il mio desiderio di scoperta, che restò tale per molti anni.

Non merita attenzione, se non solo un fugace cenno, il mio rapporto con il mare quando divenni ragazzo: si limitava alle palate con la iole del Circolo Canottieri Ruggero di Lauria sull'acqua a specchio del porto di Palermo, alle prime ore del mattino prima di andare a scuola, e a qualche bagno starnazzante con i compagni di liceo, in quelle meravigliose giornate di febbraio a Mondello dove poi, in estate, noi "sportivi" non andavamo più perché l'acqua era un "brodo".

Poi venne la guerra, e io, che in quegli anni comandavo il nucleo 13 del Cinereparto del Regio Esercito, mi cimentai soltanto in qualche filmato girato lungo le coste meridionali della Sicilia a bordo di gommoni, anzi gommoncini a due posti.

Una bella impresa, però, fu quella compiuta mentre ero in pausa di lavoro a Pozzallo con i miei soldatini, collaboratori alle riprese. Avvistammo a qualche centinaio di metri dalla riva una grossa mina vagante. Del tutto inesperto di esplosivi, spolette e disinneschi, ma consapevole delle mie responsabilità di ufficiale, interruppi il pasto, mi tuffai e raggiunsi quella semisfera metallica nera che emergeva ballonzolante tra le rughette del mare. Si trattava di una grossa palla, forse di un metro di diametro, con tanti cilindretti che spuntavano da tutte le parti. Con pazienza e con sforzo enorme, perché pesava assai, riuscii a spingere il mostro attentatore a riva e a consegnarlo ai militi della difesa costiera lì presenti. Fiero di avere in qualche modo e da solo difeso la Patria, ripresi il mio lavoro cinematografico. Qualcuno (del mestiere) mi disse poi che avrei potuto rimettervi la pelle.

Il mio vero rapporto simbiotico con il mare cominciò dopo la guerra, e galeotto fu Pietro Moncada dei principi di Paternò, mio carissimo amico sin dall'infanzia (la sua villa Trabia era accessibile dalla mia Valguarnera attraverso i settecenteschi cancelli di cortesia). Dal 1946 Pietro fu mio compagno di avventure alle Eolie, fondatore con me della Panaria Film e, in seguito, socio in affari a Catania.

Era un simpatico giovanottone, alto un metro e novantacinque, molto alla mano – a differenza di tanti "baroni del 1860" – nonostante discendesse da una famiglia che aveva dato vicerè alla Sicilia. I suoi antenati avevano, inoltre, occupato il seggio numero tre o quattro nel parlamento più antico d'Europa, quello di Palermo; i miei il numero sette.

Negli anni della guerra ci eravamo incontrati poche volte, durante qualche rara licenza, perché Pietro, ufficiale di Cavalleria, comandava il distaccamento militare che nei primi mesi del '43, quando l'Italia era ancora vincitrice sulla Francia, controllava un settore della Costa Azzurra. In un minuscolo negozio sul porto di Antibes, Pietro aveva comprato quasi di contrabbando una maschera per guardare sott'acqua e due pinne, che allora erano attrezzature belliche coperte da segreto militare, quindi introvabili in Italia. Erano state inventate proprio per consentire ai nostri eroici "incursori", i mitici uomini Gamma, di violare i porti nemici ottenendo i risultati epici che tutti conosciamo.

Sperimentammo il prezioso trofeo di Antibes non appena congedati: ed ecco, dopo il primo tuffo a occhi aperti, dietro quel vetro che copriva tutta la faccia eccetto la bocca, la tanto desiderata "rivelazione"! L'universo marino, nitido e sconfinato. Non occorreva nemmeno più risalire a piombo, perché la respirazione era assicurata da un boccaglio in gomma che fuoriusciva dall'acqua come un manico d'ombrello. Inoltre, le pinne ci permettevano di rimanere alla profondità voluta per tutto il tempo concesso dai nostri polmoni, mai sufficiente per noi, affascinati come eravamo dalle continue scoperte che ci rendevano dimentichi di tutto.

Di quegli strumenti miracolosi Pietro ovviamente era gelosissimo. Mi fabbricai allora una maschera simile con un pezzo di camera d'aria di camioncino, un vetro sagomato a mano con una pinza, un rudimentale boccaglio da cui partiva un tubicino di gomma corrugata contenente un pezzo di canna; il tutto incollato con il provvidenziale Bostik, quella pasta nerastra che si appiccicava a qualunque cosa, anche alle nostre mani.

Riuscii a reperire (eravamo ormai nel 1945) un paio di pinne, un residuo di guerra che la Marina aveva appena liberato sul mercato, ma erano molto piccole e di gomma durissima, per cui la cinghietta e la fibbia mi massacravano il tallone.

Quintino di Napoli, mio cugino, anche lui residente in estate a villa Valguarnera, si costruì subito dopo un'altra maschera, di gran lunga più efficiente della mia. Quintino era soprannominato "manine di fata", con sua grande stizza perché si sentiva offeso nella sua dignità di maschio integrale. Il fatto è che tutto quello che toccava diventava una creazione artistica: dai ciottoli dei torrenti, che scavava incastrandovi pietruzze, madreperle o striscette in tartaruga, alle ardesie incise, alle sabbie incrostate sulla tela. Inoltre sapeva riparare con infinita pazienza coralli spezzati, terracotte e pupi di presepe, settecentesche statuine di cera ammosciate dal caldo estivo e stoffe antiche che sarciva con la maestria appresa da zia Felicita.

A noi tre si aggiunse poi il "continentale" Renzino Avanzo, veneto esuberante, figlio di Antonietta Bellan, la famosa "baronessa volante" che correva nei più importanti circuiti di Formula Uno in competizione con i campioni dell'automobilismo di allora (Nuvolari, Varzi, Borzacchini, Ascari). Anche Renzino, che spesso e per lunghi periodi era ospite dei Moncada nella loro villa Trabia di Palermo, portò, verso la fine del 1945, una maschera, due pinne e in più un piccolo fucile a molla con stecche in alluminio cui si avvitavano arpioni a una sola punta o tridenti, per infilzare i pesci.

Così armati, iniziammo a praticare nei nostri mari del Sud quella che chiamammo "la caccia sottomarina" (il termine "subacquea" non era stato ancora coniato), perché quel nuovo sport con il fucile, sia pure a molla, non si poteva certo definire pesca.

La scoperta del mare profondo – la prima volta a Ustica – fu per tutti noi una folgorazione: il dondolio dei pesci che girovagavano pigramente, le rupi con le loro fessure lussureggianti di vegetazione che danzava come al ritmo di un valzer lento, grotte e anfratti di montagne sterminate le cui larghezza e profondità si dissolvevano nel blu infinito, precipizi verticali talvolta inquietanti (l'ignoto fa sempre paura), piante a ciuffo con grappoli minuti, pascolo ideale di quegli svolazzanti pesciolini d'argento striati d'oro che chiamiamo appunto "mangiaracina" (mangiauva); e poi pianure affollate di alghe dalle lunghissime lamelle – scoprimmo in seguito che si chiamano posidonie – che ondeggiavano mollemente con la risacca, polipi dall'andatura a scatti, infinite distese di sabbia all'apparenza deserte, ma fittamente popolate da sogliolette nascoste sotto la rena che scattavano per catturare quel po' di cibo di loro spettanza, quando le triglioline smuovevano la sabbia con piccole antenne sporgenti sotto la bocca.

Ma soprattutto l'impatto più pregnante per me fu quello con il *silenzio*. Quel silenzio assoluto, totale immodificabile, che per noi "terrestri" è simbolo di morte, lì era vita.

Riemerse allora con prepotenza irresistibile il mio animo di cineasta. Devo mostrarlo ad altri, a tutto il mondo questo fantastico pianeta racchiuso nel nostro; anzi che avvolge il nostro. Ma il mio desiderio si scontrò subito con diversi problemi tecnici: la cinepresa impenetrabile all'acqua, la sensibilità della pellicola allora in bianco e nero (avrebbe ripreso le immagini sott'acqua?), la profondità cui poter arrivare con successo e mille altri interrogativi. Nessuno, proprio nessuno dei numerosi tecnici, cineoperatori, esperti di aziende del settore (e ne avevo conosciuti tanti negli ormai nove anni di apprendimento del mestiere e di convivenza con le più svariate problematiche legate alle riprese cinematografiche) seppe dirmi alcunché in merito: era materia ignota a tutti.

Fu un libro a fare scattare la molla dentro di me: *Tra*

squali e coralli, scritto da un giovane scienziato austriaco, Hans Hass, e ambientato nei mari di Curaçao (Antille) negli anni della guerra. Conteneva qualche fotografia di lui sott'acqua alle prese con i barracuda, smilzi feroci onnivori, allora stanziali nei Caraibi. Quelle foto erano la prova che la pellicola si impressionava. Quale tipo di pellicola, ortocromatica o pancromatica? Con mozione lenta o rapida per potersi destreggiare con la progressiva sparizione dello spettro solare? Avrei provato e riprovato e ce l'avrei fatta, ne ero sicuro, con quella sicurezza che mi davano l'età ancora verde (avevo ventisei anni), l'avere superato indenne la guerra e il progetto appassionante di condividere con altri le meraviglie nascoste del mare grazie alle immagini in movimento che avrei fissato sulla pellicola.

A volte ebbi l'impressione di dover abbandonare l'impresa, tante furono le difficoltà da affrontare, ma la mia cocciutaggine sicula, la travolgente dinamicità di Pietro, l'ingegnosità di Quintino e la genialità "metallurgica" di Cesarino Barbera Maccagnone, altro amico provvidenzialmente comparso, riuscirono a farci realizzare quello che ci sembrò un miracolo: uno scafandro per cinepresa.

Cesarino era un vero mago nel manipolare i metalli. Ad esempio, aveva comprato dagli americani una jeep da usare in campagna e, poiché gli serviva una macchina più ampia, aveva segato il telaio, vi aveva saldato due pezzi di lamiera da un metro ciascuno e allungato così di due metri quella che era stata l'utilitaria delle forze armate alleate. Più che una jeep sembrava un lumacone.

Tagliando, saldando, sagomando e fondendo piombo dentro tubi d'acqua e poi segandoli a diverse misure e applicandovi alcuni uncini per agganciarli a uno scatolone in lamiera di ferro, Cesarino creò lo scafandro numero uno per la mia cinepresa. Poiché, però, racchiudeva troppa aria, fummo costretti a dotarlo di una quantità di pesi di piombo per riuscire a farlo immergere in mare. Ma poiché l'Arriflex era un apparecchio pieno di protuberanze, munito inoltre di un cilindro con cui regolare manualmente la velocità di ripresa, tentammo di migliorare le prestazioni dello scafandro: con l'aiuto di Cesarino ne costruimmo uno nuovo, il numero due, in lamiera di ottone, più adatta a essere sagomata, che conservo tuttora a villa Valguarnera. Le stanze della foresteria erano state da noi adibite a cantiere per le nostre invenzioni artigianali. Fabbricammo persino la carta vetrata, introvabile nell'immediato dopoguerra: pestavamo bottiglie di birra nel mortaio e ne setacciavamo il vetro che veniva incollato sulla carta per avvolgere il pane. La mia amatissima Arriflex 35 millimetri era quella che avevo usato nel 1943 per riprendere i bombardamenti. L'avevo comprata alla fine della guerra nel campo Arar di Livorno, dove il mio comando aveva messo all'asta tutte le attrezzature, auto comprese, ormai inservibili all'esercito. Gli Alleati ci avevano aggiunto i loro residuati bellici, anche voluminosi. Pare che una signora toscana se ne fosse tornata a casa annunciando trionfalmente al marito: «Sai, ho fatto un magnifico acquisto: ho comprato un carrarmato». Davanti allo sbalordimento del coniuge, si era giustificata: «Costava così poco...»

Fu quasi al termine della stagione balneare – precisamente il 16 agosto 1946 – che riuscimmo a caricare su una vetusta littorina tutta la nostra ferraglia. Avevamo creato anche due scafandrini per la Rolleiflex e la Leica, nonché un rozzo e ingombrante treppiede a zampa di gallina.

Giunti a Milazzo, ci imbarcammo per le Eolie, o le Lipari, come si preferiva chiamarle allora, sul minuscolo piroscafo bianco *Luigi Rizzo*, dal nome dell'eroe della prima guerra mondiale.

Le isole Eolie erano state separate dal resto del mondo per cento anni (in epoca borbonica vi mandavano i condannati ai lavori forzati, durante il fascismo i confinati). Terre di emigrazione oltreoceanica, erano luoghi desolati, soprattutto Vulcano e Stromboli. Poco abitata era anche la verde Salina, che aveva motivato la mia scelta perché mi era stata tanto decantata dal sergente, presunto fotografo, che mi era stato assegnato come collaboratore del Cinereparto.

Nel 1946 nelle Eolie non esistevano alberghi, né c'era turismo: abitavamo nelle case abbandonate dagli emigrati. In quelle case si rifugiavano anche l'archeologo Luigi Bernabò Brea e un suo giovane allievo siracusano, il conte Piero Gargallo. Erano alla ricerca delle tracce delle civiltà preistoriche locali e ne avrebbero trovate in abbondanza, oggi raccolte nel museo di Lipari, intitolato appunto al professor Bernabò Brea.

Restammo nelle isole di Eolo dal 16 agosto al 30 settembre: quarantacinque giorni di immersioni, durante i quali ho girato tremila metri di pellicola, quasi due ore di proiezione. Lavoravamo sette o otto ore al giorno, sempre in acqua, e mangiavamo, restando in acqua, uova dure e capperi, forniti dalle famiglie di pescatori che ci ospitavano. Oppure sbocconcellavamo, sempre in acqua, l'Energon, una specie di cioccolato molto energetico in dotazione alle truppe americane, reperito di contrabbando. Scoprimmo poi che era un cibo prodotto appositamente per... i cavalli! Non ricordo se continuammo a nutrircene.

Pietro, Quintino e Renzo inseguivano i pesci fin nelle tane, sparando con i loro fuciletti, e io li riprendevo. Eravamo ormai gemellati con quel mondo sottomarino fatto di alghe, rocce, sabbie e soprattutto pesci dai più disparati comportamenti. A poco a poco imparammo a conoscerne la psicologia: il sarago si teneva a rispettosa distanza, sempre la stessa, ma fuori gittata della cinepresa e dei nostri modesti fucili a molla di alluminio; il cefalo, il muletto, o muggine si lasciavano catturare non al primo sparo ma al secondo; la murena occhieggiava vivace dalla tana; la ricciola che sfrecciava veloce si doveva attendere al passo; la cernia, dall'immensa bocca feroce e dagli occhi spiritati, era una combattente irriducibile. Ci sarebbero voluti due anni perché Quintino riuscisse a catturarne una bella grossa sotto la "canna" di Lipari. Usciva e rientrava nella tana come per fargli un dispetto e, non so perché, l'avevamo soprannominata la "cernia Togliatti". Un'altra, che pescammo a Basiluzzo, a Panarea, era talmente vecchia che una volta tirata fuori dall'acqua perse tutti i denti.

Poiché il bailamme creativo nei due mesi precedenti la spedizione alle Eolie ci aveva impedito di girare un solo centimetro di provini, non sapevamo se saremmo riusciti a impressionare uno o più metri di pellicola cinematografica. Avevamo visto, sì, le fotografie di Hans Hass, ma la cinematografia era ben altra cosa rispetto alla semplice fotografia: qui si poteva giocare sia con l'otturatore dell'obbiettivo, più o meno chiuso o allargato, che con la rapidità di scatto che consentiva di esporre la pellicola da mezzo a un millesimo di secondo; nella cinepresa, invece, la pellicola doveva scorrere alla velocità obbligata di 24 fotogrammi al secondo, un cinquantesimo fisso, e non si poteva allargare o stringere il diaframma, perché irraggiungibile attraverso lo scafandro; quindi, nessuna elasticità di manovra rispetto alle foto, di conseguenza nessuna tranquillità di successo.

Inoltre, a causa dell'acqua delle Eolie, troppo calda per il bagno di sviluppo dei provini, la gelatina sensibile si squagliava, lasciando nuda e trasparente la celluloide di supporto. Non esisteva in quelle isole acqua ragionevolmente fresca: nessuna sorgente, soltanto pozzi scavati nella nera rovente roccia e nella rena vulcanica, e cisterne in muratura sotto le case, colme di acqua piovana raccolta d'inverno ed esposte d'estate al sole cocente. Niente elettricità, quindi neanche l'ombra di ghiaccio artificiale se non a Milazzo, raggiungibile solo una volta al dì e con almeno quattro ore di viaggio. Fui così costretto a girare tutti i tremila metri di pellicola senza sapere se almeno un fotogramma si fosse impressionato.

In quei, malgrado tutto, meravigliosi e indimenticabili quarantacinque giorni di lavoro, non solo dovetti assumermi la responsabilità generale, nei confronti dei miei amici, di tutta la parte tecnica; si aggiunse lo scrupolo di aver fatto rischiare loro tante settimane di fatiche, rischi, arrostiture al sole cocente senza riuscire a impressionare nulla e, per di più, perdendo tutti i nostri pochi soldi destinati alla impresa. Eravamo stati finanziati in famiglia da Olga Matarazzo, madre del politico Gianfranco Alliata e dei suoi fratelli, sempre desiderosa di collaborare a nuove imprese della casata di cui era entrata a far parte. «Mercantini di buoi!» ironizzava Raimondo Lanza a proposito della nostra pur comprensibile parsimonia.

I miei timori di fallimento si dimostrarono, però, infondati: ogni fotogramma dei tremila metri girati era riuscito bene: merito mio? Della pellicola? Della cinepresa? Del mare amico? Non importava. Contava il risultato che conobbi un mese e mezzo dopo, quando, dopo aver sviluppato la pellicola in un laboratorio improvvisato a Palermo (nello scantinato di una banca), portai tutto il materiale a Roma per il montaggio.

I fratelli Rossellini, cugini di Renzino Avanzo, ci indirizzarono allo studio di montaggio di Carlo Alberto Chiesa, in via della Mercede. Impiegammo un paio di mesi per ridurre da tremila a trecento metri il materiale girato in bianco e nero (il colore non esisteva ancora) e ricavarne un documentario di dieci o dodici minuti intitolato *Cacciatori sottomarini*. In quei due mesi di lavoro a Roma tanti giovani dell'ambiente cinematografico che frequentavano il laboratorio poterono vedere per la prima volta e con grande meraviglia i pesci muoversi nel loro habitat. Da quei primi spettatori, tra i quali Roberto, Renzo e Marcella Rossellini che stavano montando *Paisà*, ricevetti i miei primi applausi. *Cacciatori sottomarini* suscitò altrettanto interesse quando lo presentammo un anno dopo al Festival di Cannes del 1947.

In quell'anno girammo poi *Bianche Eolie*, sulle isole più chiare per via della pomice di Lipari, e *Isole di cenere*, su quelle nere di lava come Vulcano e Stromboli.

A quel punto, fu Hans Hass, il fotografo dei barracuda cui mi ero ispirato, a venire "a lezione" a Palermo.

170

Mi sono fin qui dilungato sulle questioni tecniche solo per far capire alle generazioni di oggi, aduse al "tutto automatico", quanto sia stato difficile, anche se entusiasmante, penetrare nei segreti del mare, dovendoci inventare ogni cosa per sopravvivere e lavorare in una dimensione fino allora sconosciuta, il tutto in apnea, ignorando i rischi connessi con le immersioni. Mi ritengo molto fortunato, quindi, di aver perso solo, e parzialmente, l'udito.

I tonni furiosi e io
nella camera della morte

Nella chilometrica pellicola girata alle Eolie nell'estate del '46 c'era anche una sequenza di pochi metri che avevo promesso al regista Pino Mercanti, altro mio caro amico, per il suo film *Turi della Tonnara,* poi brutalmente intitolato *Malacarne.* Gli occorreva un'inquadratura sottomarina del protagonista (Otello Toso) intento a raccogliere sul fondo del mare una stella marina da offrire alla ragazza che corteggiava (Mariella Lotti). Girai in apnea con una controfigura quelle che divennero in assoluto le prime immagini cinematografiche "recitate" *sotto* la superficie del mare. Per il ruolo si prestò Raimondo Lanza di Trabia, piombato a sorpresa tra noi a bordo del suo Chris-Craft approdato per miracolo in un giorno di tempesta.

A Pino Mercanti regalai anche, per lo stesso film, tutte le scene da me realizzate qualche mese prima *sopra* il pelo dell'acqua nella tonnara di Castellammare, che per centocinquant'anni era stata proprietà della mia famiglia.

L'avvincente simbiosi con le millenarie "macchine di morte" costruite per catturare il gigante dei pesci mediterranei iniziò per me nella primavera del '46 e durò alcuni anni.

Le tonnare erano composte da tonnellate di robuste reti dalle trame grosse quanto un dito, collegate a centinaia di gigantesche ancore a quattro uncini che si estendevano dalla costa al mare aperto, alla profondità di non oltre i cinquanta-sessanta metri. Catturavano centinaia, anche migliaia, dei tonni atlantici che tra aprile e maggio, durante il periodo dell'accoppiamento, attraversavano lo stretto di Gibilterra, percorrevano la costa tirrenica della Sicilia da est a ovest (da Messina a Marsala) e da fine maggio a luglio si spostavano verso sud (da Messina a capo Passero). La tonnara più importante era quella di Favignana nelle Egadi, dove pescavano fino a novemila tonni all'anno.

A Castellammare registrai per la prima volta l'eccitazione spasmodica dei cinquanta tonnaroti che avevano consumato la fine dell'estate, l'autunno e l'inverno nei febbrili lavori di riassetto della tonnara smontata e dei preparativi per la rimessa a punto in vista della nuova stagione.

La "calata" dell'intero apparato avveniva al primo chiarore di una mattinata di mare inerte. Decine di barche partecipavano alle operazioni. La tensione a lungo covata dai pescatori si estingueva al pensiero dell'imminente cattura dei cento, duecento o più tonni, tra il turbinio dei colpi di coda, le urla, gli spruzzi giganteschi e il sangue, tanto sangue, con cui si consumava la mattanza che lasciava estenuati tonnaroti e spettatori.

Quei bestioni da duecento, trecento, a volte quattro cento chili, venivano agganciati da sei, talora otto tonnaroti nella camera della morte e, dopo una frenetica lotta, estratti e scaraventati sull'immenso paiolo del "vasceddu". A massacro concluso il *raìs* ("capo" in arabo) salmodiava stentoreo: «E sempre sia lodato lu nomu di Gèsu!» con l'accento sulla "e", e tutti gli uomini in coro ripetevano: «Gèsu, Gèsu», quindi, dopo una pausa, aggiungevano: «E dumani l'autri», sperando nei guadagni. Il ricavato della pesca veniva suddiviso in proporzione tra i proprietari della tonnara e i tonnaroti, con quote accuratamente ripartite anche tra i più semplici collaboratori.

Cosa avveniva, però, sotto tutto quel mare di sangue? Potevamo immaginarlo, ne coglievamo qualche particolare attraverso lo specchio, il cilindro col fondo di vetro usato dai pescatori per scrutare sott'acqua dalla barca, ma nessuno ci si era mai immerso.

Ci riuscii io, un anno dopo, primo al mondo: ne fui fiero, perché l'operazione cinematografica dei tonni sfreccianti nella camera della morte fu un successo, anche al Festival

173

di Edinburgo dove presentammo nel 1948 il documentario *Tonnara* (1947). Oggi, più di sessant'anni dopo, è divenuto non solo l'unico documento per conoscere canti, invocazioni e riti della pesca del tonno, ma anche la testimonianza storica di un'attività appassionante e di un mondo millenario che non esistono più, e che insieme ai miei cari soci Pietro e Quintino ho voluto immortalare.

Che nessuno avesse mai tentato l'avventura fu provato dal fatto che fummo letteralmente espulsi dalle circa trenta tonnare siciliane cui chiedemmo il permesso di riprendere in immagini cinematografiche i tonni nella camera della morte, l'immensa massiccia rete dove venivano spinti dopo averli intrappolati nelle precedenti camere di rete più leggera; nella camera della morte la rete, progressivamente ristretta e "assommata", portava in superficie le decine e decine di tonni, consentendo, così, ai tonnaroti di agganciarli con i rampini e tirarli su. Era una scena pervasa di un'eccitazione esasperata, piena di urla, sangue, palpitazioni: un delirio da inferno dantesco.

I proprietari delle tonnare avevano, dunque, respinto la nostra richiesta sbalorditi dalla sua spericolatezza: entrare insieme ai tonni in un bacino di rete che si restringeva progressivamente da cinquecento a sessanta o cinquanta metri quadrati, gremito di quelle povere bestie sempre più guizzanti e impaurite, in cerca di una impossibile fuga? Bastava il semplice colpo di coda di un tonno per schiacciare un uomo!

Sono certo che questo fosse il primo, più immediato motivo di rifuto degli attoniti proprietari delle tonnare. Sotto sotto, però, scaltrito dalle mie ormai ricche esperienze di tonnare, intuii che ce ne fosse anche un altro: il rischio che i tonni, spaventati dalla presenza dell'uomo armato di cinepresa, tentassero di fuggire prima di essere rinserrati nella camera della morte. Avrebbero potuto sfondare le "porte" di *disa*, una pianta spontanea che ogni anno veniva raccolta e intrecciata con un lavoro di mesi, e così l'immensa impalcatura della tonnara – centinaia di ancore di vari quintali ciascuna, chilometri di reti e di cavi sostenuti da sugheri – sarebbe stata smantellata e dispersa dalla furia distruttrice dei giganti. Un disastro che non solo avrebbe compromesso la stagione, ma preteso massicci investimenti per ricominciare da capo. Bastava già ai proprietari delle tonnare la costante paura dell'arrivo di un "bestino", cioè un pescecane affamato all'inseguimento del branco: il terrore dei tonni in fuga avrebbe infranto i chilometri di rete e disperso le centinaia di grandi ancore che reggevano la colossale costruzione marina, con le immaginabili catastrofiche conseguenze finanziarie, economiche e sociali (da cui il famoso detto popolare "U bestino nna tonnara", citato ogni qualvolta la vita riserva traumatiche sorprese).

Quando mi resi conto dei problemi che avremmo potuto creare, cominciai a dare ragione alle possibili vittime, senza tuttavia desistere. Trovai per fortuna degli armatori di fresca nascita a Mazzara del Vallo, i fratelli Vaccara, che, non avendo mai calato tonnare, non avevano ancora acquisito l'esperienza e – quel che contava per noi – le preoccupazioni legate a quel mestiere. Nella loro tonnara, in prossimità di Selinunte a capo Granitola, ottenni l'agognato permesso.

Per diverse mattanze convissi con i tonni in quella gigantesca gabbia di rete a forma di culla che via via si restringeva, incutendo alle povere bestie una sempre più incalzante paura a mano a mano che percepivano l'inesorabilità della cattura. Ovviamente, al sopraggiungere del parossismo, poco prima che "assommassero", venivo tirato su con la corda dall'affidabile amico Pietro. Mi era stato così possibile riprendere, come sempre in apnea, quel crescendo di ansia e frenesia di quei bestioni che passavano a pochi centimetri dalle mie tempie.

Non ebbi mai paura, allora. Oggi sì, ogni volta che rivedo il nostro documentario, *Tonnara*, dove quei momenti di millenario massacro vengono narrati, spesso con grande scandalo degli ecologisti. Ma allora era, oltre che cibo e sopravvivenza, un rito antico che risaliva al tempo degli arabi in Sicilia.

Non paghi, nel 1947 ci lanciammo in un'altra avventura marina. Avevamo imparato ormai a conoscere e capire le correnti, a rispettarle, a sfruttarle, quando possibile, e persino a contrastarle per le riprese, come nello stretto di Messina, dove la "rema" viaggia a sette chilometri l'ora (il passo dei bersaglieri in corsa).

Ci sentivamo tanto saturi di esperienza – o presunzione – che ci immergemmo alla punta Faro dello Stretto, nel gorgo che secondo noi era Cariddi mangiatore di marinai sin dai tempi mitici. Ci calammo opportunamente legati alla vita da una sàgola trattenuta sulla barca da Pietro. Non successe nulla di drammatico: era proprio un gorghetto addomesticabile e, con l'aiuto delle pinne, ne dominammo agevolmente la leggendaria potenza.

Ci trovavamo nel mitico Stretto, pregno di storia e leggende, per realizzare un documentario su un altro particolarissimo sistema di pesca che da 2300 anni si praticava immutato lungo quelle coste: la caccia con fiocina e puntale a quattro alette (u ferru) al re dei pesci del Mediterraneo: sua maestà il pesce spada dalla prelibata carne bianca.

Approfittando della sua "passa" quasi in superficie nel periodo degli amori, da aprile a luglio, questa pesca era esercitata solo in quella strozzatura fra Ionio e Tirreno ed era una meravigliosa, direi cavalleresca sfida tra l'uomo e le creature del mare dalla lunga spada. Una caccia che si concludeva dopo lungo appostamento, inseguimenti, pause, accelerazioni furiose e vorticose virate dei quattro abilissimi rematori del "luntro", una minuscola imbarcazione con le scalmiere esterne per essere più agevolmente manovrabile. I rematori erano guidati e incitati prima dalle urla indiavolate dell'antenniere appostato, a venticinque metri di altezza, in cima all'albero del "vasceddu", e poi da quelle del "faleroto", l'avvistatore in cima al pennone del guscio.

Al momento dell'avvistamento, calava un silenzio assoluto appena interrotto dall'immersione quasi impercettibile dei remi per obbedire alle ultime istruzioni che il "lanzatore", cioè il fiocinatore, ritto sulla punta della prua, impartiva muovendo la lunga fiocina in direzione della preda: su o giù, a destra o a sinistra, in un linguaggio a segni quasi indecifrabile.

Al momento solenne che precede il lancio, la fiocina si alza, il luntro si arresta del tutto con i remi piatti sul mare a fare da stabilizzatori, i rematori trattengono il fiato recitando sommessi un'esortazione a Dio. Il dardo parte dalle abili braccia del "lanzatore", percorre una parabola di dieci o dodici metri ed è raro che manchi il bersaglio: i cento, centoventi chili del pesce spada. La sfida si conclude con il lungo, paziente mollare della sàgola di mille e più metri per assecondare senza strappi i suoi tentativi di fuga fino a fargli esaurire le forze.

Erano esaurite anche le mie forze, quando, disteso acrobaticamente sul paiolo del luntro fra i piedi dei rematori, per riprenderne in primo piano le tensioni e gli sforzi, assaporavo la fortuna di vivere quell'avventura in ogni suo palpitante attimo.

La rema, l'inesorabile corrente dello Stretto, che si alterna nei due sensi ogni quattro ore, ci costrinse a un'altra invenzione: l'iposcopio, una specie di periscopio al contrario, che ci consentì di impressionare la pellicola, anche se per pochi secondi, con il pesce spada pigramente volteggiante quasi in superficie in cerca del partner per la riproduzione. Furono le prime immagini di un pesce spada in mare aperto e nel pieno delle sue libertà.

L'aggeggio che avevamo inventato e realizzato manualmente era costituito da un tubo di circa dieci centimetri di diametro e lungo circa tre metri. Vi applicammo, alla sommità, un oculare con vistosa lente d'ingrandimento e un grande volante in ferro con uno snodo rotante e oscillante; al fondo, specchi trasversali e un'altra lente in funzione di mirino. Inoltre, alla stessa base applicammo un sistema di fissaggio a vite dello scafandro numero due contenente la mia Arriflex.

L'iposcopio ci permise di avvistare e riprendere lo spada scrutando dalla feluca (il barcone di appoggio cui veniva fissato) a dispetto della travolgente corrente che ci aveva impedito di appostarci sott'acqua.

In trenta e più giorni di partecipazione alla campagna di pesca, realizzammo il documentario di undici, dodici minuti *Tra Scilla e Cariddi*, cui fu assegnato il Grand Prix al Festival di Bruxelles del 1949.

Questo è il commento sonoro alle sequenze finali:

[...] La preda è stata infilzata solidamente dall'arpione con le sue quattro alette, per quanto consentito dalla tenera carne. Alla lunga asta del "lanzatore" è legata una sàgola di mille metri circa, accuratamente raggomitolata a spirale in un apposito cestone. Uno dei rematori, che fino a qualche momento prima remava, virava, bloccava forsennatamente il luntro, si trasforma in un sapiente, cauto, delicato srotolatore che accompagna, mollandola o tesandola, la disperata fuga dello spada tormentato dal "ferro" (ovvero l'arpione) incastrato nelle sue carni. Così la preda, di cui ormai gli uomini del luntro pregustano la definitiva cattura, li porta a scorrazzare in lungo e in largo per lo Stretto, talvolta per miglia e ore, finché, estenuata per l'immane sforzo di trainare il luntro, l'atroce dolore fisico e il dissanguamento, si abbandona alla morte. Allora, sempre dolcemente, con cautela, nel silenzio più sacro, a piccole tirate anche di solo qualche centimetro, si "assomma" il nobile combattente vinto. E il "lanzatore", il vincitore, gli fa subito onore segnando su una sua branchia, con l'indice e il medio della sua mano destra, una croce. Poi estrae con cura l'arpione, tagliando tutt'intorno alle sue quattro alette il tocco di carne che la tradizione gli assegna come premio speciale, mentre agli altri sei membri del luntro toccano le striscette di carne saporita che le sapienti mani di uno di loro riesce a estrarre fra le cartilagini delle pinne e della coda [...].

Raccontando del "lu pisci spata" non posso fare a meno di ricordare l'omonima, toccante canzone di Domenico Modugno, che narra di come il pesce maschio non abbandoni mai la sua compagna, fino a lasciarsi catturare e straziare insieme a lei. La femmina, invece – ce lo confermarono i pescatori – dopo la cerimonia della riproduzione non sente più alcun obbligo di fedeltà. Ma questo accade soltanto nel mondo del mare, o no?

1946 – Nasce la Panaria Film
a due passi dalla Vucciria

Nell'autunno del '46, rientrati a Palermo dalla prima spedizione nelle Eolie, Pietro, Quintino, Renzo e io avevamo pensato di dare una "casa" al nostro documentario *Cacciatori sottomarini*. Fondammo così una società, la Panaria Film, mutuando con variante spigliata il dolce nome di Panarea, una delle sette isole Eolie da noi tanto amate. Sarebbe diventata negli anni la più importante casa di produzione cinematografica della Sicilia. Noi quattro giovani fondatori fummo da allora chiamati, in famiglia e negli ambienti del cinema nazionale, "i ragazzi della Panaria".

La sede sociale e l'ufficio della nostra creatura si trovavano nel palazzo Moncada di via Bandiera, proprio a due passi dalla Vuccirìa, da secoli il più grande mercato popolare nel ventre antico di Palermo. Sarebbe divenuta famosa anche perché oggetto di colorite descrizioni, non solo da parte di scrittori ma anche di famosi pittori. Tra questi emerge, per la fastosità del suo dipinto, il bagherese Renato Guttuso, che compì i primi passi della sua folgorante carriera proprio a villa Valguarnera, pasticciando sugli affreschi insieme alla mia talentuosa cugina Topazia.

La stessa via Bandiera merita un pur breve ritratto. Era ed è tuttora un'affollatissima arteria commerciale dedicata alle stoffe e a tutti i tipi di articoli per sarti e abbigliamento. Lì centinaia di bancarelle offrivano bottoni, spille, spillini e spilloni semplici e di sicurezza, forbici, nastri, magliette, camicette, reggiseni, soprattutto per donne formose, e ogni tipo di biancheria, quasi sempre bianca e robusta.

Alla Vuccirìa, che oggi tra crolli e abbandoni rischia purtroppo di scomparire, si accedeva direttamente da una stra-

180

dina di piazza San Domenico. Era la via Maccheronai che, nell'immediato dopoguerra, fu l'epicentro indiscusso del contrabbando di sigarette, tabacco sfuso, sigari e ogni altra goduria e/o necessità dei tabagisti.

Io non avevo motivo di frequentarlo semplicemente perché non fumavo, ma il mio socio Pietro di motivi ne aveva eccome – essendo un accanito consumatore di "bionde".

Quando si entrava in via Maccheronai per acquistare le "americane", si veniva ingoiati da una massa di gente che procedeva lentamente, spalla a spalla, eppure quasi con grazia, oserei dire. Subito iniziava quello scambio di sguardi all'apparenza distratti, ma molto eloquenti che permettevano di riconoscersi tra contrabbandieri, fossero compratori o venditori. Per evitare di essere beccati dalle guardie di Finanza o da carabinieri e poliziotti mimetizzati tra la folla, bisognava seguire una procedura particolare. I venditori di bionde erano disposti a distanza di sicurezza uno dall'altro con la schiena e un piede appoggiati al muro, il ginocchio piegato e lo sguardo vago ma pronto a cogliere l'occhiata eloquente del cliente e replicare con un sibilo: «Cchi buole?» La risposta arrivava in un baleno sempre con un sibilo: «Chester» oppure «Pall Mall», con precisazione della quantità espressa in maniera altrettanto sintetica e incomprensibile per chiunque altro: «Uno» o «Due», sottinteso pacchetti, oppure «Una», sottinteso stecca. L'interlocutore ingiungeva sussurrando: «Caminasse!» L'aspirante compratore continuava lento a procedere, stretto nella calca, fin quando non arrivava al suo orecchio un altro sibilo emesso da un secondo individuo pure appoggiato al muro con il ginocchio piegato e lo sguardo vagante: «I picciuli», e subito il denaro preparato in precedenza – il prezzario era ben noto – sgusciava dalle mani del compratore in quelle del venditore. «Caminasse!» imponeva di nuovo perentorio il solito fruscio all'orecchio. Si riprendeva così il lentissimo struscio alla napoletana lungo via Maccheronai, finché, dopo alcuni passi, sempre lentissimi per dare modo ai partecipanti alle operazioni di guardarsi bene attorno, il compratore veniva affiancato da un individuo qualsiasi, il più possibile insignificante, che di soppiatto gli faceva scivolare tra le mani, opportunamente predisposte dietro la schiena, la mercanzia ordinata e già pagata che in un soffio spariva nella giacca, nel cappotto se era inverno. La frammentazione dei compiti impediva di avere alcuna prova del reato appena commesso con l'atto di contrabbando. Tutti restavano innocenti e impuniti.

A un curioso che avesse voluto saperne di più sul passaggio di soldi o di sigarette da una mano all'altra si sarebbe tranquillamente risposto che si trattava del regalo di un amico.

Questo commercio divenne a poco a poco colossale sia come volume di mercanzia trattata che di denaro scambiato, tanto che nel corso di uno o due anni tutti si abituarono e chiusero occhi, orecchie e finestre non facendoci più caso.

Alla Vuccirìa ci andavano tutti, e non solo per le sigarette. Era, ed è tuttora, abitudine di ogni capofamiglia siciliano occuparsi della spesa quotidiana: ognuno aveva il suo referente a piazza Caracciolo, il nome ufficiale della Vuccirìa. Il mercato era schiamazzante di urla dei venditori che vi si accalcavano con le loro botteghe debordanti di ogni genere di "cose da mangiare": dal pesce alle verdure, dalle brioscine con gelato alle panelle, fino alle sarde "a linguata" fritte e offerte scottanti all'avido divoratore, esclusivamente locale – agli "esteri", italiani o stranieri che fossero, apparivano immangiabili, così come le fumanti "stigghiòle", una leccornia a mio parere disgustosa costituita da budella di agnello farcite con non so quale puzzolente sostanza aromatica e arrostite per strada.

Le qualità del ricco assortimento di pesci dall'intenso profumo di pescato fresco venivano magnificate dalle urla, con voce di pancia sapientemente roca, dei bandezzatori («Questi dormono con uno straccio bagnato sui piedi» spiegava chi ne apprezzava le cantilene inneggianti al prodotto in vendita).

Suprema ghiottoneria da sorbire nella zona di corso Vittorio Emanuele, precisamente in via Pannieri, era la cassata siciliana sotto forma di gelato, dal bel rosso vivo della fragola e dal verde del pistacchio.

Come trascurare un'altra delle più ghiotte specialità della nostra cucina popolare, la cui sede non lontana dalla Vuccirìa era (è) l'Antica focacceria San Francesco, di fronte alla basilica di San Francesco d'Assisi, costruita da quegli aristocratici pisani – compresi i miei avi – che si erano trasferiti a Palermo nel tardo medioevo a seguito della scomparsa della gloriosa Repubblica di Pisa per opera della rivale Repubblica di Firenze. Nell'Antica focacceria dal 1834 si producevano in quantità innumerevoli, dato il successo, le "vastedde ca mèusa", pagnotte rotonde farcite con fettine di milza vaccina e bollite nello strutto, sulle quali venivano sparse in abbondanza minutissime strisce di pecorino a mezza stagionatura e ricotta fresca di pecora di montagna, quella più consistente e saporita. Una pietanza alquanto indigesta, come ebbi occasione di accertare più di una volta, quando riuscii a "imporla" a qualche ospite forestiero.

E di ospiti forestieri ne arrivarono tanti, anche perché richiamati in Sicilia da una nuova iniziativa dei "ragazzi della Panaria": insieme con una trentina di amici e parenti, contagiati dal nostro entusiasmo per le esperienze subacquee, fondammo nel 1948 il Circolo Siciliano Cacciatori Sottomarini con un pied-à-terre a Ustica, l'isola più vicina a Palermo. La sede principale, però, era ovviamente nelle Eolie, a Rinella, sulla costa ponente di Salina; presidente Giuseppe Tasca di Almerita, che condusse sempre con passione e record di affluenza quello che ritengo sia stato il primo club subacqueo al mondo.

Nei dieci anni di vita del Circolo si susseguirono a Rinella circa mille ospiti italiani e stranieri, alcuni famosi, come Herbert von Karajan, tutti desiderosi di apprendere l'arte di andare "a caccia per mare".

Avevamo preso in affitto il più grande e sontuoso immobile dell'isola, appollaiato su una scogliera nera a precipizio sul mare. La costruzione era opera e vanto del proprietario, il signor Lopes, che aveva fatto fortuna come corridore ciclista in Australia, divenendo anche campione del mondo – almeno così affermava lui. In quattro delle capienti stanze riuscimmo a collocare ben sedici letti. Ai soci residenti a Palermo, tra questi i cofondatori Alberto Samonà e Ciccio Cupane jr, il regolamento del Circolo raccomandava di "portare con sé lenzuola e federe di cuscino, avendo la sede di Rinella una quantità limitatissima di tale biancheria". Poiché, però, oltre alla biancheria mancavano adeguati servizi igienici, mi prestai come assistente tuttofare all'iniziativa del socio Pippo Caronia, un architetto sempre di buon umore che sarebbe divenuto preside della facoltà all'Università di Palermo.

Mia zia Giovanna De Gregorio da parte sua ci fornì un camion della sua azienda che riempimmo "a tappo" di mattoni, cemento, calce, tegole, tubi, rubinetti, docce e w.c., porte e finestrini, reti antizanzara e tutto quello che poteva occorrerci sull'isola. Il camion stracolmo viaggiava alla velocità massima di quaranta chilometri all'ora, a causa del traffico di uomini, muli e carretti indisciplinati lungo quelle anguste strade consolari ereditate dall'epoca romana. Pippo e io, stipati nella stretta cabina con l'autista, impiegammo una dozzina di ore per percorrere quei duecentotrenta chilometri tra Palermo e Milazzo, scaricare sul molo la mercanzia e caricarla sul vaporetto; e ce ne vollero altre cinque o sei per raggiungere Rinella.

Il lavoro durò un paio di settimane, ed eravamo così tagliati fuori dal mondo che non ci arrivò il benché minimo sentore del sensazionale evento che scosse l'Italia tutta in quei giorni: l'attentato a Togliatti. L'unico indizio, che lì per lì, però, non comprendemmo, fu la chiusura in giorno feriale dell'ufficio postale, una piccola, cadente stanza disadorna. «Perché?» chiedemmo a un ragazzino seduto sulla soglia di ingresso.

«È chiuso».

«Come mai?»

«Mi hanno detto che c'è sciopero, ma non so che cosa vuol dire».

Non esisteva un telefono su tutta l'isola, non arrivavano giornali, il telegrafo era chiuso e la nostra curiosità svanì. La realtà di quel tumultuoso 14 luglio 1948 fu da noi vissuta con panico postumo al rientro sulla terraferma, quando ci dissero che l'Italia aveva rischiato addirittura un colpo di Stato comunista che, tuttavia, lo stesso Togliatti dal suo letto in ospedale aveva provveduto a scongiurare.

Dotammo il circolo di Rinella di un gozzo a remi, *Ninì*, di una ex scialuppa di nave battezzata *Panaria*, cui applicammo un fondo di vetro e, per le escursioni di pesca, di una motobarca da 9,45 tonnellate, *Natalino*.

Quando rientravamo ben forniti di saraghi, cernie o spigole, segnalavamo da lontano alla Gina (grande, in tutti i sensi, cuoca di casa Tasca in prestito estivo al circolo) per quale tipo di pesce doveva preparare pentole o padelle e salsetta. Adoperavamo la sirena della motobarca come un telegrafo Morse, alternando suoni lunghi e brevi.

Come conservare, però, tutto quel ben di Dio che si pescava e le altre, poche ma necessarie, cibarie di rapido deterioramento che, con abilità organizzativa, fatica e costi salati si dovevano fare arrivare dalla Sicilia? La preveggente organizzazione Tasca-Panaria riuscì a reperire, nientemeno che in Svezia, un frigorifero Electrolux che non aveva bisogno di corrente elettrica: si raffreddava per mezzo di un procedimento statico e non a motore, con il gas delle bombole allora già nate. L'importante era tenerlo rigorosamente a piombo, perché una minima inclinazione avrebbe impedito lo scambio di calore. Ne ordinammo uno della massima capacità e ci volle un paio di mesi per il suo periglioso trasferimento, da quel gelido Paese – «A che gli serviranno i frigoriferi?» ci domandavamo. Questa, forse, fu la gemma più preziosa che si riuscì a offrire agli scatenati cacciatori sottomarini.

Tutto quel movimento, a Salina e dintorni, fu di stimolo per l'azienda del turismo di Messina a sfornare, nel 1949, quella che fu la prima Guida turistica delle Eolie, contenente anche una piccola guida subacquea illustrata curata da noi della Panaria, con i nostri itinerari sottomarini.

La pubblicità sull'arcipelago, però, mise innocentemente in mostra la povertà dell'offerta: una sola locanda nella capitale Lipari, e nessuna ospitalità organizzata sulle altre isole; una sola corsa al giorno del vaporetto *Luigi Rizzo* da Milazzo per Lipari e Salina, e una corsa alla settimana del vaporetto *Eolo* da Napoli per le isole più lontane. Inoltre, in tutte le Eolie non c'era alcun approdo per imbarcazioni da diporto, a vela o a motore che fossero. Soltanto Lipari possedeva un rifugio per le barche dei pescatori che d'inverno si concentravano tutte nel porticciolo, abbastanza precario, di Pignataro. Per il nostro *Natalino* cercammo invano un ormeggio al riparo da venti e tempeste e alla fine, esasperati, ci risolvemmo con dolore ad... affondarlo.

Che noi, "ragazzi della Panaria", vissuti in un universo incontaminato dal turismo di massa, fossimo dei privilegiati, me ne rendo conto solamente oggi. Provate ad affacciarvi in estate da un aliscafo gremito mentre sfila davanti alla costa delle isole: ne vedrete alcune irrimediabilmente deturpate dal cemento, spesso abusivo, e sentirete parlare – spero con il mio stesso raccapriccio – di progetti per nuove insensate strutture.

Nelle mie amate Eolie sono tornato in questi ultimi venti anni da "festeggiato" in occasione di festival, mostre e conferenze sulla Panaria Film, grazie a Rita Cedrini, docente di antropologia all'Università di Palermo. A lei dobbiamo il risveglio delle memorie e della rinascita della nostra casa di produzione cinematografica dopo decenni di oblìo. È stata infatti proprio la professoressa Cedrini che, nel 1993, avendo appreso per caso da mio cugino Quintino di Napoli delle nostre avventure subacquee, ci obbligò, con la tipica sorridente determinazione femminile, a ritrovare documen-

tari, film, attrezzature e ricordi che avevamo abbandonat҅
trentasette anni prima al momento della amara chiusura
della Panaria. Ed io, a mia volta, colsi al volo il suo entusiasmo per obbligarla a occuparsi di palazzo Villafranca e delle
altre martoriate dimore storiche della Sicilia.

Rita Cedrini sguinzagliò i suoi laureandi che, grazie alla
disponibilità di alcuni cari amici, in prima fila Enrico Salvia e Giovanni Raffadali, riuscirono a produrre inventari,
mostre e persino corposi volumi che hanno ridato dignità a
uno straordinario patrimonio architettonico fino ad allora
disprezzato.

Mi resta anche la soddisfazione di aver fatto conoscere
e apprezzare in tutto il mondo le Eolie, ormai proclamate
dall'unesco "Patrimonio dell'umanità". Il piano di gestione, elaborato nel 2008 da questa autorevole organizzazione delle Nazioni Unite, imponeva una rigorosa tutela delle
peculiarità ambientali, storiche e culturali delle Isole, e la
creazione a Lipari di un museo della Panaria Film (mai realizzato). Il piano unesco è stato inserito nel "Registro delle
eredità immateriali" della Regione Sicilia e il mio nome vi
figura nella sezione "Tesori Umani Viventi" per le categorie
cinematografia e turismo, definizione che non mi ha rispar-
miato battute divertite, e un poco irriverenti, da parte della
mia adorata nipotina Antea.

1949 – Sul set di *Vulcano*
ride solo Errol Flynn

Il successo ottenuto dai nostri primi documentari spinse noi "ragazzi della Panaria" a progettare un grande balzo verso il lungometraggio. Dei quattro soci io ero l'unico tecnico in materia di cinema, addestrato dalle esperienze dei dieci anni precedenti, guerra compresa. Renzo Avanzo, da parte sua, aveva acquisito una buona pratica nel settore artistico-organizzativo, lavorando al fianco dei suoi più illustri congiunti, il cognato Luchino Visconti e il cugino Roberto Rossellini, col quale aveva persino girato come aiuto regista e attore alcune scene di *Paisà*. Inoltre, affascinati dal mondo eoliano da noi scoperto e filmato, Roberto e i suoi fratelli Renzo, detto Renzone, e Marcella ci avevano organizzato a Roma tutta la post-produzione. Renzo ne aveva scritto e diretto le musiche, Marcella ne aveva firmato i testi e Roberto li aveva presentati al pubblico nel 1948 all'elegante cinema Rivoli a due passi da via Veneto, corredando la proiezione con un dépliant – l'ho tuttora – che illustrava i vari documentari.

Ci sembrò, dunque, inevitabile concepire un film, *Vulcano*, ambientato in quell'isola, regista Roberto Rossellini, protagonista la sua compagna e grande attrice Anna Magnani. Per lei aveva lasciato la moglie Assia Noris, una diva del primo cinema italiano, quello detto dei "telefoni bianchi".

Cominciammo a elaborare la sceneggiatura, prendendo spunto da alcune delle sorprendenti storie raccolte tra gli eoliani rimasti dopo l'esodo degli emigrati verso terre lontanissime come l'Australia, gli Stati Uniti, l'Argentina. Erano soprattutto mogli, madri o figlie, che avevano sostituito gli uomini di giorno sui poveri e riarsi campi delle isole, di notte sulle barche da pesca.

Un'emigrazione così diffusa fu dovuta non tanto alla miseria secolare alla quale gli eoliani si erano abituati, ma alla distruzione dei vigneti, unica loro fonte di reddito. Le preziose uve che producevano la dolce Malvasìa erano state decimate dalla filossera, la cosiddetta "peste americana" che, tra la fine dell'Ottocento e i primi del Novecento, imperversò in tutta Europa. Con le vigne morirono anche i piccoli cantieri navali dove, in particolare a Salina, si costruivano le barche a vela in legno che esportavano la Malvasìa, osando anche la traversata dell'oceano Atlantico.

Tra le storie da noi raccolte sulle tristi conseguenze dell'emigrazione, ce n'era una in particolare che aveva infiammato Roberto Rossellini, Renzo Avanzo e Mario Chiari, il rinomato scenografo e costumista che restò legato alla Panaria per tutti i film che avremmo prodotto in seguito. Per la sceneggiatura di *Vulcano,* i tre si erano ispirati a una vicenda del 1946. A quel tempo, per le sequenze del documentario *Cacciatori sottomarini*, Pietro, Renzo, Quintino e io ci eravamo trasferiti a Filicudi, dove avevamo trovato alloggio presso una famiglia di pescatori. Qui c'era una bellissima ragazza della quale ci innamorammo tutti, naturalmente senza neanche osare rivolgerle un'occhiata meno che casta. Questa ragazza si chiamava Maria, aveva ventuno anni ed era in procinto di partire per andare a sposarsi in Australia – matrimonio combinato tra genitori. La ragazza aveva visto il fidanzato soltanto in una fotografia ricevuta appena qualche giorno prima d'imbarcarsi. Quella che andava a sposare uno sconosciuto, in un Paese sconosciuto e in pieno sviluppo di modernità, era una donna che oltretutto non aveva mai visto un cavallo né una ruota né una lampadina.

Questa vicenda – esemplare dei matrimoni a distanza in voga tra i diseredati dell'Italia di allora – compare come elemento fondamentale nel film *Vulcano,* dove le donne sono protagoniste assolute, non solo al lavoro sulle barche da pesca, ma anche, a costo di rimetterci i polmoni, nelle cave di pomice.

Dopo qualche mese, quando la sceneggiatura era ormai a buon punto, il nostro regista fu raggiunto da una innocente, ma galeotta letterina in carta rosa, indirizzata al *Sig. Roberto Rossellini, Roma.* Era firmata da Ingrid Bergman, in quegli anni la più amata stella del cinema mondiale, che, avendo apprezzato *Roma città aperta e Paisà,* manifestava all'autore il suo entusiasmo per il nuovo modo di fare cinema in Italia e la disponibilità a cimentarsi nell'impresa del neorealismo.

Lo stesso Rossellini confermò in un'intervista del 1976 al *Corriere della Sera* il testo esatto della lettera. Ingrid, già premio Oscar, scriveva:

Se avete bisogno di un'attrice svedese che parla bene in inglese, ha dimenticato il suo tedesco, che si esprime in un francese non molto comprensibile e che in italiano sa dire solo: "Ti amo", sono pronta a venire con voi.

Il "sig. Roberto" piantò tutto e tutti, mandando all'aria i nostri programmi, e si precipitò in America.

Seguirono – è cronaca arcinota – il colpo di fulmine per la diva svedese, il crudele abbandono della Magnani e il tradimento alla Panaria con la proposta a Ingrid di girare, proprio alle Eolie, un film che si sarebbe intitolato *Stromboli.*

Rossellini fu molto abile a rubarci l'idea, i tempi e i luoghi. Così noi, ormai impegnati da contratti definitivi e cospicui esborsi sia con la Magnani che con la Artisti Associati Italiana, nostra coproduttrice e distributrice – dovemmo precipitarci a trovare un altro regista. Il prescelto fu l'eccellente William Dieterle, maestro del neorealismo tedesco, invitato a Hollywood alla vigilia del nazismo, e ormai autore negli Stati Uniti di numerosi capolavori. Perseguitato dal maccartismo, colse al volo la nostra proposta di lavoro in Sicilia, tanto più che aveva appena ultimato il suo film *Portrait of Jenny,* con Jennifer Jones. A presentarci fu proprio il marito dell'attrice, David O. Selznick, produttore di indimenticabili pellicole, come *Via col Vento,* e amico di Renzino Avanzo.

Quanto alla sceneggiatura, non sapendo cosa Rossellini

avrebbe inserito nel suo film di quella che aveva elaborato per noi, cercammo di crearci un'autonomia anche letteraria oltre che psicologica, quindi coinvolgemmo altri personaggi come Pietro Tellini, Antonio Pietrangeli e Suso Cecchi D'Amico.

Riuscimmo a trattenere una Magnani ruggente e costosissima (quaranta milioni di lire a quei tempi non erano uno scherzo) e le affiancammo Rossano Brazzi e Geraldine Brooks, un mito e una giovane promessa.

Le due produzioni di *Vulcano* e *Stromboli* iniziarono le riprese quasi in contemporanea e per i circa tre mesi di lavorazione migliaia di curiosi di tutto il mondo arrivarono alle isole per spettegolare, scrivere reportage, intrufolarsi ovunque e in particolare, sul nostro set, nella capanna di giunchi e paglia con la boriosa insegna: UFFICIO STAMPA. Per oltre un anno, dal febbraio 1949 al marzo 1950, tutti i giornali del mondo divulgarono a profusione fatti veri e falsi, commenti, foto segrete o meno. Diventò, insomma, il fatto più clamoroso e scandaloso della storia del cinema, ancor oggi mai più eguagliato.

Contribuirono a surriscaldare il clima già infuocato dalle passioni personali alcuni "disturbatori", come Raimondo Lanza di Trabia e il suo amico Errol Flynn, celebre protagonista dei film di cappa e spada, che con il suo megayatch *Zaca* aveva appena traversato l'Atlantico e girovagava al largo delle Eolie. Qui lo prelevò Raimondo a bordo del sontuoso motoscafo tutto in legno di teak che gli era stato donato da una misteriosa magnate americana. Con Flynn si erano conosciuti nella Spagna della guerra civile, dove l'attore, stufo di indossare i panni del fatuo spadaccino in calzamaglia con cui si era guadagnato soldi, fama mondiale e successo con le donne, si spacciava per giornalista. La proposta di Raimondo di divertirsi a "sconzare i giochi" dei due gruppi rivali arroccati a Vulcano e Stromboli, convinse Errol a rinunciare per un po' alle dosi massicce di vodka e morfina con cui si imbottiva.

Poiché in questi ultimi decenni ho scritto e si è scritto tanto della "guerra dei vulcani" su giornali e riviste, addirittura interi libri, lascio la parola a... me stesso, citando un'intervista che ho rilasciato recentemente a Raimonda Lanza di Trabia, la figlia postuma del mio amico tragicamente scomparso nel 1954. L'episodio da me rievocato compare nel libro *Mi toccherà ballare*[3], da lei pubblicato sul padre.

[...] Appena messo piede a Vulcano, Errol e Raimondo andarono sul set e, non lontano dalla Magnani intenta a mandare a memoria una scena, cominciarono a parlare tra di loro:
«Non c'è che dire, oggi era proprio in forma» esordì a voce alta il primo.
«Bella come non mai» replicò, sicuro di essere udito, l'altro.
«Il sole e l'aria di Sicilia le fanno proprio bene».
«E poi, quella scena madre, l'ha recitata a meraviglia».
Anna drizzò le orecchie. Non le ci volle molto per intuire di chi stessero parlando quei due perdigiorno. Si alzò. Con passo bellicoso puntò dritto verso di loro e li sottopose a interrogatorio di terzo grado. Erano stati a Stromboli? Di cosa parlava il film? Com'era vestita quella lì? Com'era truccata quella lì? Sapeva spiccicare due parole sensate in italiano quella lì? Come stava Roberto? Era pallido? Emaciato? Arrabbiato? Deluso? Pentito? Quel giorno fu impossibile continuare con le riprese, tali e tanti erano i dettagli che Anna voleva conoscere e che Errol e Raimondo inventavano di sana pianta, intuendo d'istinto che cosa bisognava dire per farla uscire dai gangheri. Il giorno appresso, sebbene riemergesse dalla sua stanza con due occhiaie che non lasciavano dubbi su come avesse passato la nottata, Anna raddoppiò l'impegno nella recitazione. Il girato ne risentì positivamente e, nel suo impeto furente, l'attrice trascinò con sé l'intera troupe. Lo scherzo andò avanti per giorni. Errol e Raimondo facevano la spola tra Vulcano e Stromboli, aizzando la competizione e contribuendo – a modo loro – alla riuscita del film [...].

3   R. Lanza di Trabia e O. Casagrande, *Mi toccherà ballare*, Milano, Feltrinelli, 2014.

Nel giugno del 1949 il nostro set si spostò nell'isola di Salina imbarcando persino gli asini addetti al trasporto di persone e attrezzature. Il pur capiente Circolo dei Cacciatori Sottomarini subì quindi l'invasione tumultuosa dell'intera troupe (ottanta persone), che per una quindicina di giorni girò nel piccolo borgo marinaro di Rinella quelle scene, chiamiamole urbane, che non si potevano effettuare a Vulcano. Quell'isola era infatti priva di un qualsiasi centro abitato, a parte le case sparse e per lo più svuotate dall'emigrazione, dove noi ci eravamo temporaneamente insediati. Cosmopolita e variopinta, la nostra carovana comprendeva brillanti personaggi come Vitaliano Brancati, scrittore addetto alla sicilianità del film, Erskine Caldwell, scrittore americano addetto alla versione inglese, Viktor Stoloff sceneggiatore ebreo russo multilingue nato in Uzbekistan e fondatore della televisione egiziana, braccio destro di Dieterle, e infine l'esperto navigatore e bevitore Arthur Oliver. Questi, sbarcato con gli Alleati in Sicilia, aveva sposato mia cugina Fiammetta di Napoli e con lei si era avventurato su un peschereccio da Porticello al Tamigi.

Tra le malignità circolate sul set ce ne fu una particolarmente inquietante che riguardava Flynn: lo si sospettava di essere un agente segreto americano, inviato a spiare prima gli antifranchisti in Spagna e ora il "comunista" Dieterle e i suoi "complici", *noi*!

La sceneggiatura di *Vulcano* prevedeva di girare nel relitto di una nave affondata alcune sequenze da inserire in vari momenti del racconto cinematografico. Donato e Alvaro (gli attori Rossano Brazzi e Cesare Giuffrè), ex componenti dell'equipaggio sopravvissuto, cercavano e ritrovavano nelle viscere della nave una cassa contenente una grossa somma di denaro. Seguiva, sul fondo del mare, un duello mortale tra i due avidi palombari, e il superstite veniva eliminato per asfissia da Maddalena (Anna Magnani) che dalla barca manovrava il marchingegno per l'aria.

Trovammo nelle acque del porto di Messina, dentro un

cratere spento, una nave-cisterna, il *Velino,* centrata da un bombardamento nel 1943. Sarebbe stata anche quella, per noi della Panaria, una "prima volta" rischiosa e avvincente. Non era immaginabile poter effettuare riprese così impegnative lavorando in apnea, come avevo fatto fino allora. Non esistevano sistemi che consentissero lunghe permanenze sott'acqua, se non l'autorespiratore a ciclo chiuso e ad alto rischio, inventato dalla Marina italiana per le incursioni dei nostri mitici uomini Gamma nei porti del nemico; per uso bellico era assolutamente necessario, infatti, che viaggiassero sott'acqua senza offrire alcun segnale in superficie. All'interno di quelle apparecchiature era impiegata la calce sodata che tratteneva l'anidride carbonica dell'espirazione, ripulendo l'aria in modo che potesse essere riutilizzata; ma se, per un qualsiasi motivo, la calce sodata veniva a contatto con l'acqua, scatenava un processo mortale. A parte la pericolosità di questo tipo di autorespiratore, nel nostro caso – a me operatore e alle controfigure degli attori, Quintino e Renzo – non importava che le bolle d'aria affiorassero. Serviva piuttosto qualcosa che ci consentisse assoluta libertà di movimento all'interno del relitto.

Avevamo sentito parlare di una nuova opportunità che i francesi Cousteau e Gagnan intendevano immettere sul mercato, ma era ancora in fase sperimentale, quindi non in vendita: una valvola "miracolosa", denominata *spirotechnique,* che in seguito avrebbe risolto definitivamente il problema.

Così ci inventammo con la Salvas di Genova, il nostro personale sistema di respirazione costante subacquea costituito con parte di quell'autorespiratore a calce sodata, dal quale fu abolita la calce, cui si faceva affluire l'aria da un bombolone di aria compressa sito nella barca d'appoggio. Una persona di piena fiducia teneva letteralmente nelle sue mani la mia vita, regolando in continuazione la pressione dell'aria in rapporto alla profondità in cui mi muovevo. Nel caso specifico il gestore della mia sopravvivenza fu Federico Kechler, ingegnere ed ex ufficiale di Marina, cognato di Renzo Avanzo. Il nostro autorespiratore era stato denominato ARO.

Alle prime immersioni, però, spuntò una difficoltà imprevista e imprevedibile: i due attori che si avvicendavano nelle scene da riprendere sollevavano con i loro movimenti spesso agitati il pulviscolo che, nei sei anni trascorsi, si era posato sulle strutture del relitto, rendendo tutto opaco anche alla distanza di un braccio. La soluzione sembrava facile: aspettare finché la polvere non si riponesse, per replicare il ciak o passare al successivo; ma facile non fu, perché, a quel punto io dovevo risalire, aspettare il tempo necessario e ritornare giù, cosa non possibile poiché la mia vestizione, o meglio il mio addobbo con tutti gli attrezzi, cavi, pinze, piombi, occhialini e altro, durava circa mezz'ora ogni volta. Era, dunque, necessario che restassi giù, e lo feci un paio di volte, ma "attarantavo" di freddo, non essendo protetto da altro che da uno slip di tela, e tremando compromettevo la stabilità della cinepresa.

Con che cosa proteggermi? Consultammo via telefono – dopo un paio di ore di attesa per l'interurbana – il nostro fornitore di Genova. Il rimedio arrivò – s'intende con i tempi della posta isolana: una tuta (il termine "muta" non esisteva ancora) in leggera sfoglia elastica di para che lasciava liberi soltanto testa, mani e piedi. Renzo la provò in una breva immersione e risalì felice: era impermeabile, funzionava.

I guai si manifestarono quando la permanenza sott'acqua divenne più lunga e, a causa dei movimenti, Renzo cominciò a sudare dentro l'aderentissima tuta: la sfoglia di para si appiccicò solidamente al corpo e dovemmo ricorrere a un coltello per liberarlo da quella sorta di prigione. Riuscimmo a concordare ancora con Genova – altre telefonate, altre attese, altri giorni che trascorrevano con lentezza inesorabile – una nuova soluzione: una tuta in tela gommata da palombaro, quella pesante che si gonfia più o meno di aria per stabilizzarsi alla profondità raggiunta. Evitammo di acquistare anche il resto della divisa: gli scarponi corazzati con spessa suola in piombo, l'enorme casco con pettorale in bronzo e i venticinque chili di piombo a guisa di collana. Con la testa, le mani e i piedi liberi, sembrava la soluzione giusta. Ma, non appena io la collaudai sul fondo marino, la tuta si raggrinzì per la pressione, creando delle coste tanto rigide che quasi mi immobilizzarono. Intanto, le riprese a terra si erano concluse da oltre un mese e i montatori, italiano a Roma e americano a New York (avevamo girato una versione in ciascuna lingua) ci aspettavano, e noi eravamo ancora a Messina, con problemi da risolvere.

Avevamo già perso alcune settimane, non potevamo sprecare altro tempo alla ricerca di una nuova tuta. Così, preso dalla disperazione, mi avventai sul negozio di Frette e comprai quella che si rivelò una soluzione felice: un pesante maglione bianco dalle lunghe maniche abbottonato fino al collo e analoghi mutandoni che lasciavano liberi solo i piedi. Si tratta di quella sorta di felpa spessa, aderente al corpo, che i nostri nonni avevano usato, e usavano ancora, durante le gelide notti invernali, nelle case rigorosamente prive di riscaldamento.

Il sistema funzionò. Il perché lo capii molti anni dopo: l'acqua di mare entrava fra le spesse maglie, le inzuppava, vi si fermava, si riscaldava con il calore del corpo e non consentiva l'avvicendamento di altra acqua.

Da quel momento le riprese andarono a gonfie vele: riuscivo, infatti, a rimanere immerso anche quando si alzava il pulviscolo ad aspettare che si diradasse; Pietro controllava con lo specchio dalla barca oppure con la maschera che non mi si imbrogliassero sagole, cime e cavi elettrici e si accertava che non passassero su di me altre imbarcazioni, dato che il porto di Messina già allora era molto trafficato. In pochi giorni completammo le riprese.

L'avventura del *Velino* si valse anche del dito magico di un fotografo del calibro di Fosco Maraini, mio parente acquisito tramite il matrimonio con mia cugina Topazia. Documentò con centinaia di splendide immagini questa prima assoluta di film subacqueo recitato. Fosco, orientalista, scalatore ed etnologo, si era aggregato a noi al suo ritorno dal Giappone, dove l'intera famiglia aveva vissuto in campo di concentramento dolorose esperienze poi rievocate dalla figlia Dacia in alcuni dei suoi libri.

Le sequenze del *Velino* occupano dodici minuti dei novanta di durata di *Vulcano* e fanno ancora un figurone. Le centinaia di scatti da me commissionati a Fosco e regolarmente retribuiti (essere amici o parenti non esime dal ricompensare le prestazioni professionali) costituiscono oggi una parte importante dell'archivio fotocinematografico conservato a villa Valguarnera.

Fu l'ultima volta che i quattro "ragazzi della Panaria" si ritrovarono tutti insieme a lavorare in mare. Ne riporto un ricordo dolcissimo per la fratellanza che si era creata, misto alla malinconia di sapermi l'unico superstite.

Vulcano non ebbe un esordio fortunato. L'anteprima per la stampa nazionale ed estera, organizzata a Roma il 2 febbraio 1950, fu interrotta quattro volte. Prima per misteriosi incidenti nella cabina di proiezione; poi dall'arrivo improvviso di una notizia che svuotò di colpo la sala: Ingrid Bergman aveva appena partorito un figlio di Rossellini, Robertino. Per i giornalisti iniziava la seconda puntata della clamorosa love-story nata durante la "guerra dei vulcani". Per il film *Stromboli* fu tutta inattesa pubblicità. E noi, che eravamo stati plagiati, fummo accusati... di plagio.

La Panaria internazionale
sogna Cinecittà in Sicilia

Per una di quelle imprevedibili concatenazioni di cause ed effetti che talora accadono nella vita, noi quattro giovani reduci dell'infame guerra '40-'45 ci trovammo fiondati quasi senza accorgercene nel grande cinema internazionale; per di più, partendo da quel nuovo modo di fare cinema inventato in Italia, il neorealismo, che aveva sorpreso il mondo. In realtà, aveva colto di sorpresa soprattutto l'industria cinematografica americana, che già dominava in tutti i mercati con i suoi film bruttini, belli, bellissimi, quasi tutti programmati per essere realizzati all'interno dei teatri di posa di Hollywood, come si conviene a una grande industria che non vuole e non può correre grandi azzardi.

Il solito geniaccio italiano si rivelò, come sempre nella storia del nostro Paese, capace di trasformare una situazione disastrosa e apparentemente irrecuperabile in un grande vantaggio.

Tutte le realtà delle produzioni cinematografiche italiane erano state distrutte dalla guerra: da Cinecittà saccheggiata delle sue attrezzature, all'Istituto Luce, il cui immenso archivio di materiale di cronaca e attualità del *Giornale Luce* era stato disperso dall'avvicendarsi dei diversi poteri politici e militari e in gran parte trasferito a Venezia e al Centro sperimentale di Cinematografia di Roma, orfano di docenti e allievi. Erano queste le imponenti istituzioni create dal fascismo per affermare uno dei noti slogan del regime: «Il cinema è l'arma più forte».

Le macerie materiali, umane e psicologiche erano ancora fumanti, i quattrini latitavano, la voglia di creare spettacoli di intrattenimento era ancora tenue dopo quelli veri e orridi che gli italiani avevano vissuto sulle loro carni o sulle pagine grondanti sangue dei pochi fogli dei pochissimi giornali che allora si riuscivano a pubblicare.

Eppure, quel mondo all'apparenza senza speranza fornì spunti di alta drammaticità e di grande tristezza sociale, che stimolarono la realizzazione di film come *Roma città aperta* o *Ladri di biciclette*. I due geniacci Roberto Rossellini e Vittorio De Sica erano riusciti a inventare un nuovo, grande cinema. Si inventarono persino gli attori, che andavano a reperire sulle strade perché non c'era sufficiente denaro per pagare quelli professionisti, d'altronde per lo più scomparsi.

Sopra ogni cosa, c'era in tutti l'anelito di ricominciare a vivere col creare, creare. Creare che cosa? Tutto!

Anche noi della Panaria Film, moscerini cinematografici, fummo travolti dalla frenesia creativa.

Tutte le volte che ho presentato il nostro documentario primogenito *Cacciatori sottomarini* al pubblico più disparato, da Los Angeles a Cipro, da New York a Bordeaux, da Atene a Bologna, ho sempre sottolineato che erano le prime immagini cinematografiche professionali al mondo riprese in mare aperto. Mai nessuno mi ha dimostrato il contrario. Questo primo documentario, lanciato al Festival di Cannes nel 1947, e gli altri che realizzammo subito dopo (*Tonnara*, Festival di Edimburgo 1948, *Tra Scilla e Cariddi*, Gran Prix al Festival di Bruxelles 1949) ci proiettarono nel grande giro del cinema internazionale. Un contributo alla notorietà venne anche dall'*Opera dei Pupi*, con l'estrosa regia dello svizzero Frederic Maeder, unico documento che testimonia i tempi in cui quell'arte era uno spettacolo esclusivamente popolare; né posso dimenticare *Fontane di Roma* in Technicolor sul poema sinfonico di Ottorino Respighi, che negli anni '50 fu candidato all'Oscar per la categoria Documentari.

La piccola Panaria che aveva mosso i suoi primi passi umilmente, senza sogni di gloria né appetiti di ricchezza, ma soltanto per abbeverare – sia pure con acqua salata – la sete di conoscenza propria e della gente, con il suo primo lungometraggio *Vulcano* era divenuta protagonista, senza volerlo, del più clamoroso scandalo della storia del cinema di tutti i tempi. La cosidetta "guerra dei vulcani" aveva trascinato la Panaria Film dai pesciolini guizzanti nel mare terso e trasparente delle isole Eolie fin sulle pagine serie o pettegole dei giornali di tutto il mondo.

Ancora oggi, dopo sessant'anni da quel turbinoso battesimo internazionale, gli echi non si sono estinti e gli innumerevoli articoli dei giornali di allora, che ho puntigliosamente conservato, e le migliaia di fotografie di quei luoghi, persone ed emozioni raccontano un passato ormai mitico e provocano ancora, in chi li scorre, sorpresa ed emozioni, e forse anche un po' di nostalgia dei tempi in cui noi tutti eravamo più "innocenti".

Per rievocare nell'ordine tutti i film che la Panaria realizzò dopo *Vulcano*, preferisco lasciare la parola a Franco La Magna, studioso di cinema che ne ha stilato un ragionato elenco:

[...] Tra i "gioielli" prodotti dalla Panaria balza tra tutti *La Carrozza d'oro* (1952) del grande Jean Renoir, coproduzione italofrancese girata in Technicolor, che originariamente avrebbe dovuto dirigere Luchino Visconti, licenziato in tronco dallo stesso Alliata per l'eccessivo dispendio di denaro durante i sopralluoghi (altro motivo di esecrazione da parte dell'intero ambiente cinematografico italiano, che non perdonò mai al principe produttore la "mortale" offesa al regista milanese). Coloratissimo epilogo dell'italiana commedia dell'arte, *La Carrozza d'oro* mixa con gusto realtà e finzione e mette in campo un'isolata Anna Magnani (qui nei panni della primadonna di una compagnia di guitti girovaghi, di cui s'invaghiscono tre uomini) e Odoardo Spadaro. Per recuperare parte delle spese durante la lavorazione del film, la sera e la notte le stesse scenografie venivano utilizzate per girare contestualmente altri due film a basso costo: *Il segreto delle tre punte* (1952), regia di Carlo Ludovico Bragaglia, un film d'ambientazione risorgimentale tra cospirazioni borboniche e passioni amorose, con Massimo Girotti, Tamara Less e Umberto Spadaro, e l'avventuroso cappa e spada *A fil di spada* (1952), sempre di Bragaglia, ambientato in una colonia spagnola angariata da un piccolo dittatore, con Nando Bruno, Franca Marzi, Doris Duranti. Entrambi decorosi prodotti "artigianali", ancor oggi godibilissimi. *Sesto continente* (1953), del giovanissimo esordiente Folco Quilici (sulla flora e fauna sottomarina del mar Rosso) è l'ultima produzione della Panaria.

Tenacemente Alliata e Moncada fondano allora la AL.MO Film (acronimo dei due cognomi) che genera due lungometraggi (oggi assommati alla produzione della stessa Panaria): la commedia *Vacanze d'amore* (1954) di Jean-Paul Le Chanois, con (per ricordare solo gli attori italiani) Umberto Spadaro, Giovanni Grasso jr., Walter Chiari, Delia Scala, Lucia Bosè, e nei panni di un carrettiere, Domenico Modugno (lanciato proprio da questo film), uno dei primissimi film a colori italiani (in Ferraniacolor). Sceneggiatori d'eccezione (oltre allo stesso regista) Vitaliano Brancati e Vittorio De Seta. L'anno dopo appare *Agguato sul mare* (1955) di Pino Mercanti, prodotto per la Delta Film da Francesco Alliata, con audaci riprese aeree dell'Etna realizzate da uno "Stukas" tedesco noleggiato alla bisogna.

Ispirato alla leggenda di Glauco e Scilla, il drammatico *Agguato sul mare* mutua un linguaggio verghiano con qualche debito ai *peplum*, i film storico-mitologici (in particolare la sequenza di Glauco nella "grotta" di Circe). Interpreti Ettore Manni (il pescatore Glauco), Maria Frau (Scilla), Nadia Grey (Circe), Gino Sininberghi e Gino Buzzanca (zio del più noto Lando), fu il primo film girato in Cinemascope in Europa.

Nel '56 l'ennesima crisi del cinema, gli incredibili sperperi (la Magnani aveva preso quaranta milioni per *Vulcano* e sessanta per *La Carrozza d'oro*, cifre da capogiro per il tempo) cui c'è da aggiungere il devastante incendio dello stabilimento Minerva di Mosco e Potsios (il maggior distributore italiano) e una serie di altre concause, determinano la caduta produttiva e la conseguente scomparsa dell'attività della casa di produzione palermitana. Alliata considera conclusa "l'azione di divulgazione", abbandonando (per usare, ancora, le sue stesse parole) "in magazzini, agenzie cinematografiche e laboratori di sviluppo e stampa le apparecchiature, i negativi e le copie, il materiale pubblicitario, le fotografie e le raccolte stampa.

Dopo una lunga fase d'oblio, a partire dagli anni Ottanta la Panaria Film è al centro di uno straordinario recupero culturale: libri, articoli, saggi, tesi di laurea, documentari e finalmente l'interesse di molte istituzioni (il Centro Eoliano di ricerca, la Regione Sicilia e perfino il Tribeca Film Festival di De Niro, dove Alliata è stato ospite, e molti altri Festival) ne hanno ampiamente riconosciuto ed esaltato il valore storico, produttivo ed etno-antropologico, ravvisandone nei fatti il più importante tentativo di decentramento produttivo cinematografico compiuto nell'isola nel secondo dopoguerra, con progetti di respiro internazionale stroncati, purtroppo, proprio al compimento del decimo anno di vita [...]

Prima di rievocare la tormentata gestazione della *Carrozza d'oro* (i tormenti me li diede Luchino Visconti), vorrei raccontare il grande sogno che Pietro e io avevamo accarezzato sin dal 1946.

Fin dall'inizio della nostra attività produttiva, avevamo il desiderio di far nascere una seria industria cinematografica nell'Isola. Già allora la Sicilia ospitava numerose troupe che si servivano di scenari e monumenti e, appena finito il lavoro, se ne ripartivano, senza che ne derivasse alcun ritorno economico, turistico e culturale per l'Isola. Un comportamento da rapina, a nostro parere (e ancora oggi non è cambiato molto). Fu nel 1952 – quando fummo costretti a dirottare su Cinecittà l'intera lavorazione della *Carrozza d'oro*, soggetto che avevamo invece scelto proprio per esaltare il barocco siciliano – che decidemmo di mettere in pratica il nostro sogno: incaricammo l'architetto Claudio Dall'Olio di Roma, specialista del settore, di studiare e mettere su carta il progetto tecnico per la costruzione di uno stabilimento per la produzione, dove si potesse entrare con la sola idea – o tutt'al più la sceneggiatura – e uscire con il film sottobraccio.

Operavamo in sintonia con il Banco di Sicilia che, in quel periodo di fulgore del cinema italiano, voleva puntare sull'allora colossale business. Il presidente Capuano e il direttore generale La Barbera ambivano a ottenere dallo Stato l'autorizzazione ad aprire una Sezione di Credito Cinematografico. La sola esistente nel Paese era infatti presso la Banca Nazionale del Lavoro, gestita con pugno di ferro (verso i produttori) dal mitico commendatore La Guardia. Io ero determinato a far modernizzare il sistema di finanziamento dei film, che in Italia era trogloditico. Il Banco incaricò, dunque, gli attivissimi Perricone e Pottino, soprannominati da noi "i furetti" malgrado le loro corpose dimensioni, di darci una mano a organizzare a Roma riunioni, conferenze stampa e convegni. Una collaborazione sfociata nei 250 milioni di lire (sui 600 di costo complessivo) di finanziamento concesso alla Panaria nel 1951, alle stesse condizioni della Banca del Lavoro, per la produzione della *Carrozza d'oro*. Cifra puntualmente restituita.

Organizzammo anche, su richiesta del direttore generale della Technicolor Kay Harrison, un viaggio in Sicilia per il presidente Herbert Kalmus, inventore nel 1920 dell'unico sistema di colorazione della pellicola cinematografica, e sua moglie Nathalie, vicepresidente del colosso americano, che in coda ai titoli dei film pretendeva la scritta: "Con la supervisione di Nathalie Kalmus", prendendo così ogni volta una royalty. Ci conoscevamo sin dal 1950 i Kalmus e io, essendo stato *La Carrozza d'oro* il primo film europeo prodotto con il loro sistema, che dava ottimi risultati, ma esigeva tecnologia e attrezzature molto complesse e macchinose (la cinepresa, costituita da tre camere, pesava ottantasette chili), che noi importammo apposta dagli Stati Uniti. I Kalmus partirono tanto entusiasti e convinti delle potenzialità cinematografiche dell'Isola da assicurarci, in una lettera del 20 agosto 1952, il massimo interesse per la nostra iniziativa e la loro disponibilità a investire nella realizzazione di uno stabilimento di sviluppo e stampa per Italia e Mediterraneo, proprio in Sicilia.

Alla fine del 1953, scoprimmo una silente e vasta costruzione nata cento anni prima per la produzione del vino

Zucco, dalle uve del vicino e omonimo feudo di seimila ettari di proprietà degli Orleans, duchi d'Aumale. Acquistato nel 1923 dai Mantegna, principi di Gangi, quell'edificio era da tempo malinconicamente vuoto e senza vita. Un solitario gigante alle porte di Terrasini che ci dette l'impressione di chiedere aiuto per la sua sopravvivenza. Ci conquistò per la suggestione del sito e per quella sua imponenza che si confrontava alla pari con l'imponenza del mare blu che muggiva sotto la scogliera.

Un punto critico era il collegamento con Palermo tramite l'antica Nazionale che si intrecciava così intensamente con la linea ferroviaria da creare una dozzina di passaggi a livello tra la città e l'aeroporto di Punta Raisi da poco in servizio. I grandi spazi liberi tutto attorno, però, potevano essere sfruttati per costruzioni accessorie e riprese in esterno. La sconfinata corte interna, il cosiddetto "baglio", si prestava alla costruzione di set per le riprese di interni-esterni, e i pianterreni che per decenni avevano ospitato le colossali botti in legno sarebbero serviti alle innumerevoli attività connesse: laboratori di sviluppo e stampa, studi di registrazione e di montaggio, magazzini di arredi, mezzi mobili, costumi e attrezzi, spogliatoi per le masse, camerini per attori, registi e tecnici, stanzoni per l'allestimento delle scenografie. Insomma, una vera piccola cinecittà dotata di centrali elettrica, idrica, di condizionamento e riscaldamento, di celle a temperatura refrigerata per la conservazione delle pellicole e persino di un pronto soccorso con servizi sanitari di base.

Ci mettemmo subito al lavoro per fare, della Sicilia, la Hollywood d'Italia. Il nostro carissimo amico architetto Marcello Zanca predispose già nel marzo 1954 un progetto quasi definitivo, che completammo con i preventivi per attrezzature, servizi e arredi (ammontavano a un miliardo di lire) e con un business-plan.

Erano passati due anni dall'avvio del progetto e avevamo avuto la fortuna di convincere della sua importanza l'onorevole Occhipinti, deputato regionale, col quale avevamo elaborato il testo di un disegno di legge per promuovere l'industria del cinema, presentato nel 1953, annegato dopo poco e ripresentato nel settembre del 1955, corredato da una corposa e convincente relazione e dalle dichiarazioni favorevoli dei principali esponenti istituzionali e operativi del cinema nazionale. Oltre che da produttori, registi e dal sindacato delle maestranze del cinema, eravamo appoggiati da Eitel Monaco, presidente dell'Associazione Nazionale Industria Cinematografica e Affini (ANICA), da Goffredo Lombardo, presidente dell'Unione Nazionale Produttori e dell'Unione Nazionale Stabilimenti Cinematografici, e persino dall'avvocato Ercole Graziadei, a capo del più importante studio legale per la cinematografia in Italia.

La legge prevedeva che, chi si fosse impegnato a realizzare almeno il settanta per cento del film in Sicilia e a utilizzare maestranze locali per i tre quarti dello stesso, poteva ottenere un cospicuo finanziamento a tasso agevolato presentando a garanzia una polizza di *completion bond*, strumento assicurativo che, inventato nei primi del Novecento dal celebre banchiere Amadeo Giannini, l'oriundo italiano che aveva fondato la Bank of America. Tale garanzia di completamento del film veniva rilasciata da una compagnia di assicurazioni affidabile, dopo che questa aveva accuratamente esaminato il progetto di produzione sotto tutti i punti di vista.

Il sistema del *completion bond* non esisteva in Italia, perché mancavano sia l'apposita legge che le compagnie di assicurazioni competenti in materia. Ci rivolgemmo quindi ai famosi Lloyd's di Londra, con i quali avevamo assicurato i rischi di produzione della *Carrozza d'oro*, che ci garantirono la loro fattiva partecipazione a legge approvata.

Insomma, grazie alla nostra esperienza internazionale avevamo elaborato un meccanismo che potesse assicurare, con modesti e ripartiti rischi per ciascuno dei componenti la produzione, la possibilità per il produttore di concentrarsi sulla realizzazione del film e non sulla permanente angosciosa ricerca di denaro. Tale meccanismo, sconosciuto in Italia, era invece la chiave del successo della potentissima industria cinematografica americana. Fu presto evidente, però, che noi italiani dagli americani copiavamo soprattutto il peggio.

Il progetto di legge quadro del cinema siciliano andò in aula con svogliatezza; i governi si succedettero con cadenze serrate senza che nessuno, oltre l'onorevole Occhipinti, lo facesse proprio; di contro la Banca Nazionale del Lavoro riuscì a difendere senza grandi opposizioni del Banco di Sicilia la propria esclusiva. Finì che la Technicolor, che avevamo tenuto in caldo per tanto tempo, si costruì davvero il suo stabilimento in Italia: ma a Roma.

L'ultimo documento, in ordine di tempo, del nostro corposo dossier "Cinecittà di Sicilia" è una lettera del 14 maggio 1956, su carta intestata del Comitato Regionale per lo sviluppo dell'industria cinematografica in Sicilia, che descrive con fredda chiarezza, addolcita solo da convenzionali auspici, una situazione confusa e ingessata, per la quale avevamo impegnato a vuoto quattro anni di energia e tanto denaro, nostri. Era stato uno "zappare all'acqua", come avrebbe detto l'abate Meli.

Avevamo creduto che la qualità e la serietà di un progetto destinato a valorizzare la Sicilia fosse sufficiente a creare entusiasmo e determinazione da parte di chi aveva in mano le leve del potere. Nonostante il fallimento, Pietro e io continuammo a crederci e a cercare di esaltare le inesplorate qualità di una terra impoverita dalle occasioni perdute, quasi fosse soffocata da un incantesimo. L'incantesimo finora non si è spezzato. I voti, non i contenuti, muovono il potere. Noi non eravamo in grado di offrirne, se non quelli della sparuta schiera delle maestranze e dei pochi volenterosi registi siciliani. A ciò si aggiungeva la stigma di essere, Pietro Moncada e io, degli aristocratici, anche se il nostro modo di esserlo era considerato "fuori natura" nell'ambiente, quello sì gattopardesco, in cui eravamo nati e cresciuti.

Quando cacciai Visconti
dalla *Carrozza d'oro*

Nel 1950 vi furono due scelte possibili per un nuovo film Panaria che coinvolgesse Anna Magnani, dopo l'esperienza esaltante di *Vulcano*: la *Lisistrata* di Aristofane e *La Carrozza del Santo Sacramento* di Prosper Mérimée, una commedia piaciuta tanto a Thornton Wilder da riesumarla un secolo dopo nel suo best seller *Il ponte di San Luis Rey*. Lisistrata, protagonista del primo striptease dell'antichità, fu scartata subito perché all'epoca imperava il puritanesimo democristiano: in quegli anni della neonata televisione, quando le ballerine apparivano sul piccolo schermo, erano costrette a indossare mutandoni lunghi fino al ginocchio e qui fissati con una cordicella che provocava un buffo rigonfiamento a palloncino. Un effetto di un ridicolo senza limiti.

Certo anche il personaggio della Périchole, creato da Mérimée nel 1825, aveva i suoi aspetti scabrosi, ma si attagliava perfettamente alla natura istintiva, esuberante, egocentrica e generosa della nostra maggiore star del cinema. Valeva, dunque, la pena di sfidare i moralisti.

Périchole era la traduzione francese di *perra chola*, ovvero la donna al di là del fiume, luogo dove si radunavano le prostitute nel Perù del 1700. Il soprannome era stato affibbiato a un'attrice, Camilla, piuttosto di manica larga nel concedersi ai suoi ammiratori e a quanti le consentissero la scalata sociale a Corte.

In primo luogo dovevamo trovare per Camilla una carrozza del XVII secolo sontuosissima, perché era attorno al suo splendore, al suo luccichìo, alle sue pitture, ai suoi giochi di intagli, al suo oro, alla sua imponenza che ruotava tutta la storia del film. Tanto più importante, questo oggetto della cupidigia generale, in quanto unico esemplare magnificante l'opulenza della madre patria, l'Europa, in un Paese povero, anche se ricco di oro come la terra degli Inca. Dove trovare una carrozza con quelle caratteristiche? Era stata una nostra imperdonabile leggerezza avere messo in moto la macchina della produzione, oramai inarrestabile, senza avere prima individuato la soluzione a questo problema. Noi quattro della Panaria insieme all'organizzatore generale, il poliedrico Valentino Brosio, e al direttore di produzione Giuseppe Bordogni, affrontammo l'ostica gatta da pelare compulsando annuari e cataloghi e contattando musei delle Carrozze, indifferenti o addirittura ostili alle nostre richieste. Proprio quando eravamo giunti all'acme della preoccupazione, Pietro Moncada mi propose di andare a esplorare un immenso magazzino a piano terra del palazzo Butera che in parte apparteneva a sua madre. Lui, da ragazzo, vi era penetrato, mantenendo il ricordo di una enorme quantità di "cose", ricoperte da uno spesso manto di polvere.

Ci facemmo largo tra le secolari fuliggini, scavalcando divani, seggioloni, casse, carrozzine per bambini, lampioni a olio e petrolio in disuso, spostando cornici, specchiere, tele dipinte ormai lacere, giganteschi mucchi di vecchie tende. A ogni passo, a ogni tocco si sprigionava una nuvola di polvere che annebbiava l'ambiente limitando a qualche palmo l'orizzonte visibile. In prossimità del fondo dell'antro cominciarono le "trovature".

Per prima una carrozza, dall'originario colore nero, molto simile a quelle da nolo che ancora circolano a Palermo, ma non aveva le stanghe per attaccare il cavallo né la cassetta per il cocchiere; davanti al sedile per due passeggeri aveva sulla destra una barra verticale dal vago aspetto di un timone, sulla paratia anteriore era applicato uno strano aggeggio metallico a lamelle, nero e piuttosto grande e – scoperta delle scoperte – applicato sull'assale delle ruote posteriori e fissato al dorso della carrozza, un motore collegato con catene di trasmissione alle ruote (l'aggeggio anteriore era il radiatore per il raffreddamento del motore).

Quel mostro di ermafroditismo tecnologico era una carrozza semovente, ovvero una delle primitive automobili. Mi venne in mente quella legge inglese che aveva prescritto che ciascuno di quei "mezzi veloci" dovesse essere preceduto da un uomo con bandiera rossa e fischietto che, a piedi, aveva il compito di fare scansare la folla. Erano passati allora soltanto sessant'anni dall'apparizione di quei mostri e già avevamo i bolidi che scorrazzavano a cento e più all'ora per le nostre strade durante il Giro di Sicilia, organizzato proprio da Raimondo Lanza, brillante epigono dei principi di Trabia e di Butera, che viveva in quel palazzo.

Ripresi con Pietro l'avanzata nel groviglio e scoprimmo lo scheletro di una bella carrozza ottocentesca, ma non era quel che ci serviva. Infine, all'angolo estremo del magazzino, seminascosti da pannelli di vecchio legno tarlato e ricoperti da tappezzeria macera, ecco una serie di pezzi vari, disordinatamente sparsi a terra, che dovevano comporre una carrozza ancora più antica. Sbucavano qua e là volute barocche di legno mezzo marcito da cui si sprigionavano bagliori dorati. C'erano anche i raggi in legno di un'immensa ruota sgangherata. Poi una ruota più piccola che mostrava meglio gli intagli e le dorature. La cassa della carrozza era incrostata di polvere addensata dall'umidità. Bastò grattarne via un po' per fare apparire la testa aurea di un angelo. "Scrafuliammo" freneticamente, come cercatori d'oro clandestini in una miniera abbandonata, e apparve, adagiato per terra a qualche metro di distanza, il massiccio telaio metallico – oggi lo chiameremmo *chassis* – con i cinghioni di cuoio che per fortuna si erano mantenuti integri e almeno questi non ebbero bisogno di interventi.

Eravamo al tempo stesso entusiasti per la scoperta e disperati per il dissesto in cui il relitto si trovava. Si sarebbero mai potuti riassemblare tutti quei resti?

Prima di tutto, contrattai la combinazione con l'allora

amministratore di casa Trabia, l'avvocato Vito Guarrasi, lo stesso che aveva presenziato insieme a Galvano Lanza, fratello di Raimondo, alla firma dell'armistizio di Cassibile e che sarebbe diventato nel bene e nel male uno degli indiscussi protagonisti della Sicilia del dopoguerra. Stabilimmo e codificammo in una scrittura ufficiale che l'amministrazione Trabia ci avrebbe consentito l'utilizzo gratuito della "carrozza" (bel coraggio chiamarla così!) per la durata di realizzazione del film. Noi, Panaria Film, ci assumevamo tutte le spese di restauro e ci impegnavamo, una volta concluse le riprese, a restituirla in perfetto stato. L'amministrazione si impegnava a collocarla in un museo cittadino – si ipotizzò il museo Pitrè, dove già si trovavano alcune "normali" carrozze del Senato palermitano – oppure all'ingresso di palazzo delle Aquile, sede del Sindaco.

Mettemmo insieme, per il restauro, una squadra efficientissima di artigiani, coordinati dal nostro giovane amico Michele Silvestri, conoscitore d'arte e meticoloso osservatore della qualità del lavoro. Il restauro ebbe luogo in un altro magazzino di palazzo Butera, molto più piccolo ma senza polvere.

Ricordo anche i nomi dei tre valentissimi esecutori principali del restauro, artigiani appassionati e fieri del loro mestiere che misero in mostra con orgoglio i tanti piccoli particolari che riuscirono a ricollocare con la loro abilità, esperienza e, spesso, anche con le astuzie ricevute in dote dai loro padri e maestri. L'intagliatore in legno Sciacca ricreò con pazienza certosina gli svolazzi, le volute, gli sbalzi e le fantasiose propaggini barocche che arricchivano la cassa, la cassetta e persino le ruote; l'indoratore Rocchieri, allampanato, occhialuto e sempre beato nel distribuire oro, ricoprì di fogliette auree tutto il lavoro di Sciacca, pressandole delicatamente con un tampone morbido; infine il Maestro Dixitdomino, allievo di Ettore De Maria Bergler poi divenuto direttore dell'Accademia di Belle Arti di Palermo, ricostruì con i toni morbidi e mistici le numerose pitture che rivestivano l'intera cassa e le decorazioni dei raggi delle ruote. Purtroppo non ricordo il nome dell'altrettanto valente tappezziere che riuscì a recuperare molta parte del ricamo in argento che ricopriva sia i cuscini sia che l'interno della cassa riapplicandolo al nuovo velluto rosso fuoco.

Quando fu collocata al culmine del tettuccio della cassa la trionfante pigna sapientemente ricostruita da Sciacca e indorata da Rocchieri, si presentò ai nostri occhi quel miracolo di sontuosità ed eleganza che avevamo desiderato per la co-protagonista del nostro film. Michele, pago della riuscita della sua missione di coordinatore dei lavori, posò trionfante davanti alla "sua" carrozza, e io lo effigiai in una, per noi memorabile, foto.

La carrozza d'oro del principe di Butera, Primo pari del Regno di Sicilia, quella con cui si apriva nella pompa il corteo dei centoventi Pari per l'inaugurazione del più antico Parlamento del mondo, assolse egregiamente il suo ruolo alla corte del viceré del Perù, sia pure una corte di celluloide. Arrivò persino a sfilare al Lido di Venezia, tirata da quattro bianchi destrieri, per accompagnare Camilla (Anna Magnani) in costume da Colombina, fino alla soglia del palazzo del Cinema, per il Festival del 1952. Jean Renoir aveva realizzato un capolavoro, e Nannarella ne era stata una superba interprete.

Nel film, la carrozza non appare molto ma, dalle primissime immagini fino alle ultime, è sempre presente nelle parole e nei pensieri di tutti, oggetto di desideri più o meno legittimi, ma anche di scontri, ricatti e calcolati svenimenti.

Alla fine del 1952 la restituimmo nella sua nuova rilucente condizione all'amministrazione Trabia che, invece di esporla in un museo cittadino, così come stabilito per contratto, la relegò in una delle antiche caverne di tufo nate come cave di pietra della città, nel parco di villa Trabia a Terrerosse. Non era all'aperto ma quasi. Ebbi occasione di vederla di tanto in tanto, mentre appassiva in malinconica solitudine, fino a quando, nel 1968, dopo sedici anni di purgatorio, il Parlamento siciliano molto opportunamente la comprò: un onore a se stesso e alla carrozza acquisirla a quella istituzione per cui era nata nel 1766. Oggi è esposta con molta cura ai piedi dello scalone d'onore del palazzo Reale, sede del Parlamento attuale, purtroppo senza il pedigree della sua piccola, grande storia, pur rievocata in una recente affollata mostra organizzata dal FAI con il presidente dell'ARS.

La Carrozza d'oro fu il primo film in costume della Panaria. Sarebbe stato anche il primo a colori girato in Europa, ma il record ci fu soffiato da *Totò a colori* a causa del comportamento vergognoso, ripeto vergognoso, di Luchino Visconti che ci fece perdere un anno in attesa del ciak iniziale. Dei seicento milioni di lire che spendemmo per il film, cifra sbalorditiva, centoquaranta ce li fece buttare a mare lavorando, o meglio *non* lavorando, ma producendo soltanto... provocazioni.

Luchino Visconti era un personaggio perverso, eppure veniva considerato un alfiere del comunismo in Italia (infatti, la sua salma fu esposta con tutti gli onori a Botteghe Oscure, storica sede del PCI). Discendeva da una grandissima famiglia, faceva il gran signore – non ne ho mai visto alcuno vivere in tanto lusso – e a Roma abitava in via Salaria, nella villa paterna colma di tesori, fra questi le porcellane meravigliose di casa Visconti, ma trattava i camerieri, che abbigliava in alamari d'oro e polpe, alla guisa di sporchi vermi. Un controsenso che mi indignava.

L'idea di coinvolgere Luchino nel nostro film era sembrata naturale a Renzo Avanzo, marito di Uberta, sorella del regista. Io ero contrario a quella scelta, perché lui aveva fatto un solo film di successo, *Ossessione* (dove l'attrice Clara Calamai aveva mostrato sullo schermo il suo bellissimo seno senza veli). Successo che, mi avevano detto, il regista temeva di non riuscire a replicare con un nuovo film.

C'era inoltre già stato un episodio che confermava i miei timori sull'affidabilità di Luchino: aveva accettato una proposta per un film finanziato da Alfredo Guarini, il marito di Isa Miranda, ma a sceneggiatura completata, o forse addirittura durante la lavorazione, Visconti aveva annunciato freddamente al produttore: «Sai che ti dico? Il film non lo faccio». Al povero Guarini venne un accidente.

Ero, dunque, terrorizzato al pensiero di fare la fine di Guarini, ma Renzo Avanzo, che aveva una capacità di convinzione straordinaria, mi disse: «Stai tranquillo, ci sarò io alle calcagna di Luchino, lo seguirò, lo farò lavorare». Dietro tanta insistenza mi convinsi e infatti nel contratto di regia con Visconti scrivemmo con precisione che la produzione delegava come suo rappresentante e garante nelle fasi di preparazione e realizzazione del film il signor Renzo Avanzo.

Dopo tre giorni, o forse una settimana, però, Visconti mi disse: «Io quel rompiscatole non lo voglio in mezzo ai piedi».

«Come? Tu devi a Renzino se fai questo film, e lo tratti così?» replicai.

Per tutta risposta minacciò di piantarci in asso, e capitolammo. Avanzo rinunciò al suo ruolo di sorvegliante. E qui cominciarono i guai. Visconti si circondò di tutti quelli che secondo lui potevano dargli una mano, tutti: da Moravia a Tellini a Suso Cecchi D'Amico, da Antonio Pietrangeli a Mario Chiari all'amico, diciamo del cuore, Franco Zeffirelli. Ricordo di aver pagato circa quattordici collaboratori alla sceneggiatura e di aver portato di persona più di un assegno a casa di Alberto Moravia. Ho speso una quantità infinita di denaro in quell'anno di sofferenze causate da quel despota scatenato. Visconti a quell'epoca era all'apice della sua gloria, non per il cinema, ma per il teatro, perché per diversi anni, pagando di tasca sua credo, rappresentò al teatro Eliseo una serie di drammi di grande richiamo, da *Un tram che si chiama Desiderio* a *La gatta sul tetto che scotta*. Erano lavori raffinatissimi, senza dubbio di grandissima qualità, ma, se non gli si procurava una stoffa antica o un quadro d'autore d'epoca, Visconti non andava in scena. Era lo spauracchio di chi lavorava con lui.

213

Tornando alla sceneggiatura del mio film, quella riduzione che riuscii a strappargli dalle mani dopo aver petulato e pressato, la presentai subito al direttore generale per lo Spettacolo, avvocato Nicola de Pirro che, come me, restò inorridito: con il suo nutrito gruppo di collaboratori Visconti aveva trasformato quella che era una commedia scanzonata in un atto di accusa volgare alla Chiesa cattolica. La vicenda era stata inquadrata nell'ambito dell'Inquisizione e condita da incendi di numerose chiese. C'era poi la scena della protagonista in camicia da notte con un foro all'altezza dell'organo sessuale sormontato dalla scritta: «Non lo fo per amor mio, ma per dar dei figli a Dio».

L'avvocato de Pirro mi disse: «Poiché non esiste più la censura nel nostro Paese, ognuno può fare quello che crede. Tu puoi fare quello che credi». Mi dava del tu perché era stato nel '39 il presidente della giuria degli ultimi Littoriali del Cinema ai quali avevo partecipato da studente e mi aveva preso a benvolere. A partire dall'8 aprile 1948 era stato "recuperato formalmente allo Stato" da Giulio Andreotti che intendeva avvalersi della sua competenza nel cinema per sopperire alla propria confessata ignoranza in fatto di spettacolo. Andreotti era allora sottosegretario alla Presidenza del Consiglio e responsabile governativo in materia cinematografica. De Pirro mi congedò aggiungendo: «Tu puoi fare quello che vuoi, ma ti assicuro che avrai tante di quelle grane, tanti di quei problemi che non so per quanti anni avrai gatte da pelare».

Portai, allora, la sceneggiatura al capo del Centro Cattolico Cinematografico, monsignor Albino Galletto, il quale, essendo di mente piuttosto aperta, sentenziò sibillino: «Tutto si può dire, tutto si può fare. C'è sempre un modo giusto».

A questo punto capii che dovevo parlarne con Visconti e chiedergli di rifare la sceneggiatura, ma si inalberò, urlando come un forsennato e rifiutando di rimetterci mano.

Fui preso dalla disperazione, sentivo una responsabilità

immensa di fronte ai miei ragazzi della Panaria e ai soci finanziatori per il tempo e il denaro già perduti. Non sapevo cosa fare. Passeggiavo avanti e indietro tutta la notte nella mia camera da letto di via Giulio Caccini in attesa che mi venisse un'idea.

L'idea si concretizzò con l'arrivo a Roma di una troupe americana che doveva girare *Quo Vadis?* Non so come riuscii ad agganciare l'autore del soggetto e sceneggiatore Hugh Gray e lo incaricai di scrivere, se possibile a velocità supersonica, la sceneggiatura della *Carrozza d'oro*. Gray, santo, impiegò pochissimo, circa un mese, lavorando a tempo di record. È ovvio che lo pagammo profumatamente.

Chiamai Visconti per sottoporgli la nuova sceneggiatura, nonostante fossi ormai al corrente di quanto lui si fosse divertito alle mie spalle. In quei mesi trascorsi a vuoto per *La Carrozza d'oro*, Visconti aveva messo in scena all'Eliseo *Morte di un commesso viaggiatore*, o forse un altro dramma, non ricordo bene, e – cosa assai più grave – aveva girato (a nostre spese) un suo film, *Bellissima*, con la "nostra" Anna Magnani. Lei d'altronde pensava ai soldi e basta. I sessanta milioni di lire pretesi per *La Carrozza d'oro* diventarono settantotto a causa dei ritardi causati da Visconti alla lavorazione. In pratica Nannarella si comprò il magnifico attico-superattico a palazzo Autieri a Roma con i soldi della Panaria e dei nostri volenterosi soci.

Gli unici a farsi scrupoli furono Antonio Pietrangeli e Mario Chiari che erano venuti a dirmi: «Senti, noi i tuoi soldi non li vogliamo, non possiamo rubarteli. È bene che tu lo sappia: con Luchino non stiamo lavorando affatto. Luchino non sta scrivendo niente per te». A Pietrangeli e Chiari restai ovviamente gratissimo (tanto più a Mario Chiari che nel 1953 conquistò alla "mia" *Carrozza* il Nastro d'argento per i costumi). Scelsi, dunque, loro due e il mio amico più fidato Vittorio Sala come testimoni di quello che sarebbe stato di sicuro l'ultimo incontro-scontro con Visconti. Seguivo il consiglio dell'avvocato Graziadei, principe del Foro romano, che in via Veneto aveva uno studio dove si parlava solo inglese perché vi facevano capo le grandi case cinematografiche americane e anche tre delle grosse aziende petrolifere dette le Sette Sorelle.

Pietrangeli, Chiari e Sala si nascosero dietro una delle vistose tende dell'ufficio della Panaria Film, al pianterreno di via Basento 37. Era l'appartamento che ci aveva affittato Leda Gloria, attrice in voga dagli anni Venti ai Sessanta. Qui ricevetti Visconti.

Senza giri di parole gli mostrai le pagine firmate da Hugh Gray e gli dissi: «Questa è la sceneggiatura. Ora tu fai questo film, o te ne vai».

Successe il finimondo, perché si rifiutò vivacemente. Allora, lo presi per le spalle, attento, però, a non accostarmi troppo, e lo misi fuori dal portone. E fuori dal mio film.

Due giorni dopo si presentò in ufficio una commissione di registi incaricati da Luchino Visconti di convincermi a recuperarlo. C'erano Vittorio De Sica con il suo sorriso sornione e accattivante, Mario Soldati, secco secco, severo e compunto da classico piemontese, ma anche lui simpatico, e Carlo Lodovico Bragaglia, da non confondere con Anton Giulio Bragaglia, il più noto della famiglia, affermato regista teatrale. Carlo Lodovico era autore di filmetti commerciali, ma straordinariamente bravo dal punto di vista tecnico. Lo avrei reclutato in seguito.

Respinsi con cortesia la loro mediazione e mi gettai alla ricerca di un altro regista di prestigio che sostituisse Visconti. Interpellai Blasetti, con il quale avevo un simpatico rapporto, ma si defilò per non «offendere Luchino». Quindi fu la volta di Camerini, del quale avevo ammirato la mano delicata nel dirigere un delizioso film come *Molti sogni per le strade*, ma anche Camerini rifiutò per rispetto al grande Maestro.

Esauriti i papabili italiani, volai a Parigi, altro vivaio di grandi registi. Ne contattai diversi, segnalati dal produttore e carissimo amico Robert Dorfman, proprietario della

Corona Film, la più importante casa di distribuzione in Francia. Non aveva potuto partecipare alla coproduzione francese prevista per il mio film a causa di un dissesto economico. Io non mi ero perso d'animo e, grazie al sostanzioso contributo del mio generoso suocero imprenditore, il barone Mimì Correale, avevo costituito a Parigi una società denominata Lyre, come lo strumento musicale o come la nostra moneta, e la coproduzione italo-francese si poté realizzare tra Panaria e Lyre.

La scelta per la regia si restrinse tra René Clément, autore dello splendido *Giochi proibiti*, protagonista una bambina, e Jean Renoir, che era già un mito, avendo firmato un capolavoro come *La grande illusione*. Clément, tuttavia, mi sembrò troppo mite per non essere soggiogato dalla prorompente personalità di Anna Magnani, mentre immaginavo Renoir un uomo di temperamento, a giudicare dai suoi film con il "duro" Jean Gabin.

A quel tempo questo grande regista si trovava a Hollywood dove stava ultimando *Le Fleuve, The River*. Gli avevano appena dato la cittadinanza americana, ma lui voleva tornare in Europa e si dichiarò subito disponibile per il nostro film.

Avevo perso un maestro, ma acquisito il Maestro del maestro.

Renoir arriva a Roma con la moglie brasiliana Dido, la *script-girl* che da giovane aveva "rubato" a un amico, e con la segretaria Madame Doinel. Si mette subito a scrivere la "sua" sceneggiatura, la terza per noi, lavorandoci accanitamente.

La Carrozza d'oro nascerà come una creatura di Renoir, con una forte impronta della sua personalità. Secondo Truffaut fu "il suo capolavoro". Collabora al nuovo testo Giulio Macchi, di lingua madre francese, colui che sarebbe diventato il pioniere della divulgazione scientifica e culturale nella televisione italiana. Lo affianca Renzo Avanzo, che il regista nelle sue lettere definisce «il marito matto della sorella di Visconti».

Renoir aveva conosciuto Luchino in Francia, tramite Coco Chanel, nei giorni del Fronte Popolare e lo aveva avuto come assistente alla regia in diversi film, tra i quali *Une partie de campagne* e successivamente in Italia per *Tosca*. La lavorazione era stata, però, interrotta nel 1940 dall'incombente dichiarazione di guerra alla Francia da parte di Mussolini e Renoir se ne era tornato a Parigi. «Quando lasciai Luchino Visconti» scriverà nelle sue *Memorie* «ero pieno di rimpianti per tutte le cose che avremmo potuto fare insieme e che non potemmo fare. Devo tanto alla sua sensibilità per la comprensione del mondo italiano. Nonostante la profonda amicizia che ci aveva uniti, non avrei mai più rivisto Luchino». Su Visconti si trova cenno anche in una lettera del 20 maggio 1952, scritta da Renoir alla moglie durante le riprese della *Carrozza d'oro*: «Finora non ho avuto ancora il tempo per vedere Luchino. Lui mi invia continuamente messaggi, ma io ho a stento il tempo di respirare».

Tra la scrittura della nuova sceneggiatura, i sopralluoghi, inutili, in Sicilia e la lavorazione del film era trascorso quasi un anno, per me prezioso perché ebbi l'occasione di instaurare un eccellente rapporto con quel vero gran signore, oltre che magnifico artista, che era Jean Renoir.

Poiché la vicenda narrata da Mérimée si svolgeva in quella lontanissima e povera colonia spagnola del Sudamerica, Renoir aveva pensato che potesse essere perfettamente ambientata nello sgargiante barocco del sud-est della Sicilia. Non avevamo fatto i conti con la dissennata modernizzazione avvenuta nei sette anni che ci dividevano dalla guerra. C'erano pali elettrici dappertutto, fili e cavi di linee telefoniche in bella vista persino sulle facciate dei palazzi settecenteschi. Durante i sopralluoghi Renoir aveva individuato una ventina di magnificenti dimore storiche come location del film, ma tutte, proprio tutte, avevano perso la loro verginità. Ricordo che un giorno, sconsolato, si accasciò su una panchina della piazza centrale di Scidi e "testiando" mormorò: «Francesco, non possiamo essere ostaggio di tutti i permessi che dovremo chiedere per rimuovere tutti quei fili, i cavi penzolanti, le insegne pubblicitarie». Bisognò rinunciare al set in Sicilia e costruire a Cinecittà non solo interni ed esterni di un palazzo reale, ma anche un teatro per la commedia dell'arte e la facciata di una cattedrale, oltre a tutti gli ambienti circostanti. Furono spese enormi, comprese quelle per spedire la "carrozza" a Roma.

Dispendiosa fu anche l'adozione del Technicolor, quello originale, fino ad allora mai usato in Europa, salvo in Inghilterra. *Totò a colori* si era avvalso del sistema Ferraniacolor che, però, non era ancora ben rodato. Versai 50.000 dollari a una banca americana per suggellare il contratto con una troupe della Technicolor che potesse trasferirsi a Roma per *La Carrozza d'oro*. Dopo questo film, la troupe restò nella capitale impegnata in un'altra quindicina di pellicole, tra le quali la *La donna più bella del mondo* con Gina Lollobrigida. Avevano trovato la fortuna in Italia, e io avevo trovato un amico nella persona di Mr. Kalmus, presidente del colosso americano. Concordammo che a capo della troupe Technicolor ci fosse Claude Renoir, nipote del regista, che con lui aveva appena girato a colori in India il film *The River*.

Il primo giro di manovella porta la data del 2 febbraio 1952. La colonna sonora barocca, voluta da Renoir per meglio "italianizzare" il soggetto, fece riscoprire al pubblico un dimenticato Antonio Vivaldi. Le sue composizioni, oggi popolari, allora furono pazientemente ricercate in archivio ed elaborate dal musicologo e direttore d'orchestra Gino Marinuzzi.

Nei quattro mesi di riprese dovetti recarmi ben dodici volte a Londra (otto ore di volo ogni volta) e sempre da solo, per sviluppare la pellicola negli stabilimenti Technicolor. Renoir preferiva affidare a me le sue istruzioni e rimanere sul set.

L'enorme aumento delle spese per *La Carrozza d'oro*, dovuto anche al perfetto ma costosissimo sistema Technicolor

– che oltre al personale specializzato richiedeva una durata di realizzazione quasi doppia di quella di un film in bianco e nero – generò in me l'idea, mai prima sperimentata, dei film "di recupero": due film da girare in contemporanea con la pellicola capofila negli stessi ambienti di Cinecittà. Le lavorazioni si sarebbero intrecciate alternando le riprese ed effettuando la sostituzione degli arredi durante le ore notturne.

Occorrevano due storie differenti, due cast di attori diversi con un unico regista (scelsi proprio Carlo Ludovico Bragaglia) e una sola troupe tecnica per entrambe le pellicole. Ingaggiai due giovani scrittori, Agenore Incrocci e Furio Scarpelli – divenuti poi famosi come Age e Scarpelli – e ottenni in breve due deliziose sceneggiature. I due film, *A fil di spada* e *Il segreto delle tre punte*, realizzati insieme alla *Carrozza d'oro*, riscossero un successo di botteghino fino in Corea e consentirono il recupero di parte dell'ingente investimento complessivo.

I conti dettagliati tra costi e perdite, soprattutto perdite, li faceva l'oculato amministratore della Panaria Film a Palermo, il colonnello Giuseppe Puglisi, padre dell'ubiquo professor Giovanni, i cui molti prestigiosi incarichi in atenei, fondazioni e presso l'UNESCO lo vedono oggi sfrecciare da un capo all'altro dell'Italia.

Alla fine di novembre *La Carrozza d'oro* debuttava in anteprima nella versione inglese a Londra davanti a uno spettatore d'eccezione, Charlie Chaplin. Arrivati al *The end*, Charlot abbracciò entusiasta l'amico Renoir. Quell'entusiasmo, unito al calore degli applausi, mi proiettò al settimo cielo. Due giorni dopo ero sul *Liberté* (il transatlantico che i francesi avevano strappato ai tedeschi durante la guerra), diretto a New York e Los Angeles per curare la distribuzione del mio film. A Los Angeles, per Natale, avrei rivisto Renoir e conosciuto in casa sua l'ultima modella e amante del padre Pierre-Auguste.

Guardavo ammirato mia moglie che, incurante della

tempesta che squassava l'immensa nave, danzava allacciata a Fredric March, il grande attore oggi ricordato soprattutto per *Anna Karenina* con Greta Garbo. Li guardavo ballare e pensavo al *Titanic*, al mio personale "titanic finanziario" che era stata la lunga corsa sulla *Carrozza d'oro*.

Il film di fantascienza
che mi resta da girare

Dopo *Vulcano* passarono alcuni anni prima che io ritornassi al mare, o lui si impossessasse nuovamente di me, ma fu un'avventura monca della parte più appassionante: vivere e lavorare dentro quel fluido, ormai non più misterioso ma sempre da rispettare, amare e temere.

Vissi questa nuova avventura da travet, un frenetico travet, dietro la scrivania del mio ufficio di Roma, oppure a New York, dove trattavo la vendita della *Carrozza d'oro*.

Mi destreggiavo tra banche, cambiali e bilanci quando un giorno del 1952, tale Bruno Vailati venne a propormi – ero ancora l'unico tecnico cinematografico subacqueo italiano – di realizzare insieme un lungometraggio documentario nel mar Rosso. Detti subito e forse con incoscienza la mia piena disponibilità (non sapevo allora della sua appartenenza all'OSS, il servizio segreto precursore della CIA) e gli proposi di girarlo con pellicola a colori: sarebbe stato il primo esperimento del genere nel campo dei documentari sottomarini.

Anche l'argomento presentatomi da Vailati era per me estremamente intrigante, e lo è ancora oggi: che cosa di nuovo può dare il mare a questa umanità che cresce di numero e per qualità della vita? Alimenti? Benessere economico? Qualche benefica sorpresa frutto di nuove ricerche?

Contrariamente alle mie aspettative, Pietro Moncada, l'ultimo "ragazzo della Panaria" col quale – dopo l'abbandono di Renzo Avanzo e Quintino di Napoli – avevo fondato la AL.MO Film, si dissociò. Identica la decisione del nuovo gruppo di soci reperito per cofinanziare *La Carrozza d'oro*. Tra questi stremati dal costo del film, c'erano gli industriali Domenico Correale Santacroce del settore profumi (mio suocero) e i fratelli Invernizzi del settore caseario, proprietari della Galbani.

Dopo tutti quei no, che vissi come tradimento, decisi di realizzare da solo quel lungometraggio che chiamammo *Sesto continente*. Avevo avuto la fortuna di scovare e ingaggiare al Centro sperimentale di Cinematografia di Roma un giovane di talento – come dimostrò allora e soprattutto in seguito – che raccolse la mia eredità di tecnico subacqueo a tutto campo: si chiamava Folco Quilici. Lo addestrai durante brevi escursioni nell'isola di Ponza.

Tranne un qualitativamente modesto esperimento con una nuova pellicola della Ferrania, ancora sperimentale, nessuna opera subacquea a colori era ancora comparsa sugli schermi mondiali. Approfittai della stretta amicizia con i capi della Technicolor, azienda internazionale che deteneva il monopolio del cinema a colori, e dei buoni rapporti con la Kodak intessuti sin da prima della guerra, e riuscii a impostare la produzione di *Sesto continente* con l'impressione delle immagini subacquee in pellicola 16 millimetri invertibile (quindi con piccole cineprese molto maneggevoli) da trasferire poi sul 35 millimetri professionale negli stabilimenti Technicolor di Londra.

Lo splendore dei colori del mar Rosso si sarebbe riprodotto intatto e il lungometraggio avrebbe avuto un enorme successo internazionale.

I molti mesi di lavoro furono scanditi da imprevisti e preoccupazioni. La nave *Formica* affittata per la spedizione scientifica nel mar Rosso rischiò di affondare in una tempesta in prossimità di Suez. Si verificarono infinite complessità burocratiche per la spedizione del materiale tra l'Asmara, base della troupe, Djibuti, sede postale, le isole Dahlak, il set subacqueo, Roma, Londra e gli Stati Uniti, dove si lavorava sui filmati. Entusiasmi e liti si alternarono tra i componenti della spedizione e, quando finalmente ci apprestammo a completare il film, soddisfatto del risultato, rifeci tutti i contratti per condividere con i miei soci vecchi e nuovi la sorte che si profilava benigna di questa mia nuova impresa avventurosa.

Fu allora che, al ritorno dagli Stati Uniti, mi ammalai gravemente. Mi salvarono, secondo mia moglie Teresa, le lacrime della Madonna di Siracusa che lei si era procurata nei giorni del "miracolo" (evento clamoroso che attirò folle di credenti a fine agosto del 1953). Le lacrime furono da lei spalmate sul mio torace, e devo ammettere che presto ritrovai la salute, nonostante il medico avesse diagnosticato «poche ore di vita».

Quello che mi brucia ancora, e che finalmente voglio denunciare dopo tanti decenni di mio compresso silenzio, è il fatto che proprio i nuovi soci, approfittando della lunga polmonite da virus che mi aveva tenuto lontano dal set, mi estromisero dal film dal punto di vista sia morale sia materia che, soprattutto, professionale: fu persino cancellato il mio nome dagli accrediti di *Sesto continente*, dal materiale pubblicitario e dai manifesti.

Si compì allora la prima usurpazione di qualcosa che mi apparteneva. Il futuro me ne avrebbe riservate altre, sia pure in campi diversi.

Vorrei chiudere la pagina della mia vita con il cinema accennando a un film nelle Eolie che non girai e che è rimasto un cruccio che ancora mi porto dentro.

Doveva essere un'opera di "fantascienza alla rovescia", che invece di prevedere un futuro probabile avrebbe ricostruito un passato attendibile. Non ne ho mai parlato con alcuno, se non nella prefazione al "monumento letterario" di Francesco Torre, intitolato *Il cinema delle Eolie. Una storia, più storie*[4], ispirato alle avventure dei ragazzi della Panaria. Torre rievoca meticolosamente il nostro girovagare tra mare e vulcani, ulivi e capperi, montagne di pomice e scogliere, faraglioni e minuscole spiagge, come se fosse stato sempre al nostro fianco, scrutando ogni mossa, persino un battito

4   F. Torre, *Il cinema delle Eolie. Una storia, più storie*, Messina, La Feluca, 2010.

di ciglia. Racconta addirittura con partecipazione emotiva da testimone diretto le scene madri del film *Vulcano*, girate alle cave di pomice e davanti la chiesa, dove una Magnani dolente e straordinaria riesce a commuovere l'intera troupe tecnica strappando una lacrima persino al regista Dieterle.

Lo spunto per il film di fantascienza mi arrivò purtroppo solo negli anni Sessanta, quando la saracinesca del cinema si era già chiusa da tempo – non soltanto per noi Panaria – in seguito al catastrofico incendio alla Minerva, la maggiore casa di distribuzione delle pellicole italiane.

Mi trovavo tra gli affascinati uditori di una delle conferenze tenute alla Società di Storia Patria di Palermo dall'eminente archeologo Luigi Bernabò Brea insieme a Piero Gargallo, suo allievo talentuoso, divenuto con noi alle Eolie nel '46 un pioniere dell'archeologia sottomarina. Andando sott'acqua con la cinepresa avevamo segnalato ai due studiosi alcuni manufatti in muratura scovati e filmati sotto Basiluzzo e forse li intrigammo al punto da convincerli a estendere ai fondali delle isole le ricerche che stavano conducendo nei villaggi preistorici di Panarea e Filicudi. A Lipari avevano, inoltre, già individuato le officine per la manifattura dell'ossidiana: i giacimenti di ossidiana di Lipari erano inesauribili e ancora oggi il luccicore nero che li fa brillare, soprattutto dopo la pioggia, denota la grande dimensione delle colate, nonostante millenni di prelievi.

Per anni Bernabò Brea e Gargallo avevano continuato a raccogliere sulla terra, a diverse profondità nelle sabbie e nelle rocce – ma soprattutto nei relitti di decine e decine di antichissime imbarcazioni affondate – innumerevoli pietre, cocci di terracotta, selci e manufatti di ossidiana. Facendo i raffronti con affini ritrovamenti in altre zone del Mediterraneo, i due grandi esploratori erano arrivati a ricostruire, seppure non completamente, l'epopea degli eoliani "raziocinanti" nel periodo di trapasso dall'età della pietra all'età del bronzo. La teoria che formularono e descrissero nelle conferenze palermitane mi lasciò senza fiato: era come la trama di un film, un film di avventura a esaltazione dell'intraprendenza, sagacia, tenacia e creatività umane.

L'onesta dichiarazione di tanto qualificati ricercatori che sottolineavano di non poter offrire una comunicazione scientificamente certa, ma solo una serie di piccole e grandi certezze intervallate da altrettanti piccoli e grandi vuoti, non mi lasciarono dubbi sulla credibilità di quella loro teoria elaborata ed evoluta in anni di studio. Immaginai il mio film: siamo nell'età della pietra, alcuni millenni avanti Cristo. A Lipari vengono reperite grandi colate di ossidiana antica di milioni di anni, una lava vetrosa che gli eoliani imparano a scheggiare, formando rudimentali coltelli, pugnali, punte di frecce, i primi strumenti taglienti a disposizione dell'uomo, utili a sopravvivere, ma anche purtroppo a dare la morte. Se quella materia preziosa abbonda a Lipari, è scarsamente presente, invece, nel resto del vasto Mare Nostrum. Gli eoliani così si trasformano in marinai e navigatori per distribuire in tutto il bacino del Mediterraneo il loro "prodotto finito". Quella pietra vulcanica si era rivelata più efficace della semplice selce in uso nel mondo di allora. Quando poi sopravvenne l'età del bronzo, gli eoliani si trovarono pronti, anzi in prima fila, per gestirne le sorti ricavandone grandi vantaggi.

Il bronzo, invenzione dell'uomo primitivo, fu il primo metallo della nostra evoluzione. Era composto da rame e stagno, ma, se il rame era facilmente reperibile in molti siti del Mediterraneo, lo stagno scarseggiava, per cui i fenici, intrepidi navigatori sin dalla preistoria, si ingegnarono a trovarne nuovi giacimenti. E ci riuscirono, spingendosi a distanze per loro planetarie e raggiungendo le isole attorno alla Cornovaglia nell'odierna Gran Bretagna.

Per rifornirsi di stagno i fenici, che provenivano dall'attuale Libano, dopo aver costeggiato il Nordafrica dovettero, dunque, superare le colonne d'Ercole (l'attuale stretto di Gibilterra), circumnavigare la penisola iberica e costeggiare il nord della Francia. Un periplo davvero periglioso e interminabile per i primitivi mezzi di trasporto marittimi di allora (e chissà quanti naufragi su quelle rotte tenute segrete fino all'epoca dei greci).

Dal canto loro gli eoliani, davanti al progressivo diminuire della richiesta dei loro manufatti di ossidiana, si sentirono obbligati a individuare le fonti remote da cui proveniva il nuovo minerale immesso dai fenici nei territori del Mediterraneo. Avvantaggiandosi della posizione geografica di Lipari molto più centrale del Libano, si inventarono un percorso via mare e via terra che, secondo gli archeologi, assicurò loro un risparmio di circa sei mesi tra andata e ritorno rispetto all'itinerario dei concorrenti.

Partendo da Lipari, i nostri antenati eoliani puntavano sulla costa calabra all'altezza dell'attuale Vibo Valentia, costeggiavano le rive tirreniche dello Stivale italico risalendo fino alla Toscana; da qui arrivavano all'isola d'Elba che superavano dirigendosi verso ovest, sulla Corsica, costeggiandola fino all'estremo nord; altro balzo sul mare aperto fino alla costa ligure e di nuovo costeggiamento verso ovest (oggi la costa Azzurra) per imboccare la foce del fiume Rodano che veniva risalito fino a Lione e oltre. Risalendo o discendendo poi altri corsi d'acqua, come la Saona e la Yonne, e percorrendo qualche breve tratto terrestre (Bernabò Brea e Gargallo sostenevano di avere rinvenuto tracce probanti del percorso), gli eoliani si immettevano nella Senna discendendo fino alla foce sulla Manica. Da qui, nuovo grande balzo attraverso il Canale che, con i suoi abituali marosi, tre o quattromila anni fa, doveva essere estremamente rischioso per le fragili imbarcazioni del tempo. Raggiungevano infine le isole che i greci avrebbero chiamato Cassitèridi, da *cassìteros*, stagno. Probabilmente si tratta delle attuali Scilly che ancora oggi forniscono stagno al mondo.

Gli studiosi mi perdonino il linguaggio poco scientifico nel descrivere questo importante scalino compiuto dall'uomo, che posso solo paragonare all'impronta lasciata dall'astronauta Armstrong al suo primo impatto sulla Luna.

Dalla massa di inimmaginabili vicende che composero l'epopea eoliana e che di certo furono tramandate dai protagonisti del tempo di padre in figlio, avrei voluto ricavare un documentario-fiction. Oggi che la Panaria Film è rinata come associazione culturale e di produzione, gestita da una collaudata scrittrice come Vittoria Alliata, mia figlia, e dall'insostituibile amico avvocato Francesco Altamore, posso persino sperare nella realizzazione del mio sogno fantascientifico.

Quarta parte

Signore della Neve
e "principe dei gelati"

Cara Antea, deliziosa nipotina,

ricordo quando arrivasti piccola piccola all'aeroporto di Catania da una di quelle lunghe, avventurose escursioni orientali della tua mamma – quella volta in Malesia. Stavi in cima ai bagagli ammucchiati sul carrello e ti portammo direttamente in fabbrica, alla Sikelia, l'azienda che avevo creato con Pietro Moncada nel '56.

Era il 1992: tu avevi due anni, la fabbrica altrettanti, da quando era diventata una vera piccola industria uscita da venticinque anni di prove, sperimentazioni, delusioni, sorprese e spese, spese, spese che caratterizzarono la nascita dell'impresa dei gelati. Quando entrasti nella grande sala di produzione, che doveva apparire immensa agli occhi di una bimbetta, con tutte quelle macchine luccicanti, i rumori dei motori e quel gelido fumo bianco – l'azoto liquido che evaporava – sgranasti gli occhi attonita: piangere, ridere o rimanere indifferente?

Questo appunto, ritrovato fra le mie vecchie carte, è una lettera che non ho mai finito di scrivere, né tantomeno inviato, alla mia amata nipotina (oggi ventiquattrenne e già madre di due altrettanto deliziose bimbe). Ad Antea avrei voluto raccontare – come una favola moderna – la storia dei miei gelati, una storia che è stata, insieme al cinema, una delle più appassionanti e impegnative avventure della mia vita, e forse quella su cui ho puntato di più.

Prima di parlare della mia metamorfosi da "ragazzo della Panaria" a imprenditore, però, voglio fare un ritratto del gelato, l'unico alimento amato e gustato da secoli dall'intera umanità: questa infatti la sorprendente constatazione di due ricercatori della BBC al termine di una accurata indagine condotta in tutto il mondo.

In occidente il gelato nacque circa mille anni fa, quando si scoprì che l'irrorazione di sale sul ghiaccio dava a questo la capacità di abbassare la sua temperatura di quel tanto sufficiente per congelare i liquidi (endotermia). Fino ad allora il ghiaccio da solo – "fabbricato" pestando la neve fresca – non era andato oltre il raffreddamento dei liquidi.

Quanto al luogo di nascita, la tradizione universale lo colloca in Sicilia. Non vi sono fonti storiche certe, tuttavia l'indagine della BBC così esordiva: «Da dove cominciare se non dalla Sicilia?» Del resto, il gelato nacque da una formula semplicissima e naturale (frutta, zucchero e acqua) per dar refrigerio all'uomo nei periodi di calura, e nessun altro luogo oltre la Sicilia dalle torride lunghe estati disponeva allora degli ingredienti necessari: il limone, l'unico frutto dissetante disponibile anche in estate; lo zucchero, prodotto dalla canna coltivata ovunque sull'Isola; il sale dalle innumerevoli saline isolane; e infine il ghiaccio, proveniente in quantità inesauribili e per tutto l'anno dalle molte "fosse delle nevi" del gigante Etna e delle altre nostre montagne (Madonie, Nebrodi, Iblei, Erei, Peloritani).

Lo spasimo in cerca di refrigerio dovette aguzzare l'ingegno dei primi artigiani del gelato, che ne produssero un prototipo, la granita siciliana, ancora oggi regina del mercato estivo: fatta di scagliette o granuli più o meno grandi (a seconda delle località) così saporiti e freschi che possono squagliare a lungo in bocca e così rinfrescare il cervello e il corpo. Niente a che vedere con la granita romana, la "grattachecca".

Nei secoli, poi, con l'aggiunta di altri ingredienti (bianco d'uovo, farina di semi di carruba, latte) nacquero le varianti: dallo spongato, ovvero il sorbetto, alla cassata gelato, agli spumoni (pezzi duri), glorificati grazie agli artigiani gelatieri emigrati. Il più famoso fu Francesco Procopio dei Coltelli, da Acitrezza, che nella seconda metà del 1600 introdusse a Parigi il sorbetto alla frutta e per questa sua invenzione ottenne da Luigi XIV una patente reale che gli concedeva l'esclusiva dei gelati. Il suo Café Procope, ancora oggi esistente, fu attrazione per molti grandi personaggi di Francia, da Voltaire a Napoleone. Tra i frequentatori storici figurano persino Robespierre, Danton e Marat.

Nel tempo l'arte della gelateria siciliana si diffuse largamente in Italia che ne divenne la patria indiscussa.

A metà Seicento il fiorentino Lorenzo Magalotti, scienziato, letterato e diplomatico alla corte di Cosimo III de' Medici, fa l'apologia del gelato di gelsomino (a Palermo detto scorsonera) in una sua curiosa poesia che ne descrive formula e processo di lavorazione:

Poco muschio e ambra in chiocca
venti o trenta gelsomini
monda un par di limoncini
sol per vezzo della bocca
poi lascia stare
a riposare
finche l'odore
vien tutto fuore.

Medici (ciarlatani?), poeti e grandi cuochi continuarono a interessarsi nei secoli ai gelati, consigliandone gli usi – ricordo Vincenzo Corrado, autore del *Cuoco galante* e del *Credenziere del buongusto* nel 1773 – o studiandone le caratteristiche, come fece il napoletano professore di medicina Bandini che nel 1784 classificava i sorbetti in "aromatici" e "subacidi".

In una delle sue numerose lettere scritte nella seconda metà del Settecento dalla Sicilia, il viaggiatore inglese Patrick Brydone magnifica le virtù della granita:

Sono sicuro che in una giornata come questa in Inghilterra si stenterebbe a tirare il fiato, e a nessuno verrebbe neanche in mente di leggere o scrivere. Qua non è così, non mi sono mai sentito meglio nella mia vita. A dire la verità penso che gran parte del merito vada ai gelati che mangiamo continuamente. Quando il caldo è così violento, trovo che non vi è nulla di meglio per ritemprare lo spirito che un gelato, non soltanto per la sensazione di frescura che produce ma anche perché come un bagno freddo stringe subitaneamente lo stomaco e tonifica i nervi. È strano che questa raffinatezza, secondo me la più squisita fra tutti, e forse la più salutare, sia tuttora così ignorata in Inghilterra.[5]

In un'altra lettera datata Catania, 26 maggio 1770, Brydone scrive:

L'Etna fornisce neve e ghiaccio non solo a tutta la Sicilia ma anche a Malta e in gran parte dell'Italia, creando così un commercio considerevole. In queste contrade arse dal sole perfino i contadini si godono dei bei gelati durante i calori estivi. E non vi è ricevimento dato dalla nobiltà in cui i gelati non abbiano una parte di primo piano. Una carestia di neve dicono i siciliani sarebbe più penosa che una carestia di grano o di vino, e si sente dire spesso che senza le nevi dell'Etna l'isola non sarebbe abitabile essendo giunti al punto di non poter fare a meno di quello che in realtà è un lusso, cioè il gelato.

Circa dieci giorni dopo, da Agrigento, Brydone scrive a un amico:

I gelati, ancora più svariati, erano in forma di pesche, fichi, aranci, noci eccetera, e la somiglianza col frutto era tale che chi non fosse abituato ai gelati poteva benissimo cadere in inganno. Questo appunto è quello che capitò a un bravo officiale di Marina (inglese) in casa di un certo ministro di tua conoscenza, ben noto sia per l'eleganza della sua mensa che per la rigorosa etichetta di prammatica in tutta la sua casa. Finita la seconda portata avanzavano a guisa di retroguardia i gelati tutti in forma di frutti vari e di dolci. Uno dei camerieri offrì al capitano il simulacro di una bellissima pesca, e questi impreparato a qualsiasi inganno non dubitò affatto che si trattasse di un frutto vero. Tagliata in

5   P. Brydone, *Viaggio in Sicilia e a Malta 1770*, Milano, Longanesi, 1968.

due se ne cacciò in bocca una grossa metà. Dal principio sembrò soltanto impensierito e gonfiò le gote per dare maggiore spazio al boccone, ma tosto il freddo violento ebbe la meglio sulla sua pazienza ed egli incominciò ad arrotolare la pesca da una parte all'altra della bocca con gli occhi che lacrimavano.

In un ricettario manoscritto del 1853, custodito nel nostro archivio di famiglia, oltre alle minuziose istruzioni per "tirare il sorbetto" vi sono ricette di gelato di caffè bianco, cioccolato con uovo, ananasso, marmellata, pesche cotte e altre leccornie. È facile immaginare quanto tempo e quanto impegno pretendessero la preparazione degli ingredienti e la loro trasformazione in prelibatezza gelata.

Quando, nell'ultimo anteguerra, io – ragazzo ghiottissimo di gelati – andavo alla scoperta di quelle bontà, mi segnavo quelle particolarmente prelibate con il nome e il sito del gelatiere per poterli comunicare ai miei amici e possibilmente tornare con loro per gustarci, alla brezza del mare, il giardinetto (pezzo duro di limone e fragola con abbondanti canditi) da Ilardo alla Marina di Palermo o la cassata con crema chantilly o la charlotte di caffè al ponte Americano o la granita di fragola con panna da Irrera a Messina.

Uno dei miei più vivi ricordi di infanzia è la merenda estiva nella nostra villa Valguarnera di Bagheria, dove abitavamo in quattro famiglie, quelle di papà e dei suoi fratelli. Noi ragazzini eravamo una quindicina. Il "maestro di casa" arrivava puntuale ad annunziare alla decana del gruppo: «Signora Principessa, è l'ora del gelato».

L'annuncio doveva volare nell'aria se, dopo pochi minuti, ci faceva ritrovare tutti, ragazzi, genitori, parenti e amici, riuniti sulla terrazza maiolicata con vista sul golfo di Termini Imerese.

«Che cosa ci ha preparato oggi, Felice?» chiedeva mia madre.

Nel suo italo-siculo, il maestro di casa iniziava a elencare gli elaborati del cuoco: «Abbiamo granita di limone, spongato di pesca e – perdendo la padronanza della lingua – gelato di maniglia e di tirrone (vaniglia e torrone)».

L'arrivo dei gelati con brioche e biscotti scatenava in noi ragazzini la bramosia di ingollarli subito, mentre negli adulti suscitava commenti, paragoni con altri giorni o altri cuochi, sapienti pareri, dissertazioni sulla digeribilità o sul momento più idoneo per sorbirli e, infine, giudizi diretti al cuoco: «Oggi la cioccolata è cotta al punto giusto» oppure «Il limone sa un po' di vecchio» o ancora «Bravo, Felice, squisito questo pistacchio». Insomma il gelato era, in estate, elemento di aggregazione delle nostre famiglie, ma anche un momento di riflessione applicata a uno dei gioielli della nostra gastronomia; e in ogni famiglia, ricca o povera, aveva questa funzione.

Oggi è un capriccio, l'appagamento di un impulso, la ricerca di un refrigerio alla calura, insomma qualcosa che fa parte ormai della categoria "usa e getta". Nei miei quasi cinquant'anni di profonda simbiosi imprenditoriale con il gelato ho riscontrato che quasi nessuno sa come sia fatto, quali siano le sue caratteristiche e le differenze tra quello industriale e quello artigianale. Non se ne conoscono neanche i valori alimentari. In una parola, manca quella cultura del gelato che aveva tanto coinvolto i nostri antenati.

Tra gli Alliata del passato ci sono anche, infatti, i "Signori della Neve" che, sin dalla metà del Cinquecento avevano la gestione esclusiva delle neviere sull'Etna e sulle altre montagne della Sicilia, con il relativo sistema di distribuzione via terra o via mare in tutta l'Isola e fino a Malta e a Napoli.

Le neviere erano grotte o fosse, alcune anche artificiali, intorno ai duemila metri di altezza, che venivano riempite dalla natura quando nevicava, o dal lavoro dell'uomo, che, facendole rotolare, formava grandi palle di neve e le trasportava in cestoni a dorso di mulo. Disposizioni governative e locali ne disciplinavano con precisione maniacale la ripartizione e l'utilizzo da parte degli abitanti delle varie comunità.

236

Don Fabrizio Valguarnera, titolare del "diritto proibiti-vo" della neve delle Madonie, concessagli dal Senato paler-mitano nel 1557, era obbligato a non farla mai mancare a Palermo. Anche quando fosse finita nelle sue neviere, do-veva farla giungere «dalle rimote montagne di Troina, Ran-dazzo e Monte Mongibello», cioè l'Etna (a centinaia di chi-lometri di distanza e vari giorni di viaggio). La distribuzione della neve, in realtà ghiaccio che veniva segato a blocchi, era minuziosamente organizzata, non solo sul territorio isola-no, come risulta da un documento del 1730 conservato nel nostro archivio di palazzo Villafranca:

[...] avendo avuto notizie che nell'isola di Malta al Gran Maestro, l'Eminentissimo Emanuele, gl'era mancata la neve, senz'aspetta-re richiesta, mandò a Malta alcune barche con molta neve, con profferirgliene quanto ne aveva bisogno e seguitando sempre a mandargliene per regalo, il che riuscì a quello di sommo gradi-mento e soddisfazione, onde con più lettere gliene rese molte grazie, del che ne seguì che la Principessa di Villafranca prese l'obbligazione di provvedere l'Isola di Malta per alcuni anni, come fece puntualmente a prezzi stabiliti [...].

"'A barca r'a nivi" era un veloce brigantino che salpava «in ogni stagione e con qualsiasi tempo» da Catania, toccava Siracusa e puntava quindi su Malta, come riferisce con un certo stupore – siamo nel 1660 – Albert Jouvin de Roche-fort.

Alla Vuccirìa di Palermo esiste ancora, come in ogni altra città siciliana, una via della Neve. Era la strada dei vendi-tori di ghiaccio, considerato nei secoli una risorsa non solo per la conservazione degli alimenti, ma per la medicina. Il ghiaccio era infatti utilizzato come panacea contro ogni male, a partire da una semplice febbriciattola. Nel 1584 il medico Baldassarre Pisanelli dell'Università di Bologna, enumerando le vittime delle "febbri maligne" – circa mille all'anno nella sola Messina – afferma che «persino il più povero artigiano considera la neve una necessità di vita, pari al pane e al vino». Non era insolito che un signore ricevesse il visitatore, come accadde a un viaggiatore inglese, mentre praticava un semicupio, nella bagnarola di stagno ricolma di una grande quantità di schegge e briciole di ghiaccio che avrebbero dovuto far calare la febbre. Orrore solo al pensiero!

Del ghiaccio io ho preferito esaltare il lato edonista...

Sorbetti firmati
e pesci senza lisca

Fu un caso quello che, nel 1956, mi fece entrare nel mondo a me lontanissimo del gelato industriale, inventato dagli americani negli anni Trenta e prodotto per la prima volta in Italia nell'immediato dopoguerra dall'Algida, azienda diventata famosa per i suoi cioccolatini ripieni di gelato, la cosiddetta "bomboniera", che furoreggiava in tutti i cinema della Nazione nell'intervallo tra il primo e il secondo tempo.

Attratto da non ricordo più quale film, ero andato al Supercinema di via Cavour, situato nel palazzo che apparteneva a mio zio materno Antonio de Spucches, principe di Galati, e fu poi venduto a Renato Guttuso. Ebbi allora l'occasione di scambiare due chiacchiere, appunto sulla bontà della bomboniera, con il mio vicino di poltrona che, guarda caso, si rivelò come signor Costamante, proprietario di una piccola fabbrica di gelati e distributore dell'Algida a Palermo. Ne parlava come di un lavoro piuttosto redditizio, e nel mio subconscio fu gettato il seme di quella che sarebbe presto divenuta un'altra delle mie molte vite.

Qualche giorno dopo, mi trovavo a Roma nello studio dell'avvocato De Filippis, detto in famiglia "l'avvocato delle piccole cause" per distinguerlo da Graziadei, il principe del Foro, al quale erano affidate le vertenze delle grandi case cinematografiche. De Filippis, consapevole della precarietà finanziaria in cui mi trovavo dopo la chiusura della Panaria, mi raccontò di avere intrapreso una fruttuosa attività collaterale distribuendo i prodotti Algida in una decina di cinematografi di Roma, poi di botto aggiunse: «Perché non vende anche lei gelati nei cinema?»

Spiazzato, replicai: «Avvocato, io faccio film, non gelati,

per il cinema». Con i film, però, avevo chiuso definitivamente in seguito all'amara esperienza di *Sesto continente*.

Alla decisione non era stato estraneo Vittorio Cini, il conte finanziere (tra l'altro proprietario di una banca italobrasiliana), che mi disse: «Lascia stare il cinema che è adatto solo agli imbroglioni, occupati piuttosto di cose che abbiano a che fare con la pancia». Il gelato certo lo era e stuzzicava la mia fantasia di goloso. Ne parlai con l'amico e socio di sempre Pietro Moncada, e insieme decidemmo di lanciarci in questa nuova avventura.

L'universo del gelato industriale – nel '56 prerogativa esclusiva di Algida a Roma e di Soave a Napoli – era ancora in impalpabile gestazione, ma affascinante per le prospettive che apriva. La fine, anche se temporanea, del gelato artigianale che fino ad allora tutti i caffè e i bar producevano, fu segnata dalle famose "Cattabriga", quelle palette che ruotavano lentamente su e giù, come un naufrago morente, all'interno di un pozzetto di acciaio inox, nella pastosa miscela di latte, zucchero, succo di frutta, caffè o cioccolato, che diveniva sempre più pastosa per l'azione del liquido congelante in cui era immerso il pozzetto, la cosiddetta "salamoia".

L'Algida era nata in Italia, intorno al 1946, a opera di un commerciante di uova, il dottor Barbiani, che – si diceva – aveva inventato l'"uovo al marsala" introducendo nelle uova il vino dolce siciliano con una siringa. L'assetto societario dell'azienda era completato da due o tre gruppetti di profughi iugoslavi, apolidi e ingegnosissimi, in cima ai quali campeggiavano i due fratelli Wiesner: Alfredo, l'ingegnere, genio dell'invenzione e della tecnologia, e Paolo, il ragioniere, genio del marketing e delle relazioni. Due ebrei illuminati, anzi, illuminanti. Alfredo aveva inventato non solo la famosissima "bomboniera", ma anche i macchinari per produrla, la tecnologia di lavorazione, il celeberrimo "zatterino", il gelato racchiuso tra due biscotti, e infine – con ancor più furoreggiante successo – il "cornetto" che stese tutti

240

i concorrenti. Motta, Alemagna, Eldorado e tutti gli altri, nonostante l'impegno per imitarlo, non vi riuscirono per almeno tre anni, finché l'ingegner Alfredo Wiesner stesso non passò loro i suoi brevetti.

All'inizio l'Algida aveva utilizzato i macchinari che gli americani avevano portato in Italia durante la guerra per ristorare con l'*ice-cream* le loro truppe e che, alla fine del conflitto, avevano abbandonato come residuati di guerra nel gigantesco campo ARAR di Livorno.

Quelle apparecchiature made in USA, grazie al "freddo a bassa temperatura", a meno venti, meno trenta gradi centigradi, trasformarono in grande industria la minuscola capacità produttiva di ciascuno delle miriadi di artigiani del gelato.

Il "regno del freddo a bassa temperatura" negli anni successivi divenne predominio della straordinaria capacità inventiva della allora piccola industria italiana che – lodiamoci una volta tanto – per merito delle centinaia di aziende e aziendine private, riuscì a imporsi dappertutto nella creazione, costruzione e continua evoluzione sia dei gelati che di ogni componente tecnica per realizzarli. I macchinari per la produzione, per la conservazione e i camion frigoriferi conquistarono a poco a poco mercati in America, Africa, Medio Oriente e persino nella Cina di Mao.

Il dottor Barbiani, capo carismatico dell'Algida, occupava un minuscolo vano nella periferia di Roma. Il suo contatto con il mondo esterno avveniva attraverso una sorta di finestrella ritagliata nella parete di compensato che divideva il suo box dal resto degli uffici dell'azienda.

Era stato l'avvocato de Filippis a condurre me e Pietro nel "santuario" del re dei gelati. Al dottor Barbiani era bastata quella breve conoscenza per affidarci la concessione per introdurre i suoi prodotti in gran parte della Sicilia – esclusa ovviamente la Palermo del signor Costamante. Battezzammo la nostra società di distribuzione, che fondammo in quello stesso 1956, con il nome di Sikelia, dall'appellativo greco dell'Isola, e stabilimmo la prima sede a Ragusa. La Sikelia sarebbe presto diventata la seconda grande concessionaria dell'Algida in Italia.

I primi anni furono durissimi a causa della resistenza opposta dai bar, i caffè e tutti gli altri esercenti produttori di gelati. «Come vi permettete di venire a vendere qui, nella terra del gelato, questi prodotti fabbricati a macchina chissà come e chissà dove?» era la loro sdegnata opposizione.

Eppure, dopo qualche anno – e tanto, tanto impegno da parte nostra – le comodità di approvvigionamento offerte dai nuovi gelati avevano sbaragliato la concorrenza del nosto antico prodotto artigianale. Pochissimi erano i bar e i caffè che, nei primi anni Sessanta, ancora servivano i propri gelati, ed erano sparite quasi tutte le gelaterie tipiche.

Così, quando nel '62 l'Algida ci incaricò di produrre per suo conto gli umili ghiaccioli (approntammo in soli tre mesi un impianto di produzione a Ragusa) cominciò a formicolarmi il senso di colpa per aver contribuito all'oblio delle meravigliose granite, dei magnifici spongati e delle altre squisitezze del nostro artigianato.

Puntai subito sui primi due – granite e spongati – i più esposti al rischio di estinzione, visto che nessuna industria nazionale vi aveva prestato attenzione. Si trattava dei gelati siciliani di più antica tradizione, composti soltanto da frutta, acqua e zucchero: l'opposto degli *ice-cream*, che erano a base di latte, grassi vegetali o animali. La grande industria ne aveva deliberatamente scartato la produzione perché ritenuta impossibile dal punto di vista teorico e tecnico, in quanto le apparecchiature di produzione industriale potevano lavorare esclusivamente le miscele a base di latte e grassi e a una temperatura compresa tra i meno venti e i meno quaranta gradi centigradi. Invece, l'intera catena del freddo – quella che fa vivere gelati e surgelati e ne consente il trasporto, la conservazione e l'esposizione – opera a temperature comprese tra i meno sedici e i meno venticinque. È ovvio che a queste temperature le miscele a base di acqua (la

242

frutta ne contiene dall'ottanta al novanta per cento), prive di grassi, divenivano un unico e solido blocco di ghiaccio. Per riuscire a creare industrialmente granita e sorbetto senza grassi né latte né uova, dovevo innanzitutto modificare le apparecchiature per fabbricarli. Da principio ho distrutto una quantità di macchine, perché, senza un minimo di grassi a fungere da "lubrificante", le pale che mescolano e raffreddano il gelato non potevano girare correttamente. Raschiavano la massa ghiacciata e si spaccavano.

Ho impiegato oltre venticinque anni per inventare soluzioni ai problemi che via via si presentavano, utilizzando astuzie tecnologiche, macchinari speciali e materie prime di qualità genuina, al fine di creare una granita granulosa, omogenea e immediatamente cucchiaiabile, e lo spongato, cui abbiamo dovuto imporre il termine più noto di sorbetto. Era così morbido e pastoso, che scivolava sul palato come seta tra le dita.

Insomma, in qualche modo sono riuscito a ingannare le ferree leggi della fisica, cosa che prima di me nessuno avrebbe mai osato.

Lo stabilimento di Ragusa intanto era divenuto insufficiente, così trasferimmo il grosso della fabbrica nella zona industriale di Catania, dove avevamo acquistato un grande terreno e costruito uno stabilimento adeguato alle esigenze della nostra produzione.

Una condizione che mi ero imposto, da siciliano e agrumicoltore, era quella di rispettare le antiche formule, quindi niente additivi né coloranti né altre moderne stregonerie. Questo mi creò non poche difficoltà, come dover reperire frutta il cui colore fungesse da "tìntura" naturale, senza alterare il sapore del gelato.

Nell'anno 2000 poi, su generale richiesta ho realizzato un'altra piccola invenzione: le creme gelate della tradizione, preparate con la tecnica dell'*ice-cream*, ma anche qui con gusti e caratteristiche tipicamente nostrani. Sono nate così la crema a base di ricotta di pecora che riproduceva il sapore della cassata, la regina della pasticceria siciliana, la crema di torrone a base di croccantino di mandorle di Avola, quella con le saporite castagne dell'Etna o con i rinomati pistacchi di Bronte. Inoltre, con il gelo di melone, la scorsonera, la cannella, il limoncello, il mandarino candito, il gelsonero, potevo offrire una gamma di quarantacinque gusti tra sorbetti, granite e creme gelate, tutti prodotti industriali ma artigianali nella sostanza e nell'anima, che hanno reso famoso nel regno del freddo – in Italia e non solo – lo storico marchio di famiglia, Duca di Salaparuta.

Con questo marchio, nel 1824, il mio avo rivoluzionario Giuseppe (quello che ottenne l'abolizione del sistema feudale in Sicilia) aveva reagito all'esilio politico e all'esproprio dei suoi beni, lanciando sul mercato internazionale il pregiato vino delle vigne di villa Valguarnera, proprietà della moglie Agata. Le fortune della casa vinicola erano poi lievitate quando la conduzione era passata al figlio Edoardo.

La firma Duca di Salaparuta – che è stata al centro di una battaglia legale da me vinta contro la Regione Sicilia – figura oggi anche sul miele biologico e sugli altri prodotti "nutraceutici" dell'azienda agricola che mia figlia Vittoria ha creato al posto delle vigne, distrutte dai ripetuti tentativi di cementificazione mafiosa.

Con il miele ci eravamo cimentati anche Pietro e io nel dopoguerra, a Taormina. Nei suoi giardini fioriti, ai piedi del rosso massiccio roccioso, avevamo impiantato un ricco apiario composto da un centinaio di arnie. Le api "bottinavano" anche in inverno, continuando a darci miele persino nella stagione fredda per merito della particolare mitezza del clima e della modesta escursione termica in quella zona. Le trasferivamo di notte con il mio furgoncino 1100 militare fino a Melilli, dove in epoca greca si produceva un nettare già allora famosissimo e decantato da Teocrito, Ovidio e Virgilio. Per smielare avevamo inventato una paletta termica che scioglieva la cera, separandola dal prodotto commestibile.

Vendevamo il nostro miele di zàgara – che anni dopo avremmo sublimato nel sorbetto Fior d'Arancio – a Palermo, alle monache di clausura della Martorana.

Al "negozio" del monastero – attiguo al palazzo Pretorio – si accedeva da un portoncino sulla piazza omonima che, con una scala a chiocciola, immetteva a un basso ammezzato. Una parete, costituita da due griglie sovrapposte in ferro piatto e a maglia stretta, consentiva una visione frantumata e approssimativa della grande sala retrostante, bianca (di farina, zucchero e ricotta), operoso laboratorio nel quale frusciavano le tonache. Attraverso la griglia passavano la voce del committente, che ordinava quanto desiderato, e quella della monaca di turno, che annunciava l'importo dovuto. Si metteva il denaro su una grande ruota orizzontale in legno divisa da scomparti, la stessa che chissà quante volte aveva accolto neonati indesiderati, la si faceva girare e, dopo qualche minuto, sulla stessa ruota appariva il pacco con le prelibatezze.

Fino alla seconda guerra mondiale la fantasmagorica pasticceria siciliana, ricca di apporti confluiti nei millenni da oriente, occidente e tramontana, trovò la sua collocazione produttiva esclusivamente nei monasteri di clausura femminili. Le «piccole suore, pallide di farina, nel segreto della loro Clausura», come le descrive mia cugina Fiammetta di Napoli Oliver nel suo libro *La grande cucina siciliana*[6], arricchirono le loro casse e il palato dei siciliani con un'infinita gamma di ghiottonerie: le innumerevoli versioni di agnelli pasquali, la variopinta frutta di pasta reale, il capello d'angelo (zucca candita), le stelle di Natale, i pupi di zucchero, le cotognate, i mustaccioli, le chiacchiere, la pietrafendola, i tricotti e i biscotti di San Martino e le composte di frutta per imbottire conchiglie di pistacchio, i bocconotti di pasta frolla, i buccellati, le minne di vergine. Questi dolci, oltre alla squisitezza, avevano una caratteristica comune: l'enormità delle dimensioni, soprattutto dei mitici cannoli, delle

6   F. di Napoli Oliver, *La grande cucina siciliana*, Milano, Moizzi, 1976.

sfince di San Giuseppe e delle cassate, tutti riempiti di una sapiente miscela di ricotta di pecora di pianura e di pecora di montagna.

Il virtuosismo delle spose di Gesù, tuttavia, si manifestava soprattutto nel Trionfo della gola, dolce che troneggiava su ogni altro e che doveva essere ordinato con molti giorni di anticipo e veniva concesso esclusivamente ai clienti più antichi e fedeli. Posso solo descriverlo, perché la vera ricetta a quanto pare non fu mai rivelata ed è probabilmente scomparsa con l'estinzione dei conventi pasticceri: era una piramide di pasta di mandorla a secco, dove strati di pan di Spagna si alternavano a un impasto costituito da zuccata, crema di ricotta, latte, fecola di patate e vaniglia; rivestita con un velo di gelatina di albicocca su cui scorrevano rivoli di amarena sciroppata, era agghindata con canditi, mandorle, pistacchi e grappoli d'uva in pasta reale dipinta, pampini compresi.

È proprio il misterioso profumo che aleggiava in quegli ambienti così segreti, quel mix irresistibile di odori dolci e forti insieme, che ho voluto inseguire e catturare nelle Creme Gelate di Casa Villafranca, per condividerlo con altri patiti del buon cibo e per sedurre all'amore della Sicilia popoli lontani che di noi conoscevano solo la mafia.

Per anni ho messo in cantiere uno dopo l'altro progetti di sperimentazione agricola e di trasformazione agroalimentare destinati a esaltare, conservare e promuovere i peccaminosi sapori della nostra terra. Una parete intera del mio ufficio nella zona industriale di Catania era dedicata agli "scaffali dell'onta": barattoli, scatole, bottiglie e mille altre confezioni di marche straniere, tra confetture d'arancia amara *made in England*, conserve, canditi, sciroppi e distillati francesi, mandorle tostate, prugne cotte e pesche sciroppate americane, tutti prodotti che avremmo dovuto esportare dalla Sicilia, con i nostri agrumi, i nostri ortaggi, il nostro pescato, la nostra frutta, la nostra zàgara, e che invece importavamo da chi ci avrebbe via via colonizzato sempre più, anche in questo modo. E che dire del vino? Persino il nostro pluridecorato Corvo, premiato nel 1903 come miglior bianco nazionale, e la gamma di altri quattordici tra vini, liquori e spumanti Duca di Salaparuta, forniti ufficialmente nelle sedi diplomatiche di tutto il mondo, necessitavano di tappi in sughero importati dalla Sardegna, di bottiglie provenienti dalla Liguria e addirittura di etichette fatte in Toscana.

Mia cugina Topazia, seppure imprenditrice innovativa (era molto vicina a Danilo Dolci), creatrice di nettari ineguagliati come il Corvo Colomba e degna discendente dell'avo Giuseppe (noto allora come il "Bettino Ricasoli del Meridione", il primo ministro successore di Cavour che lanciò il Chianti classico) fu costretta a soccombere: l'azienda di famiglia finì alla CTP (Concessionaria Prodotti Tipicizzati), la quale fu presto assorbita dalla SO.FI.S., l'ente pubblico siciliano ufficialmente creato per la promozione industriale, in realtà rivelatosi un'ingorda idra proprio per quelle poche iniziative valide che avrebbe dovuto sostenere.

Ero convinto che la Sicilia fosse la terra delle potenzialità inesplorate e che il mio compito, la mia vocazione, il mio destino fossero di farle emergere. Avrei salvato i piselli di Giarre, i sedani di Vittoria, i carciofi di Buonfornello, i pomodori di Gela, le ciliegie di Chiusa, i limoni di Bagheria, i gelsi dell'Etna, le carrube e i fichi d'India nostrani. Avrei inventato tecniche, macchinari e procedure per impiantare varietà inesplorate di primizie e frutti esotici in concorrenza con la California, per covare bulbi giganti di iris e tulipani da far invidia agli olandesi, per far produrre ai nespoli di Ficarazzi frutti senza noccioli e per allevare nelle saline pesci senza lische. I mercati generali di Milano, Londra, Amburgo, les Halles di Parigi e gli aeroporti avrebbero accolto queste primizie, e un impianto pilota di surgelazione avrebbe consentito di conservarne la freschezza senza più alcun ricatto sui tempi di commercializzazione.

La conoscenza con i surgelati l'avevo fatta in America ai

tempi della *Carrozza d'oro*; quella con l'irrigazione a goccia nel 1960 osservando gli esperimenti israeliani durante un pellegrinaggio a Gerusalemme voluto da mia madre; e la passione per la sperimentazione genetica me l'aveva contagiata Fraulein Dr. Jordan, al centro di ricerca genetica del Max Planck Institut di Tenerife nelle isole Canarie.

In quanto all'acclimatazione delle piante esotiche avevo ereditato una passione avita e un primato di famiglia, conseguito a Palermo e mantenuto per centocinquanta anni a partire dal 1712. In quell'anno, Don Giuseppe Alliata e Colonna, IV principe di Villafranca, comperò – come certifica un atto del notaio Matteo Magliacco:

[...] ben 30 salme di terra (nell'antica misura siciliana pari a complessivi 69,67 ettari) in un sito, il più arido e il più secco, ove appena nascevano erbe selvatiche e serviva solo per cavar pietre per fabbricare, onde era divenuta una tenuta tutta di fossi.

L'intraprendente Giuseppe, che aveva ventisette anni

[...] tutta la fè circondare di mura di competente altezza che in lingua siciliana viene chiamata Firriato. La arricchì con abbondanza di acque da lui comprate ed, appianando li fossi, vi fece fare molti viali, alcuni pergoli per avere uve squisite, sostenuti da pilastri di fabbrica, altri d'alberi opachi e frondosi, solo per la difesa dai raggi del sole nel tempo estivo, ed altri di cipressi per la vaghezza.

È quanto riferisce uno storiografo anonimo di famiglia nel nostro archivio, descrivendo, intorno al 1750, quella sorta di paradiso terrestre che era diventato il Firriato, il più grande, fastoso e raffinato parco della Sicilia, frequentato non solo da principi e re per memorabili cacciagioni e pescagioni, ma anche da palermitani e forestieri alla scoperta di nuove piante e animali importati da ogni dove.

ll grande Firriato di 700.000 metri quadrati (circa cento campi di calcio) era composto da vari settori: oltre al parco "per la vaghezza", conteneva anche un agrumeto oggi definibile come sperimentale, in quanto costituito da piante di importazione come i merangoli (aranci amari), i «melaranci che chiamano d'India» e un frutteto pieno di varie piante venute da ogni parte d'Italia e d'Europa, quali «pere, pomi, persichi ben grossi e d'esquisito sapore e si maturano più tardi di quelli soliti nel nostro clima piuttosto caldo". Un vasto settore era dedicato all'agricoltura con pomidoro, scarola, rafani, cavoli, carciofi. Un'altra area di grande estensione e riccamente ornata costituiva i "quadrangoli" dell'orto botanico di piante aromatiche e floreali, divenuto ben presto famoso, tanto da essere citato da numerosi scrittori del Sette e Ottocento. L'Anonimo lo presentava così: «Vi si trova parimenti un bellissimo Orto Botanico di semplici, in cui vi sono tutte le sorti dell'Erbe più salutari e di gran virtù, diviso in due quadrangoli; il primo vicino al gran fonte che sta situato al muro ove esce l'acqua nel mezzo della scalina di tre gradini pieni tutti di vari fiori...» La minuziosa descrizione racconta che la tenuta è arricchita da numerose fontane con statue di marmo, nicchie affrescate, giochi d'acqua, bordure di profumatissimo gelsomino con i "quadrangoli" popolati da «vari vasi di mezzana grandezza... i quali, accompagnando il complesso di Anemoli, Argemoli, Tolipani, Ranuncoli, Gionchigli, Narcisi, Peconie ed altri bellissimi fiori, la rendono vaga a meraviglia».

Ma non erano queste le sole attrazioni del Firriato. Giuseppe «in questa Villa vi pose dal principio quantità di animali per la caccia, cioè, conigli, daine, cervi, istrici e cose simili...» (come i due struzzi mandati in dono al principe Eugenio di Savoia).

Un esercito di personale che, come si usava allora, si tramandava di padre in figlio il ruolo da assolvere, fu addetto alla conduzione dell'immensa area perché, nella mente di Giuseppe, coerente con la tradizionale attitudine imprenditoriale degli Alliata, divenne fonte importante oltre che di costi anche di entrate, così da diventare una azienda. I numerosi libri contabili del "Giro di S. Oliva" – come viene chiamato il Firriato nell'Archivio Alliata – ne descrivono la sfaccettata varietà di attività, con elenchi di debitori e creditori, le spese sostenute per pagare l'opera di maestri d'acqua, falegnami, giardinieri, muratori, maniscalchi, cocchieri, palafrenieri, stallieri, guardaportoni, contadini, fontanieri e braccianti che in gran parte vivevano all'interno del parco, e di converso gli incassi derivanti dalla vendita di limoni, fichi, uva, prugni, olive, il "lucro" (cioè la pigione) delle "casotte accanto", della Loggia dell'Ucciardone, della carretteria e ancora del sommacco, necessario per le concerie, del pomodoro, della legna, delle noci, dell'orzo e del frumento.

Nei suoi quarantatré anni di intensa vita, Giuseppe Alliata e Colonna mise al mondo con la sua amatissima sposa Vittoria di Giovanni ben tredici figli, costruì e ricostruì nei suoi numerosi feudi palazzi e castelli, comandò a Torino, per otto anni, il corpo delle guardie del re Vittorio Amedeo II e fu nominato viceré di Sardegna.

Al pronipote, Giuseppe Alliata e Moncada, toccò subire le "offese" con cui si iniziò lo smantellamento del Firriato: prima, nel 1820 – quando era presidente della Suprema Giunta Provvisoria di Governo nella sfortunata rivoluzione liberale antiborbonica – con l'incendio doloso della "casena" del Firriato; poi, con l'esproprio di quella striscia di terreno su cui sarebbe nato il viale della Libertà – oggi cuore residenziale di Palermo – che divise la tenuta in due metà non più omogenee né gestibili.

Un ultimo palpito il Firriato lo ebbe con i suoi ormai centenari pini e cipressi superstiti, quando questi svettarono tra i mirabili padiglioni dell'Esposizione Nazionale del 1891-92, progettati in stile siculo-normanno e neo-rinascimentale dal celebre architetto Ernesto Basile, che occupò un'area di 65.000 metri quadri nell'originale Firriato. I padiglioni furono distrutti al termine dell'Esposizione.

Una curiosità: l'Ucciardone, il tetro e inevadibile carcere borbonico di Palermo, fu costruito a partire dal 1833, a seguito di esproprio, in terreno «che forma parte del girato cosiddetto di Villafranca a partire dal sito ove esisteva il Belvedere sino alla cantonata della strada delle Croci...» come determina una sentenza del Tribunale di Palermo datata 9 febbraio 1835.

Avrebbe mai potuto immaginare, centoventitré anni prima, il pur immaginoso creatore di quel piccolo Eden a portata di mano dei palermitani, che il suo "giardino della vaghezza" sarebbe diventato, anche se soltanto in parte, un luogo di penitenza?

L'oroscopo "mortale"
e l'ultimo duello

Nel pieno del boom economico italiano – quando i governi democristiani non avevano ancora pensato di pianificare l'economia nazionale con quei due o tre piani triennali, alla maniera sovietica, che la sconquassarono per i successivi venti o trent'anni – Pietro Moncada e io avevamo cominciato a partecipare alla vita operativa e dirigenziale dell'Algida. Questa aveva frattanto stretto rapporti di produzione e commerciali con la Soave di Napoli, già sua concorrente, che apparteneva ai Signorini, titolari dell'industria alimentare Cirio, la regina del pomodoro in scatola.

Con il turbinio di idee che noi della Sikelia sfornavamo di continuo per incrementare vendite e inventare novità, eravamo entrati nella considerazione dei nostri "grandi capi", il che ci obbligava a frequenti incontri a Catania o a Napoli, dove si era trasferita tutta l'attività dirigenziale e operativa del gruppo, ormai denominato SPICA (Società Partenopea Imbottigliamento e Confezionamento Alimenti).

Al culmine dell'inverno – in uno di quei periodi in cui il nostro sud dal clima dolce si appropria maldestramente del freddo e delle bufere del nord – fummo convocati a Napoli. A riunione conclusa, nel pomeriggio fummo accompagnati dagli amici dell'Algida-Soave all'aeroporto di Capodichino, che però era chiuso per lavori. Un pullman attendeva i viaggiatori per trasferirli all'aeroporto militare di Grazzanise, a una trentina di chilometri più a nord.

Era ormai quasi buio, un buio meteorologico aggravato da terrificanti nuvoloni neri e da una spessa umidità. Tranne qualche luce che occhieggiava dagli uffici della stazione aerea, tutto il resto era buio.

Lasciato Capodichino, il pullman si immerge nella schiamazzante periferia di Napoli percorrendo una larghissima strada fiancheggiata da palazzoni ottocenteschi: l'illuminazione pubblica non funziona, quella delle case e dei negozi sì. Il connubio di luci, ombre e buio rende, quindi, l'immensa folla un gioco di figurine siamesi. Non piove, ma tuona. Siamo sulla Statale numero 7, la via Appia, la prima "autostrada" dell'antichità che collegava Roma con Brindisi e proseguiva oltre, verso lo sconfinato oriente romano.

A un tratto leggo su una targa che stiamo attraversando il quartiere periferico di Secondigliano e mi balza vivo il ricordo dello zio Arduino, napoletano verace, che si divertiva a spiegare l'origine del nome di quella zona: secondo la vulgata, il re "lazzarone", Ferdinando di Borbone, aveva corrisposto alle tante istanze degli abitanti delle case prive di servizi igenici con la costruzione di latrine pubbliche complete di "tazze" che, a detta dello zio, erano state prodotte a misura dei glutei dei cittadini stessi, cioè "secondo gli ani" dei medesimi. Da qui il bizzarro nome che aveva sostituito quello originario.

Superiamo l'abitato e, imboccata una strada secondaria, a poco a poco ci immergiamo nell'aperta campagna buia e ventosa fino ad arrivare all'aeroporto militare. Qui un aviere, moschetto in spalla, spalanca il cancello di tubi e rete metallica, dicendo: «L'aereo vi attende».

Dell'aereo, però, ci appare soltanto un'ala, il resto è tutto buio, dentro e fuori. Intimiditi e circospetti, come ombre, quei quattro gatti che siamo scendiamo dal pullman. Volgendo lo sguardo attorno, vedo con immenso sollievo una luce artificiale che si sprigiona da un non lontano capannone, una tensiostruttura, quelle grandi bolle di tela e gomma riempite d'aria che si sostengono da sé, non si sa come.

Mi avvio in quella direzione sperando di trovarvi almeno un giornale, quando una voce tonante proveniente dal nulla mi blocca: «Ehi, signore, torni indietro». Obbedisco, salgo sull'aereo e mi accuccio nel primo posto che trovo nella cabina buia. Sento la voce amica di Pietro che, seduto poco avanti, chiacchiera con un vicino di poltrona. Mi rendo conto che noi passeggeri a bordo siamo soltanto tre. Le altre poche ombre discese dal bus, come poi appurai, erano i due piloti, uno steward e qualche militare al rientro in servizio in quell'aeroporto fantasma. Il vento adesso infuria a folate vigorose, facendo sobbalzare il Fokker da quaranta posti, vuoti.

Finalmente una luce discreta si diffuse all'interno e comparve lo steward. Pietro aveva interrotto il suo chiacchiericcio con il terzo passeggero, che era il direttore di uno stabilimento produttore di biscotti Colussi, a Catania. Conoscendo bene la poca propensione del mio amico per i voli, sapevo che il suo silenzio improvviso era nato dal ballonzolìo dell'aereo (se oscillava già a terra, che avrebbe fatto in aria?).

Pietro si rivolse allo steward malcelando l'incipiente apprensione: «Mi dica, per favore, abbiamo ritardo?»

Risposta: «Un po', c'è qualche turbolenza, ma passerà».

Rassicurato, si rifugiò di nuovo nella conversazione con il direttore dei biscotti, ma il tono era meno vivace.

Nella mia cuccia, lontano da loro, non sapevo cosa fare. Anche se ero ragionevolmente indifferente ai sobbalzi, avrei voluto distrarmi, così ispezionai sedili, tasche delle spalliere, spazi per i bagagli, pavimento e, alla fine, con grande sollievo, trovai un foglio – due sole pagine – del quotidiano *L'Ora* di Palermo di quel giorno.

Conoscendomi, penso che sorseggiai ogni parola con la lentezza di chi non vorrebbe mai arrivare alla fine. Appresi così che c'era stato un furto con scasso in un ricco appartamento della città; mi misi al corrente su una polemica politica che impazzava alla Regione Sicilia, anche se non mi interessava; seppi che il signor x e la signorina y, figlia del caporedattore del giornale, si erano felicemente sposati ed erano partiti per le Maldive in viaggio di nozze

con l'augurio di tutti i colleghi giornalisti. Legger,
minando ogni parola, approfondii la mia conoscer
Ditta Taormina (elettrodomestici e simili) che enfa
le sue mirabolanti offerte con una pubblicità di un (
di pagina, finché arrivai all'ultima colonna disponibi ┘a
l'oroscopo del giorno.

Non leggevo mai gli oroscopi, perché da sempre refratta-
rio alla ciarlataneria degli estensori, manipolatori di anime
ingenue. Mi vennero in mente, a proposito di preveggen-
ze, gli oracoli emessi con solennità misteriosa dalla Sibilla
di Cuma, città vicina al luogo in cui mi trovavo in quel
momento, che da oroscopista d'epoca sentenziava ambigua-
mente al poveraccio, precettato per andare in guerra: «*Ibis
redibis non morieris in bello*» (Andrai tornerai non morirai in
guerra), dove una virgola ballerina, prima o dopo il "non",
condannava il malcapitato a perenne incertezza e angoscia.

Millenni dopo la Sibilla Cumana, la mia giovinezza
era stata ossessionata dal Barbanera, l'almanacco popolare
dell'anno nuovo che andava a ruba in edicola per le "effe-
meridi degli astri", oggetto di approfonditi dibattiti e mal-
celate speranze.

Quella volta, tuttavia, non avendo altro cui avvinghiar-
mi per far trascorrere il tempo in attesa della partenza, tra
uno scossone e un tremolio dell'aereo ancora sulla pista,
non potei esimermi dal leggere anche tutta l'intera colonna
con gli oroscopi di tutti i segni zodiacali. Pietro e io eravamo ambedue dello Scorpione. Fin dalla prima sbirciata si
scatenò anche nel mio cuore la tempesta, aggiungendosi a
quella esterna. L'oroscopista brutalmente ingiungeva a tutti
gli Scorpioni: «Oggi, per nessuna ragione al mondo, dovete
intraprendere un viaggio».

Lessi e rilessi esterrefatto. L'ordine era diretto proprio a
noi Scorpioni e, se io ero pragmatico e realista, Pietro invece
era superstizioso e suggestionabile al limite del parossismo.
Come avrebbe reagito se gli avessi comunicato la nostra certa condanna a morte? Per giunta dentro a quell'aereo che

sembrava sul punto di disintegrarsi ancor prima di decollare?

Pietro e il direttore dei biscotti, intanto, sembravano aver imboccato un filone di conversazione ricco di argomenti e il chiacchiericcio continuava all'insegna della più assoluta normalità, mentre io mi dibattevo nel dilemma: "dire o non dire?" Altro che Amleto! Di lì a poco lo shakespeariano signore della titubanza avrebbe potuto tenere tra le mani anche il mio teschio, fresco di disastro aereo e grondante acqua di mare, visto che avremmo sorvolato il Tirreno e lo Ionio. Il dubbio che mi mordeva cuore e mente era sempre quello: «Devo informare Pietro, o no?» E se lo avessi informato mentre l'aereo era ancora fermo a terra, come avrebbe reagito? Se poi si fosse rifiutato di partire e avesse preteso di essere scaricato a terra, ne sarebbe nato un putiferio burocratico probabilmente insolubile a quell'ora (dovevano ormai essere le dieci o le undici di sera), perché non lo avrei certo abbandonato al suo destino.

Era proprio detto che l'ordine dell'oroscopista fosse collegato a un disastro aereo? Il dubbio non mi sfiorò neppure, date le condizioni ambientali che da qualche ora squassavano l'aereo senza pietà, ma allora tutti gli altri Scorpioni in viaggio come se la sarebbero cavata?

L'impossibilità di uno sterminio di tutti i condannati dalla costellazione mi diede un po' di respiro, così decisi di accantonare per un momento la questione. Per un momento solo, però, perché conoscevo bene certe bislacche reazioni del mio caro socio. Quante volte, nel corso dei nostri innumerevoli viaggi in treno, automobile, motocicletta, aereo, irritato dalle sue stravaganze, avevo annunciato: «Basta, questo è l'ultimo viaggio che facciamo insieme!»

Capitava, infatti, che viaggiando in auto dalla Sicilia al nord, all'apparire di ammassi nuvolosi neri Pietro – era sempre lui alla guida, abilissimo – annunciava: «Queste nuvole non mi persuadono, giriamoci al largo». Detto fatto, pur di evitare la paventata bufera imboccava una strada qualsiasi, iniziando un periplo spesso insensato. Quei giri viziosi lo divertivano sommamente, soprattutto quando la temuta tempesta si dissolveva insieme ai nuvoloni neri.

Intanto, nel turbinio della mia tempesta personale, quella esterna si era calmata. Si sentì il sussurro di un'elica che cominciava a girare, poi quello della seconda, fino a trasformarsi in un rombo. Iniziò, quindi, un lentissimo rullio, liberatorio eppure angosciante, perché non avevo ancora deciso se annunciare o meno a Pietro la condanna dell'oroscopo.

Il rimorso mi attanagliò per tutto il viaggio che, dopo un iniziale vigoroso traballare proseguì addolcendosi a poco a poco.

L'atterraggio a Catania, a mezzanotte, poi, fu dei più tranquilli: il cielo era sereno, la temperatura mite. Il rombo dei motori si attutì, dando inizio al forte fruscio delle eliche, che lentamente si attenuò e infine si estinse come un sospiro soddisfatto. Il portello fu aperto e sbarcammo, io barcollante per le emozioni eroicamente affrontate in silenzio.

All'uscita dall'aerostazione mi decisi a parlare: «Pietro, sai cosa prediceva l'oroscopo di oggi a noi Scorpioni?»

«Dimmi, dimmi» rispose distratto. Glielo dissi, ridendo quel tanto necessario per alleggerire la notizia.

La sua espressione mutò, gli occhi gli balzarono quasi fuori dall'orbita e, furioso, replicò: «Perché non me lo hai detto prima?»

Un attimo di silenzio, poi la mia risposta: «Come l'avresti presa? Cosa avresti fatto?»

«Sarei sceso subito!»

«Proprio per questo non te lo ho detto!» lo folgorai.

Lui scoppiò in una delle sue fragorose risate e convenne: «Hai fatto bene. Al diavolo gli oroscopi!»

A Catania, Pietro e io abitavamo in un orrendo palazzo di recente costruzione di via Adua, in un anonimo quartiere della città. Stavamo in un attico dotato di due stanze da letto, una saletta da pranzo, la cucina e, nostra delizia, una grande terrazza che girava tutt'attorno con meravigliosa veduta sul versante meridionale dell'Etna. Pietro ne era affascinato e il vulcano lo compensava di tanto amore con frequenti sbuffate di ceneri e lapilli, piccole e grandi eruzioni, sempre brevi, prorompenti dal suo gigantesco cratere centrale e altre estemporanee e imprevedibili manifestazioni della sua tonitruante vitalità.

Pur vivendo a Catania ormai da alcuni anni, non conoscevamo quasi nessuno della società catanese, impegnati come eravamo con i nostri gelati, né frequentavamo famiglie locali, perché a ogni pausa dal lavoro ci precipitavamo a Palermo per trascorrerla con le rispettive madri, entrambe vedove, e con gli altri parenti più prossimi.

A Catania avevamo un solo amico, G.N., palermitano, anche lui un aristocratico, che viveva da scapolo al "grattacielo" e si occupava di riassestare e consolidare la clientela della Birra Messina. Era socio del Circolo Unione, il club esclusivo della città, di cui noi non facevamo parte. Ci vedevamo nelle ore di riposo dal lavoro perché, oltre che amici d'infanzia, eravamo patiti di calcio e di scopone scientifico (col morto, essendo in tre).

Proprio all'alba di quel giorno di gennaio del 1966, quando eravamo reduci dal tumultuoso volo da Napoli, G. piombò a casa nostra. Appariva molto agitato e in preda a sentimenti misti sfumanti dall'emozione alla paura. Mi domandò: «Francesco, vuoi farmi da padrino?»

I soli ruoli di padrino che mi vennero in mente furono quelli per i battesimi, ma G. non aveva figli, o quelli mafiosi, ma non era certo il nostro caso. Chiesi, dunque: «Padrino per che cosa?»

«Per un duello».

«Di chi?»

«Mio».

Ero esterrefatto ma divertito. Il duello mi appariva un rituale ridicolo e ammuffito, una delle più stupide invenzioni dell'uomo in nome dell'onore, un frutto esclusivo della vanità, e il fatto che tanta gente fosse stata uccisa in siffatto tipo di "lavaggio dell'onta" mi sembrava aberrante.

«Dici sul serio?» e giù una risata, anzi uno sghignazzo.

«Dico sul serio!»

«Ma pigliatevi a schiaffi o a pugni con il tuo rivale e lasciate perdere questo vecchiume» gli suggerii tra una risata e l'altra.

Lui, però, era serio, molto serio, e contegnoso. «Desidero che tu mi faccia da padrino» insistette.

Anche Pietro, richiesto di "patronaggio" sghignazzò dall'alto del suo metro e novanta, beffeggiando il povero G. che gli arrivava sì e no alla spalla: «Non se ne parla proprio» sentenziò irremovibile e ci piantò.

A quel punto, non mi sentii di abbandonare G. al suo destino e accettai, non sapendo affatto a che cosa mi esponevo (seppi poi che il duello è considerato un reato dal nostro Codice Penale, quindi fortemente perseguito).

Nella spiegazione che mi propinò G. venne fuori tutto un intricato e burrascoso trascorso tra soci, famiglie, gruppi di simpatizzanti (e antipatizzanti) approdato a tanta "dichiarazione di guerra" nel Circolo Unione. G. si era creato all'interno della buona borghesia e dell'aristocrazia catanese una grossa rete di amicizie, soprattutto femminili, e una minore di inimicizie, dato il suo carattere un po' spregiudicato, condito da ironia e autoironia, all'insegna della sincerità assoluta, caratteristica non gradita a tutti. Motivo per cui, quando alcuni dei suoi amici avevano stimato opportuno proporlo tra i soci dell'Unione, il marito di una bellissima, e ben ricca, giovane signora era insorto contro la sua candidatura, opponendosi in modo violento e ostinato.

Costui aveva da tempo sferrato delle azioni giudiziarie mirate a sequestrare il cospicuo patrimonio immobiliare della moglie, per impedirle – così affermava – di dissiparlo in "divagazioni extraconiugali". Una di queste divagazioni, a sentire il marito, era proprio il "coureur de femmes" palermitano. Secondo G., invece, la relazione era inesistente, e io gli credevo. Ma non c'era stato verso di frenare la piena che trascinò tutto il Circolo in una guerra tra colpevolisti e innocentisti.

Il povero G., confuso dall'oltranzismo battagliero, a un certo momento aveva accettato una soluzione contrattata a sua insaputa tra il presidente del Club, innocentista accanito, e il suo vice, colpevolista, in questi termini: «Il Circolo ti ammette tra i soci garantendoti che non riceverai alcuna palla nera (nessun voto contrario); tu accetti, ringrazi e subito dopo ti dimetti». Sembrava una proposta saggia, perché rimetteva tutto nell'ordine pregresso, e così sembrò sul momento anche a G. che la fece propria.

Riflettendoci, però – e qui sta l'intera dimostrazione della sua innocenza – la rabbia montò furibonda in lui. Perché mai, non avendo avuto rapporti amorosi con la gentildonna, ma solo scambi di spiritosaggini *osé* doveva comportarsi come un colpevole e accettare di essere perdonato a tavolino?

Aveva chiesto consiglio a un amico toscano, anche lui immigrato a Catania nel dopoguerra, il marchese Antonio B., ex ufficiale di Marina, reputato uomo di mondo che ben sapeva come comportarsi nelle situazioni delicate. Dal colloquio venne fuori una lettera da indirizzare al marito "tradito" e da consegnare rigorosamente a mano. Eccone il testo:

Caro Giuseppe,
da molto tempo, ormai, mi annoi, coinvolgendomi, mio malgrado, nelle tue piccole questioni personali. La pazienza, che ho dimostrata finora al riguardo, e che a qualcuno può essere sembrata eccessiva, non è stata conseguenza, credimi, di un malinteso senso di signorilità; ma semplicemente di un profondo, assoluto disinteresse circa l'opinione che tu e la tua intima cerchia di amici possiate avere di me.
Ciò, comunque, potrebbe averti indotto nel fatale errore di considerare tuo preciso diritto il seguitare a spararmi addosso con le armi, beninteso, che mostri di prediligere, almeno nei miei con-

fronti, come carte bollate, palle nere, diffamazioni, menzogne, anziché con le altre; quelle, cioè, che possono presentare, per chi le usa, qualche rischio in più.

Ora, il bel gioco che, per essere spiritoso come tutti sanno, deve durare poco, dura invece da troppo, sta diventando noioso. E siccome, per farlo finire, uno di noi due deve cedere, sono lietissimo e orgoglioso di farti sapere, con questa mia, che ho deciso di cedere io. Con moltissime scuse, perché se è assodato che la generosità proviene sempre dai migliori, ciò potrebbe farti pensare, naturalmente a torto, che io osi ritenermi migliore di te.

Per entrare nel vivo della questione, e poiché non vi è dubbio che tutte le nostre divergenze, passate e presenti, si riducono al fatto che io mi sono sempre rifiutato di considerarti, come da te ardentemente desiderato, un... cocu (o, per dirla in soldoni, un beccaccione), sono a dirti, col cuore in mano, che da questo momento ti considero il più grande cornuto che la storia della pochade abbia mai registrato; spingendo la mia compiacenza fino ad ammettere, di buon grado, che il tuo attuale biglietto da visita, quel «Barone Cornadoro» col quale sei ormai universalmente individuato, sia il più confacente al tuo stato.

Perché, sia ben chiaro, se è vero che io non so per colpa o per merito (scegli tu) di quali persone tu sia becco, è altrettanto vero che ormai da un lustro tu hai usato ogni mezzo a tua disposizione per farti laureare o, se mi permetti l'espressione, "incoronare" – sia dall'opinione pubblica che dalla legge – "dottore in corna" o forse, per rispetto al tuo rango, "Barone con corna"; o meglio ancora, "cornadoro".

Caro Giuseppe, forse, dopo aver letto attentamente questa lettera e, soprattutto, dopo averla fatta leggere a papà, sarai tentato di ricorrere all'arma, a te così cara, della carta bollata. Al tuo posto non lo farei. Bisogna, almeno nei momenti più importanti della vita, essere coerenti. E allora devi deciderti, una volta per tutte. Dopo aver fatto il possibile e, devo riconoscerlo, anche l'impossibile, per conseguire quella famosa laurea, se un amico di più si unisce al coro e te ne dà atto, facendo anche onesta ammenda per non averci creduto prima, non puoi che esserne soddisfatto, di quella particolare, sottile soddisfazione che proviene soltanto dal dovere silenziosamente adempiuto, o da una nobile missione condotta a termine.

[...] Ti auguro sinceramente ogni fortuna; e mi auguro che quelle meravigliose corna, entrate ormai nella leggenda, siano, sulla tua fronte, sempre più grandi, luccicanti, dorate e, soprattutto, redditizie.

Il duello rappresentò la naturale conclusione delle turbolenze che avevano messo in moto tutta la vicenda. Il marito "tradito", stavolta, invece di ricorrere alla carta bollata e alla richiesta di danni, sfidò il presunto rivale all'arma bianca nel pieno rispetto del Codice Gelli (da non confondere con quello della P2), il manuale del perfetto duellante che prescriveva le regole della "difesa dell'onore leso".

Per lo scontro non fu scelta l'alba presso i bastioni di Saint Germain, come si usava secoli fa a Parigi, ma il più comodo orario delle undici del mattino, presso una signorile fattoria agricola lontana dalla città, e soprattutto dai Carabinieri. Con nostro estremo stupore, c'era però una gran folla di spettatori (realizzai in seguito che i preliminari "segreti" tenutisi in salette riservate dell'hotel Excelsior avevano stimolato l'attenzione di molti curiosi).

Non ci furono feriti, perché l'unico a "toccare" fu uno dei medici, che provocò il "primo sangue" con una punturina praticata di nascosto, fermando così il duello.

Pietro ricomparve alla fine con la sua Renault 4 per sottrarre me e G. a un eventuale, temuto intervento in extremis delle Forze dell'Ordine e per riportarci a casa.

Di quell'ultimo duello e di Giuseppe "Cornadoro" si parlò a lungo in tutta Italia. Lo Specchio, antesignano dei settimanali di gossip, riportò i pettegolezzi catanesi e con prudenza accennò al duello. Fu un divertimento nazionale, che mi tornò alla memoria quando, negli anni Ottanta, fui eletto presidente del Circolo Unione, dove era nata tutta la ridicola vicenda e dove il mio arrivo segnò l'inizio di una nuova stagione, cinematografica, ovviamente.

Una "grande beffa"
per piccoli imprenditori

Quando ero a Los Angeles per *La Carrozza d'oro*, Kay Harrison, direttore generale della Technicolor, mi aveva parlato di certi amici suoi che proprio in California avevano iniziato con moltissimo successo la coltura di una pianta originaria dell'America Centrale chiamata pera-avocado per via della sua forma. Mi accompagnò in un vivaio e mi convinse a comprarne una decina di piantine.

«Perché non le provi in Sicilia, dove avete lo stesso clima?» mi propose.

Ne feci, allora, spedire alcune a Bagheria, dove però non attecchirono a causa del freddo invernale, e altre a Pietraperciata, dove gli alberelli crebbero, invece, felicemente e segnarono l'inizio delle mie sperimentazioni botaniche.

Kay Harrison aveva anche una villa a Crotone sull'Hudson, nei dintorni di New York, dove mia moglie e io andavamo spesso a colazione. Un giorno, fummo costretti a sfidare una terribile nevicata, attraversando chilometri e chilometri di campagna ghiacciata percorsa da un vento gelido, a bordo di uno di quegli instabili macchinoni allora di moda, che avevo affittato a New York previa la conquista della patente di guida americana.

«È proprio in una situazione del genere che il dottor Birdseye ha fatto una delle scoperte del secolo», esclamò Mr. Harrison venendoci incontro.

Fu allora che appresi che un esploratore dotato di fantasia, il signor "Occhio di uccello" (questa la traduzione del suo bizzarro cognome), trovandosi negli anni Venti in Groenlandia, notò che i Lapponi appendevano al vento e al gelo del polo Nord strisce di carne di foca e di pesce. Birdseye si accorse che al momento dell'utilizzo a temperatura ambiente quei cibi avevano lo stesso aspetto e gusto dei pesci appena pescati. Tale osservazione gli consentì di comprendere appieno che la rapidità nel congelamento era fondamentale per mantenere la qualità del cibo. Tramite il raffreddamento in qualche frazione di secondo, ad esempio nel caso dei piselli, o al massimo in qualche minuto, se si trattava di pesce, si riusciva a mantenere integro l'alimento in tutte le sue componenti nutritive. Inoltre, in questo modo il cibo non collassava al momento dell'utilizzo a temperatura ambiente, come era avvenuto durante la guerra con le carni bovine provenienti dall'Argentina, il maggior produttore mondiale a quei tempi, dove la tecnica della congelazione era stata sperimentata per rifornire le truppe, oltre che la popolazione. Quella bella bistecca, una volta scongelata, perdeva tutte – o quasi – le qualità gustative, insieme al liquido organico delle cellule e alle sue principali componenti nutrizionali, cosa ancor più grave.

Harrison mi portò in uno dei primissimi supermercati che allora cominciavano ad apparire e mi mostrò alcuni grandi banconi che conservavano i cibi al freddo. Contenevano di tutto, perfino il pane, perché quella nuova tecnologia della surgelazione la si andava sperimentando negli Stati Uniti su tutti gli alimenti, chiamati sin da allora *quick frozen foods*.

Mi resi subito conto di quanto tutto ciò potesse contribuire a trasformare in un'attività economicamente vantaggiosa l'ortofrutticoltura siciliana. Questa, infatti, si dibatteva in perenne instabilità economica perché – se pur beneficiata dagli alti prezzi di vendita nel breve periodo di "primizia", compensando gli alti costi di trasporto verso i grandi mercati – era condannata all'abbandono sui campi dal momento dell'inizio delle produzioni di massa continentali. Poterne conservare e "confezionare" fragranza e qualità significava creare nuove fonti di lavoro agricolo e industriale per le maestranze locali.

264

Non avevo i mezzi finanziari per realizzare, come avrei voluto, un'industria siciliana di surgelati, ma con il mio socio Pietro Moncada e la nostra Sikelia avevamo acquisito una vasta esperienza tecnico-operativa nel mondo del freddo a bassa temperatura. Questa competenza ci consentì di ottenere in esclusiva per l'Isola la concessione di vendita dei surgelati della Birdseye, la grossa azienda cui lo scienziato "Occhio d'uccello" aveva dato il proprio nome e che faceva ormai parte della multinazionale Unilever.

Questo, oltre a permettere alla Sikelia l'utilizzazione della propria "catena del freddo" per tutto l'anno anziché per soli sei mesi, come avveniva a quel tempo, le conferì immediatamente una posizione di privilegio nei confronti dei produttori di gelati e surgelati. D'altronde già da tempo ci veniva richiesta da alcune industrie di gelati frutta siciliana confezionata in paste e congelata.

Il primo passo verso il nostro ambizioso progetto sarebbe stato un impianto di minime proporzioni per una fornitura iniziale di circa cinquecento quintali di paste congelate. Queste sarebbero state spedite a Napoli con i carri ferroviari a piastre eutettiche (a meno trenta gradi centigradi) con cui si trasportavano in Sicilia i gelati e il cui elevatissimo nolo per il ritorno era pagato a vuoto dalla Sikelia.

La fornitura delle fragole fu assicurata grazie alle coltivazioni che avevamo impiantato nella Sicilia orientale, ma soprattutto dalle nuove colture sperimentali di fragoloni californiani che avevamo avviato a Cassibile, nella stessa tenuta dove aveva avuto luogo alla fine della seconda guerra mondiale la storica firma dell'armistizio.

Fra gli intraprendenti soci di quella che si rivelò essere un'iniziativa tanto pionieristica quanto esaltante, c'era Ignazio Continella, che a Giarre produceva fragole "aeroponiche" (volanti), al quale avevo anche assegnato il compito della moltiplicazione degli avocado dai semi che gli fornivo.

Per primo in Europa importai dalla California, ottenendo in maniera rocambolesca dal ministero dell'Agricoltura gli

265

astrusi permessi necessari, migliaia di piantine di una varietà di fragoloni carissima in quanto geneticamente selezionata per migliorarne la qualità (era l'antenata di quella che ormai invade i nostri supermercati). Appena adattati al rigoglioso terreno del siracusano, i fragoloni cominciarono a produrre – anche grazie ai sistemi di irrigazione e pacciamatura d'avanguardia – frutti precoci di tali dimensione e sapore da renderli irriconoscibili agli occhi di Mr. Hyde, colui che me le aveva fornite ed era venuto in Sicilia a curiosare.

Avevamo sperimentato dei seggiolini sopraelevati trainati dal trattore per rendere meno faticoso il lavoro delle raccoglitrici, decine di donne che, da San Fratello nei Nebrodi si trasferivano a Cassibile con l'intera famiglia per tutto il tempo della raccolta. Ai mercati generali di Milano il grossista gongolava per i prezzi che riusciva a strappare.

Le richieste di fragole piovevano anche dall'estero e per alcuni anni ogni giorno ne spedimmo un vagone di quattro tonnellate al signor Puleo, il catanese delle Halles che a Parigi commerciava con grande successo anche i nostri fichi d'India scozzolati e spazzolati con apposita confezione dotata d'istruzioni per l'uso.

Intanto, Pietro e io eravamo entrati in società con la FLO. GE.CO di Arabella Salviati. Figlia di un duca toscano e di Igea Florio, ultima della dinastia di armatori e imprenditori che aveva dato lustro alla Belle Epoque siciliana, Arabella aveva sposato Francesco Lanza dei principi di Scalea, noto come Franco Scalea per via della perdurante e diffusa usanza d'epoca monarchica di identificare gli aristocratici con il titolo e non con il cognome. Ad esempio, io ero un Villafranca, il mio amico Venceslao Lanza, anche lui a quei tempi socio della FLO.GE.CO, è tuttora noto come Vences Mazzarino. Difficilmente un "continentale" lo individuerebbe come fratello di Gioacchino Lanza Tomasi, figlio adottivo dell'autore del *Gattopardo* (che, nella sua multiforme e cosmopolita esistenza di uomo di cultura è tutt'altro che un gattopardo).

Il "continentale" è di solito altrettanto disorientato dalle targhe stradali dedicate a Palermo a personaggi genericamente indicati con il solo titolo (Duca della Verdura, Principe di Paternò) o addirittura semplicemente con il feudo (Castelnuovo). Pochi sanno che si tratta per lo più dei protagonisti della sfortunata rivoluzione antiborbonica del 1820.

Arabella si era introdotta nel mondo, per noi misterioso, della Cassa del Mezzogiorno, istituzione che bisogna inquadrare nelle vicende del dopoguerra.

La Sicilia aveva covato il sogno di collegarsi politicamente con gli Stati Uniti e diventarne il quarantanovesimo Stato, separandosi dall'Italia che aveva perso la guerra. Si crearono due fronti e ci furono anche dei morti negli scambi di fucilate tra siciliani. I separatisti erano sovvenzionati dagli emigrati in America e avevano a capo Finocchiaro Aprile, un avvocato molto noto a Palermo. Per tacitare le rivendicazioni fu elaborata una speciale regolamentazione per l'Isola: lo statuto emanato con regio decreto da Umberto II alla vigilia dell'esilio, il 15 maggio 1946, segnò la nascita dell'autonoma Regione Sicilia, due anni prima di quella della Repubblica Italiana. Fu il governo De Gasperi del 1950 a varare, con ingenti fondi americani, un'istituzione, la Cassa del Mezzogiorno appunto, che realizzasse il grande futuro industriale del Sud e in particolare della Sicilia.

Con i finanziamenti per lo sviluppo della floricultura, Arabella – che era una straordinaria organizzatrice – si era inventata un'attività nella quale ci coinvolse. Finimmo tutti a Migliarino, dove uno dei suoi fratelli coltivava in immense serre fiori che venivano spediti all'altro fratello che si era trasferito in Colombia, per avviare un proficuo business floricolo.

Pietro e io, con la consulenza di un olandese specialista in genetica, il signor Jan Petiet, ci lanciammo nel settore dei bulbi. Avevamo approntato nel nostro stabilimento di Ragusa delle piccolissime celle a temperatura calda, dai trentacinque ai quaranta gradi centigradi, specie di incubatori che ci consentivano di "condizionare" lo sviluppo, la crescita e addirittura la tipologia dei fiori che sarebbero nati da quei bulbi. Prendemmo, quindi, in affitto a Fiumefreddo una decina di ettari che arrivavano fino al mare, un terreno dotato di una sorgente d'acqua dolce abbastanza vicina alla battigia, che utilizzavamo per l'irrigazione dei bulbi di iris e tulipani piantati in pieno campo i quali, grazie alla miracolosa terra di quella zona e ai "condizionamenti" del signor Petiet, riuscivano a fiorire in tempi talvolta abbreviati di un anno rispetto a quelli del Paese d'origine.

Il primo anno, per merito di Pietro che andò ripetutamente a trattarne la vendita, arrivarono alcuni enormi camion frigoriferi dall'Olanda che si caricarono tutti i nostri bulbi, e ce li pagarono. Il secondo anno i compratori alzarono l'ingegno e trovarono mille sotterfugi per incamerarsi il prodotto e sparire. Immagino che si fossero fregati l'idea e creati le loro celle calde e i loro campi in qualche altra terra assolata. Da quel momento accertammo che noi siculi, da sempre considerati il popolo più imbroglione d'Europa, eravamo semplici dilettanti in confronto a quelli più a nord di noi, assai più furbi e più bravi nel farsi gli affari loro.

La FLO.GE.CO e l'Acanto, la nuova società di primizie e frutti esotici che avevamo creato insieme ad Arabella e a una famiglia di commercianti ortofrutticoli di Vittoria, sperimentavano in giro per la Sicilia sia prodotti tradizionali coltivati con tecniche d'avanguardia, sia ortaggi per noi insoliti, come gli asparagi bianchi e le carote mignon, che altre varietà in fase di elaborazione da parte della dottoressa Jordan nelle Canarie. Al ritorno da Tenerife le nostre valigie occultavano talee per innesti di nespoli con semi minuscoli ottenuti attraverso la selezione genetica e di specialissimi avocado che si tramutarono in un pionieristico e rigoglioso bosco a Pietraperciata, oggi curato da Maria-José, la vedova di mio fratello Raimondo, e dai suoi figli. Gli avocado, di cui sono notoriamente ghiotto, però, non me li portano mai...

I "pezzi forti" della dottoressa Jordan, quelli che più ci entusiasmavano, erano i pesci quasi privi di lische, che decidemmo di allevare nei laghi salati di Vendicari, idilliaco approdo di uccelli esotici conteso dalla speculazione edilizia ma oggi, grazie alle nostre battaglie, una delle principali riserve naturali dell'Isola.

Scorrazzavamo da un campo sperimentale all'altro, sempre in compagnia di Cuore, una fox-terrier chiamata così per via della sorprendente macchia sul pelo della schiena. Un cane che, da quando mi era stato affidato dalla mia figlioletta, non conobbe guinzaglio né collare, ma solo la mia voce.

A quel tempo percorrere la Sicilia era un'impresa, e noi macinavamo giornalmente chilometri e chilometri di curve, strade sterrate e fossi. Pietro faceva "il domandiere", sporgendosi dal finestrino per attaccare discorso con i passanti, sempre curioso di scovare personaggi, proverbi, pietanze.

Una sera – guidavo io – tornavamo dalla bellissima tenuta di Arabella che confinava con il mare, nei pressi di Vittoria, e c'era la luna piena, una luna così brillante con il cielo così limpido che dovetti abbassare il parasole perché mi abbagliava. Scossi Pietro insonnolito: «Guarda questa nostra luna che ha la potenza del sole».

Ma non c'era spazio per la poesia nelle nostre vicende. Alti funzionari della Cassa del Mezzogiorno di Roma che sponsorizzava FLO.GE.CO e Acanto, in combutta con i commercianti di Vittoria, ben presto usurparono i nostri progetti con il risultato di fregare noi e anche Arabella, che era tutt'altro che ingenua.

Quanto alla surgelazione – persino la parola era sconosciuta in Sicilia nel 1961 – avevamo affiancato alla Sikelia l'I.S.A.S.S. (Istituto Sperimentale Alimenti Surgelati Siciliani), un ente privato deputato all'approfondimento conoscitivo, tecnico, progettuale e commerciale della nostra nuova embrionale attività in quel campo. Nel 1962, con i dati forniti dall'ISASS – relazioni, studi, rilevamenti effettuati anche a livello mondiale – ci presentammo ai dirigenti della SOFIS, l'avvocato Morgante, il dottor Modìca e l'ingegner Domenico La Cavera detto Mimì, amministratore delegato. Ottenemmo un entusiastico consenso di massima per la creazione di una società pubblico-privata costituita da Sikelia e SOFIS, cui fu concordemente dato il nome di Progetto Stella.

Non mancammo di completare i dati dell'ISASS con dimostrazioni pratiche a base di alimenti surgelati di ogni genere (vegetali, pesci, tacchini, polli), rastrellati in Germania, Francia e Svizzera e importati su un autocarro frigorifero a bassa temperatura della Sikelia, appositamente inviato da Catania. Con quei cibi organizzammo per dirigenti e dipendenti SOFIS un pranzo con degustazione in un albergo di Barcellona Pozzo di Gotto.

Allo scopo di constatare le reali possibilità di collocamento nei mercati del Norditalia e dell'Europa in genere di vegetali surgelati prodotti in Sicilia, l'ISASS, nel 1963, svolse un'ulteriore ricerca per la quale furono convocati tre esperti, i quali poterono provare personalmente il risultato della surgelazione di prodotti ortofrutticoli che si producevano nell'Isola. Il loro giudizio fu sostanzialmente positivo.

Il progetto Stella aveva come obiettivo la costruzione di un piccolo impianto pilota con campo sperimentale e una limitata, ma efficiente e completa catena del freddo. Avrebbe avuto sede vicino a Catania, da dove in poche ore si potevano raggiungere i campi sperimentali dell'Acanto. Il progetto esecutivo, completo di computi metrici e preventivi, fu realizzato dall'architetto Francalanza e consegnato alla SOFIS nel settembre 1963.

La sezione tecnologica consisteva in una sala di lavorazione di duecento metri quadri circa, nella quale dovevano essere allocati tutti i macchinari necessari per la preparazione del prodotto prima della congelazione. Attigui alla sezione vi erano alcuni locali, uffici, magazzini e i servizi igienici. Era previsto anche uno scantinato destinato a magazzino per imballaggi. La sezione congelamento comprendeva tre celle a meno venticinque gradi per la conservazione dei prodotti (capacità di circa ottocento metri cubi), una anti-cella di circa duecento metri cubi per alcune lavorazioni speciali e per deposito di materie semilavorate destinate al congelamento e per ospitare un congelatore ultrarapido a piastre, nonché un tunnel di congelamento rapido. La struttura dei sistemi di refrigerazione sarebbe stata completamente automatica con un innovativo metodo di risparmio energetico.

Sulla base dei risultati ottenuti con le sperimentazioni da effettuare con il piccolo "Impianto pilota di surgelazione" si sarebbe elaborato un programma operativo industriale, quello che oggi si chiama un business-plan, che doveva servire a evitare gli investimenti avventurosi a rischio di sprechi.

Successivamente all'acquisizione da parte della sofis di tutta la documentazione sopra descritta (fine 1963-inizio 1964) piombò il più assoluto silenzio sulla trattativa: i vari personaggi della sofis si resero irraggiungibili, mettendo in atto la più assoluta incomunicabilità tra loro e la Sikelia. Tutto si arenò senza spiegazione. (La vicenda, con il suo amaro finale, è stata ricostruita nei minimi particolari nel 2014 da Francesca Sclafani nella sua tesi di laurea in architettura, elaborando i copiosi dati e grafici da me forniti.)

Come si rivelò in seguito, le dimensioni del progetto Stella erano troppo modeste per gli appetiti di chi governava la SOFIS e i suoi "complici affamati". Per l'impianto pilota da noi proposto si sarebbero dovute spendere solo alcune centinaia di milioni di lire! Non valeva proprio la pena perderci tempo correndo appresso a gente che operava guardando il futuro con la cautela della mentalità privatistica, basata sulle certezze e le dimensioni imprenditoriali. Questa, presumo, fu la valutazione, ormai assurta a sistema, dei principali responsabili del disastro economico siciliano.

Nel 1965 cominciarono a comparire con nostra grande meraviglia sul quotidiano catanese *La Sicilia* sensazionali articoli che, enumerando ed enfatizzando i poteri miracolosi di una nuova industria e delle sue inimmaginabili prospettive future, comunicava l'avvenuta costituzione di una "Grande Società", che avrebbe rivoluzionato l'agricoltura attraverso la surgelazione di vegetali e altro: una fantastica prospettiva per la Sicilia.

La società si chiamava ETNA ed era costituita dalla SOFIS (presidente l'onorevole Barbaro Lo Giudice, amministratore delegato l'ingegner La Càvera e dirigenti i già citati Morgante e Modìca) con una partecipazione privata non precisata. Si appurò in seguito che questa faceva capo all'italo-americano Max Corvo, dirigente dei Servizi Segreti Militari Americani durante la guerra e organizzatore in Sicilia, mafia compresa, dell'accoglienza delle forze alleate nell'Isola in preparazione e concomitanza con lo sbarco del 10 luglio 1943. Si apprese anche che Mr. Corvo aveva procurato l'acquisto in America di tutti i macchinari da utilizzare per l'impianto. Corse voce anche – e le successive constatazioni ne furono conferma quasi certa – che provenissero da industrie americane che già le avevano utilizzate e dismesse. Con sorpresa si accertò, a stabilimento completato, che non si trattava di apparecchiature per la surgelazione di vegetali, bensì di un immenso impianto per la surgelazione di succo d'arancia di cui all'epoca si faceva un cospicuo consumo negli Stati Uniti. A tale impianto furono aggiunte diverse celle frigorifere, a bassa temperatura per la conservazione di prodotti finiti, di imponenti dimensioni (in totale 120.000 metri cubi) che costituirono il più grande centro frigorifero dell'intera Europa. Furono inoltre spesi addirittura duecentocinquanta milioni di lire di allora per un gigantesco macchinario che non funzionò mai. Il tutto su un'area di circa 170.000 metri quadri acquisita nella zona industriale di Piano D'Arci a Catania.

Nessuno, però, tanto meno la Regione, si preoccupò di promuovere il prodotto del colosso ETNA. Quelle lattine di succo surgelato di arance sanguinelle o di pomodoro ricavato dall'estratto non avevano allora alcun mercato né da noi né in Europa, dove sarebbe stata necessaria una capillare azione di diffusione. Fu così che quella iniziativa, invece di cogliere la preziosa e irripetibile occasione di rendere la Sicilia capofila e leader nel nuovo mondo della surgelazione, salvandone l'economia ortofrutticola, bloccò, oltre al nostro, qualsiasi altro serio tentativo di industria di trasformazione. L'immane investimento pubblico si concentrò su un'attività non necessaria per l'agrumicoltura allora fiorente, che non offriva né creava un mercato e, di contro, prospettava rischi economici e commerciali altissimi.

La Società ETNA si rivelò un mostro che ingoiò nei suoi dieci, quindici anni di vita centinaia di miliardi di lire in costanza della completa inerzia della classe politica che si alternò alla dirigenza della Regione fino agli anni Ottanta, quando la illuminata attenzione di un nuovo presidente della Regione, Rino Nicolosi, ne determinò la chiusura. A quella decisione l'onorevole Nicolosi era giunto in seguito al parere tecnico dei due massimi esperti del settore, i miei interlocutori ragionier Mario Pretti e ingegner Binacchi, presidente e direttore generale delle fabbriche Findus e Algida che avevo appositamente ospitato a Catania. Questi, esaminando la contabilità dell'ETNA, avevano scoperto che l'intero fatturato della società con i suoi succhi di arancia non copriva neanche il costo dell'energia elettrica fornitale dall'ENEL. Non era immaginabile procedere oltre.

La Grande Beffa, sperimentata su noi formichine dell'industria, continuò a essere il metodo dei Grandi Furbi che ancora oggi, impuniti, divorano fondi e risorse affossando ogni progetto di qualità che li priverebbe del monopolio economico e culturale dell'Isola (nonché dei voti).

Quello dell'ETNA fu uno dei molti macigni scaraventati sul nostro cammino. Le fragole, quando non venivano bloccate direttamente sui campi – perché ci rifiutavamo di piegarci a intimidazioni di varia provenienza – marcivano negli aeroporti o sui vagoni ferroviari per sospettabili disservizi.

Compaesani spregiudicati inviarono fuori stagione, ma sugli stessi nostri mercati francesi, fichi d'India selvatici (quelli che noi "scozzolandoli" distruggevamo per ottenere in autunno frutti succosi ricchi di polpa). Quelli selvatici, per giunta spediti con tutte le spine, erano facilmente deteriorabili, e rovinarono la nostra buona reputazione. I migliori clienti erano stati i *pieds-noirs*, francesi espulsi dall'Algeria e quindi, a differenza dei connazionali del Nord, conoscitori di questi frutti esotici: non erano certo disposti «a farsi fregare dagli arabi di Sicilia», includendo a torto anche noi.

Oltre agli intralci burocratici, scontati quanto quelli fiscali e ambientali, subimmo furti e vandalismi nella fabbrica appena ampliata e arricchita di nuove avanzate tecnologie. Persino i cancelli furono forzati da veicoli cingolati. Tanto che a un certo punto Pietro si arrese e diede forfait. Rilevai la sua quota e nei successivi quattordici anni di battaglie per la sopravvivenza della Sikelia ebbi la fortuna di avere al mio fianco un giovane avvocato palermitano, Emanuele Carbone. Bisognava difendere sia il marchio che il *know-how* dai ripetuti tentativi di sottrarmeli, tutelare i miei prodotti da contraffazioni di pessima qualità e ottenere dai distributori inadempienti il pagamento della merce, talvolta tonnellate e tonnellate di gelati.

Brillante risolutore di alcune delle infinite vertenze, Emanuele divenne col tempo indispensabile anche come assistente personale e oggi, che è ai vertici della carriera, come amico. Neppure con il suo aiuto, però, è stato possibile evitare che la Reale Mutua, Società Assicuratrice di Torino, si avvalesse di un debito di settantamila euro – che pure ero in grado di onorare – per far fallire la Sikelia, suo trentennale cliente.

Epilogo

Castigati da mamà,
Visconti e Rossellini

Oggi, nel ripercorrere quasi un secolo di vita, mi vengono alla memoria tanti particolari che avevo trascurato nella fretta quotidiana del fare. Vengono su come frammenti del relitto di una nave, galleggiando tra i ricordi e mostrando anche i "pezzi" meno nobili. La riflessione sul passato mi è stata sollecitata dalla lettura di alcuni libri di recente pubblicazione, a cominciare dalla *Doppia vita di "Francesco, giullare di Dio"*[7], di Tomaso Subini, un ricercatore che insegna Storia e critica del cinema all'Università di Milano. Da lui apprendo, già nell'Introduzione, che *Stromboli* di Roberto Rossellini, il film rivale del mio *Vulcano*, fu realizzato «con la collaborazione del padre domenicano Félix Morlion e con gli appoggi istituzionali forniti dal Sottosegretario democristiano Giulio Andreotti». Sconcertato, mi tuffo in quelle pagine ricche di una quantità di citazioni e inediti documenti d'archivio, dalle quali emerge una storia del cinema italiano del dopoguerra fatta di trame, intrighi e scontri fra ideologie che io avevo attraversato ignaro e con assoluto candore. Intoppavo in continui intralci alla mia attività, senza riuscire a spiegarmi il perché. «Per le gerarchie cattoliche» m'illumina Subini «un cinema che mettesse l'accento sulla conflittualità sociale era un cinema patologicamente pericoloso, del quale diffidare».

Mi torna improvvisa alla mente la quotidiana invocazione del padre gesuita della mia scuola: «Liberaci dai pericoli del cinematografo» e mi si apre uno squarcio su questo aspetto del "pericolo" che avevo sempre ignorato, inconsa-

---

7 T. Subini, *La doppia vita di "Francesco giullare di Dio". Giulio Andreotti, Félix Morlion e Roberto Rossellini*, Milano, Libraccio Editore, 2011.

pevole di quanto il "nostro" neorealismo spontaneo potesse costituire una minaccia per chicchessìa. Eppure un'infinità di dichiarazioni di Andreotti confermano che la semplice narrazione cinematografica di quella realtà tragica, emozionante, esaltante, paradossale, violenta, scanzonata nella quale vivevamo, fosse percepita dalle gerarchie cattoliche come un cinema da riformare, o addirittura da annientare.

«Soltanto il giorno in cui i cattolici avranno un peso effettivo nell'arte e nell'industria dello spettacolo, allora potremo dire di aver raggiunto una conquista positiva [...] per una cinematografia italianamente e spiritualmente ispirata»: così Giulio Andreotti nel discorso pronunciato il 20 novembre 1948 inaugurando l'anno accademico dell'Università Internazionale di Studi Sociali Pro Deo, creata a Roma dal religioso belga Félix Morlion grazie a fondi americani.

Secondo lo scrittore siciliano Casarrubea, citato da Subini, la Pro Deo sarebbe stata «usata come centro dei servizi di intelligence che facevano capo alla Santa Sede». Morlion si era fatto una fama di «esperto nelle tecniche di guerra psicologica e propaganda di massa» qualche anno prima, fondando a Lisbona un'organizzazione cattolica europea antiComintern. Nel 1941, su invito del direttore dei servizi segreti americani, si era recato a New York e lì aveva conosciuto e frequentato Don Luigi Sturzo, il sacerdote calatino fondatore della DC. Fu proprio Sturzo a garantire per Morlion affinché il domenicano belga potesse arrivare nel nostro Paese al seguito delle truppe alleate sbarcate in Sicilia nel '43: «Félix Morlion intende recarsi in Italia. L'ho incoraggiato per l'ottimo lavoro che può realizzarvi. Lo conosco molto bene. Gli affiderò alcuni compiti di carattere sociale e religioso da svolgere in Italia», questo il messaggio indirizzato a Earl Brennan, capo del settore italiano del Secret Intelligence, lo spionaggio dei servizi segreti statunitensi[8].

Veniamo così a sapere che al suo arrivo a Roma Morlion assunse come segretario particolare il giovane Giulio

8 *Ibid.*

Andreotti, lanciandolo verso i piani alti della politica: non a caso due anni dopo Andreotti era già sottosegretario alla Presidenza, con delega allo Spettacolo, nonostante, per sua stessa ammissione, fosse del tutto «ignorante in materia».

Padre Morlion era invece un appassionato del grande schermo e sarebbe diventato – guarda un po', grazie ad Andreotti – «un punto di riferimento imprescindibile negli ambienti del cinema cattolico almeno fino alla metà degli anni Cinquanta».

Questo prete paffutello, pelato, occhialini e doppio mento lo vedevo spesso a Roma gesticolare alla sua finestra di via Tevere, quasi accanto a dove abitavo. Sentivo che era un elemento di disturbo, ma tutto potevo pensare salvo che fosse un intruso nella mia vita: la sceneggiatura di *Stromboli* l'aveva riscritta lui, su commissione di Andreotti, con l'aiuto del fedelissimo Gianluigi Rondi, allora agli inizi della sua sponsorizzata carriera nel mondo del cinema. I loro temi "spiritualmente ispirati" erano stati introdotti dentro la sceneggiatura della Panaria che incautamente Renzino Avanzo aveva consegnato al cugino Rossellini. Ma lui aveva piantato noi e il nostro *Vulcano* di cui gli avevamo affidato la regia, e se ne era volato negli Stati Uniti.

Ingrid Bergman era stata già da lui informata in due precedenti incontri a Londra e Parigi di un soggetto che lo stesso Rossellini aveva elaborato con lo sceneggiatore Amidei per sbarazzarsi della Magnani, divenuta una convivente insopportabile e per sostituirla con l'attrice svedese, che oltretutto avrebbe potuto facilitargli l'accesso ai produttori americani. Al posto della "nostra" prostituta eoliana, infatti, era spuntata una profuga nordica venuta a sposarsi nelle Eolie. Ingrid aveva non solo accettato quel ruolo, ma chiesto il finanziamento del film al suo più acceso ammiratore, l'eccentrico miliardario Howard Hughes.

Tutta la leggenda costruita sul "primo incontro d'amore" in America tra Ingrid e Roberto è stata sfatata da Alberto Anile e Maria Gabriella Giannice nel loro libro *La guerra dei vulcani*[9], dove vengono ricostruiti con sequenze appassionanti quei mesi che per me furono un'inferno. Si racconta di un incontro a Ciampino tra il "clandestino" Rossellini in partenza per gli USA senza valigia né soldi (per non destare i sospetti della gelosa Magnani) e Gianluigi Rondi, che a questo punto suppongo gli abbia garantito il sostegno di Morlion e Andreotti, ovvero di Chiesa e Stato. Con simili credenziali Rossellini avrebbe potuto ottenere fior di finanziamenti da parte dell'America puritana per un film "spiritualmente ispirato". Bastava ritoccare in questo senso il soggetto già delineato e sottoposto alla Bergman.

Ricordo che al suo rientro dagli Stati Uniti il regista aveva proposto a Renzino l'incarico di ispettore di produzione e a me di usare le riprese dei documentari Panaria e la nostra conoscenza delle isole Eolie per il *suo* film. Ci voleva liquidare con un contentino. Nonostante la profonda irritazione per il voltafaccia alla vigilia delle riprese di *Vulcano*, per il quale, proprio a garanzia della presenza di Rossellini, avevamo impegnato a caro prezzo Anna Magnani in quanto sua compagna, decisi di fargli una controproposta. Quel 16 marzo 1949 ero ovviamente all'oscuro dell'intenso lavoro che sin dall'autunno aveva visto indaffarati alle mie spalle Morlion, Rondi e lo stesso Andreotti, quindi risposi formalmente a Rossellini proponendogli una compartecipazione della Panaria al suo film.

Quanto ero ingenuo! Come potevo allora immaginare che – come rivela Subini – Rossellini e la Bergman «avevano già accettato il tema religioso elaborato da Morlion da inserire nel film *Stromboli*, facendolo diventare *Terra di Dio*»?

Pare addirittura che il sacerdote domenicano, incurante della relazione adulterina tra Roberto e Ingrid, avesse imposto la propria presenza sul set eoliano, determinando intere scene di contrizione e conversione, e curandone persino la regia. Lui e Andreotti avrebbero così potuto rivendicare, nei

9   A. Anile e M.G. Giannice, *La guerra dei vulcani. Storia di cinema e d'amore*, Recco, Le Mani, 2000.

confronti di un perplesso cardinale Montini, il lancio del "neorealismo cattolico" e il reclutamento di Rossellini «in vista della guerra ideologica in calendario per l'Anno Santo 1949».

Infine *Stromboli, Terra di Dio*, come strumento di apostolato sarebbe stato pompato, premiato e sostenuto da critici e giurie addomesticati allo scopo finanche alla Mostra di Venezia.

Come potevamo aspirare a un qualche successo noi Panaria, con il nostro *Vulcano*, che proponeva con umana *pietas* la storia di una povera ma agguerrita prostituta, per giunta divenuta assassina per tutelare la giovane sorella dalle mire di un magnaccia?

Passato indenne, anzi lodato dalla Commissione di Revisione Cinematografica, *Vulcano* fu bocciato dai critici "allineati" e proibito dal CCC (il Centro Cattolico Cinematografico) con la terribile "E" (Escluso), il marchio d'infamia che ne vietava la visione ai cattolici e ne impedì di fatto la programmazione in tutta Italia, con devastanti conseguenze sugli incassi. La "E" era la morte di un film e non mi spiegavo allora il perché di tanto accanimento. Inoltre, come ho già raccontato, la prima mondiale al Fiamma di Roma fu costellata da numerosi e oggi non più misteriosi incidenti, ma ne scriverò in seguito.

Ora mi preme sottolineare che quello che a noi era sembrato il colpo di testa di un latin lover impenitente e menefreghista, si rivela invece il percorso ponderato e opportunista di un regista che non aveva esitato a transitare, dopo la vittoria elettorale democristiana dell'aprile 1948, da simpatizzante comunista a frequentatore delle sedi DC (lo divulgò Andreotti in persona, costretto a ripiegare sul solo Rossellini dopo che Blasetti, De Sica, Castellani e Camerini si erano dichiarati indisponibili a cotanta sirena).

La scelta del tutto casuale di William Dieterle come regista di *Vulcano* dopo il forfait di Rossellini doveva avere aggravato ulteriormente la nostra posizione agli occhi di chi cominciava a percepirci come piccole ma insidiose mine vaganti. Quasi potessimo sabotare il progetto di una stabile occupazione materiale e spirituale dell'Isola, per giunta con l'intervento di quel Dieterle bollato come sovversivo dal maccartismo; un regista grazie al quale eravamo riusciti – noi sì – a lanciare un nuovo genere cinematografico, quello che vent'anni dopo con il nome di *docufiction* sarebbe davvero diventata un'arma di denuncia sociale delle sinistre (vedi gli esemplari lavori di Rosi, Gregoretti, Pontecorvo, eccetera).

Noi della Panaria, però, non ci sentivamo di appartenere né alla destra né alla sinistra e ci lasciava indifferenti l'essere etichettati come "cani sciolti". Eravamo semplicemente ragazzi di buona famiglia che si facevano gli affari loro. Non ce ne fregava niente di fare salotto con produttori e stelle del cinema, né di fare massoneria. Eravamo fuori dei giri. Ci impegnavamo fino allo spasimo per esaltare le meraviglie della nostra terra e della nostra gente, impoverita e devastata dalla guerra ma ancora ricca di tradizioni e talenti. Una gente che traeva forza e dignità da una millenaria storia ormai mitologica. che evidentemente doveva essere cancellata per facilitare la colonizzazione dei nuovi padroni, cioè la nuova mafia rientrata e lievitata grazie allo sbarco alleato.

Tornando agli "incidenti" occorsi all'esordio romano di *Vulcano*, ne ho potuto scovare i retroscena in una mia biografia, *Il principe delle immagini*[10] scritta da Gaetano Cafiero, che in un capitolo intitolato "Indagine su un fiasco molto sospetto" riporta il fitto carteggio di quel gennaio 1950 tra i massimi dirigenti dello Spettacolo e i risultati delle varie inchieste condotte sia dalla Presidenza del Consiglio che dall'ENIC (Ente Nazionale Industrie Cinematografiche) e dagli Artisti Associati.

Rivivo nella relazione dell'ispettore generale (su carta intestata della Presidenza del Consiglio) tutta l'ansia di quella serata in cui la proiezione di *Vulcano* fu interrotta per ben quattro volte da "inconvenienti tecnici":

10 G. Cafiero, *Il principe delle immagini. Francesco Alliata di Villafranca, pioniere del cinema subacqueo*, Roma, Magenes/Il Mare, 2008.

Due interruzioni durante il primo tempo e due durante il secondo, che si sono protratte per troppi minuti, prolungando così la durata del film, distraendone l'attenzione, turbando l'atmosfera e impazientendo il pubblico che non poteva capacitarsi come tutto ciò potesse accadere in uno dei migliori e più moderni locali della capitale, e durante una serata così eccezionale (magnifico pubblico, i più bei nomi di Roma: il principe Chigi, i ministri Sforza, Gonella, Togni, Spataro, molti diplomatici stranieri, il mondo romano del cinema, produttori, esercenti, registi, al gran completo. Numerosi corrispondenti e inviati di giornali esteri). Alla fine dello spettacolo vivaci, infiniti commenti, supposizioni, pettegolezzi. Si è parlato di sabotaggio, di incredibile leggerezza da parte della direzione del locale gestito dall'ENIC.

Due delle interruzioni (la prima e la terza) sono state causate dal fatto che la lampada eccitatrice è bruciata, provocando a sua volta la fusione delle valvole dell'amplificatore. Per la loro sostituzione si sono dovuti spendere molti minuti in quanto sembra che non vi fossero valvole di ricambio e, secondo un'altra versione, che tali valvole fossero chiuse in un armadio di cui non si trovava la chiave. Un'altra interruzione (la seconda in ordine di tempo) durata dieci minuti, è da ricercarsi in una disgraziata e inspiegabile distrazione dell'operatore, che ha chiuso il visivo prima che la pizza fosse terminata e, attaccando contemporaneamente il visivo della pizza successiva, con confusione del parlato e del sonoro. La quarta e ultima interruzione sembra dovuta allo spostamento dell'attacco del rullo.

Ricordo che Renzino Avanzo, balzando sul palco, cercò di calmare il pubblico indispettito: «Questo non è il film che abbiamo fatto noi!»

«Allora perché non ci fate vedere il vostro invece di questa schifezza?» gli urlò qualcuno dalla platea.

Sandro Pallavicini, direttore del cinegiornale *Settimana Incom*, sussurrò all'orecchio del commendator Caramelli, coproduttore del nostro film e presidente degli Artisti Associati: «Non capisco perché hai preso Roberto Rossellini come operatore di cabina». La battuta rifletteva l'umore generale.

La conclusione dell'inchiesta addebitò «gli inconvenienti avvenuti in parte a imperizia o distrazione o eccessivo nervosismo dell'operatore di servizio e in parte a fatali incidenti». Dal canto suo l'operatore di quella sera dichiarò che non poteva assumersi alcuna responsabilità, poiché aveva dovuto sostituire il titolare, che aveva chiesto un permesso a causa della grave malattia della figlia. A quanto pare, però, dalle indagini risultò che la figlia godesse di ottima salute.

L'avvocato Nicola De Pirro, direttore generale dello Spettacolo (il mio vecchio amico De Pirro!) assicurò ad Andreotti che non vi era prova di sabotaggio, dando modo al sottosegretario di limitarsi a un aspro monito all'ENIC per il futuro e, quanto al presente, di chiudere la vicenda.

Andreotti sarebbe riapparso nella mia vita trent'anni dopo con un gesto ancora più funesto: la firma, da ministro dei Beni Culturali, che determinò l'inizio della lunga agonia del mio adorato palazzo Villafranca (storia che merita un capitolo a parte).

La vicenda di *Vulcano*, in quegli anni faziosi in cui o eri bianco o eri rosso, avrebbe dovuto spingermi a una scelta che garantisse alla Panaria una qualche protezione. Lo facevano tutti, non solo Rossellini. Già nel '46, in occasione del referendum tra monarchia e repubblica, Visconti si era schierato pubblicamente con il PC. In quello stesso '46, io con i miei inseparabili amici, usciti indenni dalla guerra e pronti a mettere in gioco vita e averi per realizzare i nostri sogni, eravamo totalmente assorbiti dall'invenzione di quelle diavolerie che ci avrebbero consentito di svelare al mondo le meraviglie sottomarine. Far rinascere la Sicilia attraendo nuove generazioni di turisti sportivi e avventurosi, appassionati di natura e di arte, era l'altra nostra fissazione, e la perseguimmo cocciutamente, con decine di documentari sulle bellezze dell'Isola e persino un intero film dedicato al primissimo Club Méditerranée, quello di Cefalù.

La necessità di alleanze politiche non ci sfiorava nemmeno; anzi, l'incoscienza era tale che nel '50 osai liquidare un mostro sacro come Visconti, e con lui quegli esponenti della cultura italiana che allora era pascolo esclusivo della sinistra: gli unici che avrebbero potuto proteggerci dalle trame dei loro antagonisti politici. Il colmo è che il reclutamento di Visconti, dettato soltanto dalla parentela del regista con Renzino, era invece stato interpretato dai democristiani come il perseverare in quella scelta di campo che emergeva dai temi sociali contenuti in *Vulcano*. Nello stesso equivoco sarà caduto anche Visconti, e ora mi spiego perché aveva stravolto la storia della *Carrozza d'oro*, proponendomi una sceneggiatura furiosamente anticlericale; proprio lui che aveva beneficiato dei fondi dell'Universalia, casa di produzione vicina al Vaticano, per *La terra trema*, trasformando in lungometraggio quello che era nato come documentario di propaganda politica elettorale del PC!

Non fu la sola contraddizione del personaggio: secondo quanto svelano Alberto Anile e Maria Gabriella Giannice in *Operazione Gattopardo*[11], Visconti accettò di trasformare quello che era considerato come un romanzo di "destra", respinto come si sa da grandi editori, in un successo di "sinistra". Il ruolo che aveva avuto padre Morlion nella sceneggiatura di *Stromboli. Terra di Dio* fu per *Il Gattopardo* quello di Antonello Trombadori, noto intellettuale e funzionario del PC.

La parte che mi ha più colpito dell'inchiesta di Anile e Giannice è la lunga intervista a Ugo Gregoretti. Il regista, allora agli inizi della sua brillante carriera, aveva proposto alla televisione nazionale, e poi girato, un documentario sulla *Sicilia del Gattopardo*. Il film vinse il Prix Italia del 1960 e attirò l'attenzione di Luchino Visconti, che chiese di visionarlo in una saletta privata della RAI. Con sua grande sorpresa, Gregoretti ritrovò poi nel *Gattopardo* di Visconti le location da lui individuate e, nella scena del ballo, non

11   A. Anile e M.G. Giannice, *Operazione Gattopardo. Come Visconti trasformò un romanzo di «destra» in un successo di «sinistra»*, Recco, Le Mani, 2013.

solo il salone di palazzo Valguarnera-Gangi, ma anche la musica, il valzer di Verdi.

Il regista Franco Maresco mi ha fatto arrivare l'anno scorso, tramite mia figlia, una copia del documentario di Gregoretti e l'idea di un suo progetto per il cinquantenario del *Gattopardo* di Visconti: una rivisitazione dei luoghi commentati da un dialogo tra me e Gregoretti, due uomini di cinema "scottati" proprio da Visconti. Ho lasciato cadere la proposta e messo da canto il DVD, perché non ho mai perdonato a Maresco e al suo ex socio Ciprì il loro *Cagliostro*, il film che riversa sul mio povero amico Pino Mercanti storture e pastoie del cinema siciliano anni Quaranta che, seppure ci sono state, non lo hanno mai sfiorato. Mi è parso un attacco volgare e gratuito contro un galantuomo, per il quale ho girato le mie prime riprese subacquee e con il quale ho realizzato *Agguato sul mare,* il mio ultimo film.

Nel 1960 mi ero appena trasferito a Catania, così seppi soltanto in seguito che mia madre aveva generosamente spalancato le porte di palazzo Villafranca e di villa Valguarnera a Gregoretti, suggerendogli per le riprese anche le persone da incontrare e alcuni luoghi molto esclusivi, tra questi appunto il palazzo Gangi che appartiene a un altro ramo della nostra famiglia.

Un paio di anni dopo, invece, mamà rifiutò ostentatamente qualsiasi coinvolgimento nella frenesia che colse Palermo all'arrivo di Visconti, e la nostra sontuosa dimora restò proibita all'aristocratico regista. Fu il suo personale castigo per i danni subiti al tempo della *Carrozza d'oro,* che anche lei aveva finanziato.

Niente in confronto al trattamento che mamà, tenuta al corrente di giorno in giorno delle vicende di *Vulcano,* riservò al traditore Rossellini. Scavalcando le mie illusioni di un possibile accordo di coproduzione, decise di colpire duro, e subito, dietro le mie spalle. Spinse la sua cara amica Vanna, principessa di Spadafora, presidente a Palermo del cattolicissimo CIF (Centro Italiano Femminile) a protestare con De Gasperi per «l'oltraggioso film *Amore*» di Rossellini e ottenne persino che il cardinale Ruffini, arcivescovo di Palermo, scrivesse al presidente del Consiglio sollecitando l'espulsione del regista dal partito democristiano. Due autorevoli lettere che De Gasperi non poteva ignorare e che cominciarono a incrinare il prestigio di Rossellini nel mondo ecclesiastico: segnarono l'inizio della fine del "neorealismo cattolico", ma non delle interferenze alleate in campo religioso. Una strategia che mi sembra di vedere aggravarsi giorno dopo giorno in tutto il Mediterraneo, producendo quelle atrocità che ci arrivano in diretta dalla tv.

Le mani della Curia
sul palazzo ghibellino

Se non fosse per le insistenze di mia figlia non avrei mai visionato il documentario di Ugo Gregoretti sulla *Sicilia del Gattopardo*. Non sopporto la tematica del romanzo e soprattutto l'uso e l'abuso che se ne è fatto in tutti questi anni. Chiunque abbia visto i miei film capisce che si tratta di mondi contrapposti. L'immobilismo e i "voli di rondine" descritti da Tomasi, cioè la neghittosità e lo sperpero di interi patrimoni in futili attività, mi sono sempre stati incomprensibili, così come la passione per tavoli verdi e casinò, sigarette e alcolici (giusto una coppa con le bollicine nelle grandi occasioni).

La mia "droga" è stata la voluttà del fare, che ha reso frenetici i ritmi e le scelte della mia vita. Inventando cose nuove, ho cercato di costruire piuttosto che assistere passivamente allo sgretolarsi di un'epoca e, quando è stato necessario, ho lottato con tutte le mie forze. Eppure, proprio come i "gattopardi" in cui non mi sono mai riconosciuto, sono stato sconfitto; e oggi, che ho superato i novant'anni, mi rendo finalmente conto che siamo stati sballottati tra cose più grandi di noi, tutti pedine di un gioco perverso, tutti – gattopardi e antigattopardi – da abbattere per essere sostituiti da quelli che Tomasi ha acutamente identificato in «iene, sciacalli e pecore».

Sono pensieri che mi ha strappato il documentario di Gregoretti, turbandomi nel profondo. È stata soprattutto la carrellata sugli splendori di palazzo Villafranca, com'era ancora negli anni Sessanta, a riaprire una ferita che mi porto dentro dal 1988, quando la vedova di mio fratello Giuseppe consegnava sul letto di morte la storica dimora degli Alliata al Seminario Arcivescovile e la nostra villa Valguarnera all'Opus Dei. Due monumenti nazionali carichi di secoli e gremiti di memorie, simbolo del libero pensiero dei nostri avi, passavano nelle mani della Chiesa. Non era questa la volontà del suo adorato marito, che li aveva destinati ai "più meritevoli" tra i discendenti.

Fu uno scandalo internazionale, amplificato dalla stampa italiana ed estera. Davanti a tanto chiasso l'Opus Dei, abituato ad annettersi in silenzio i patrimoni delle anime candide, rinunciò pubblicamente al lascito. La Curia di Palermo non ci pensò neppure e, dopo anni di abbandono, arrivò addirittura a pianificare la trasformazione del palazzo di piazza Bologni in albergo. Cinquantatré camere e settanta bagni con relativi scarichi e tubazioni avrebbero appesantito le fragili volte affrescate dei saloni. Una jacuzzi era addirittura prevista nell'alcova settecentesca in cui sono nato, mentre i damaschi originali tessuti nelle filande di famiglia sarebbero stati sostituiti con moderne stoffe ignifughe e i pavimenti antichi da marmi e piastrelle klinker. Il progetto mirava a cumulare, in dispregio a ogni norma, fondi europei per restauro e tutela dei monumenti e finanziamenti alle imprese. Presentato in Comune scatenò un incandescente dibattito a palazzo delle Aquile. Alla fine fu respinto, anche se solo per pochi voti, grazie al giovane presidente della commissione urbanistica, che insistette per il rispetto dei numerosi vincoli che destinano il palazzo a "museo di se stesso", ovvero vietano tassativamente di spostare qualsiasi decoro e oggetto, fosse anche un posacenere.

All'inizio Soprintendenza e Prefettura, di fronte a gravissime inadempienze del Seminario, hanno tentato di far valere i vincoli dello Stato con una richiesta di sequestro conservativo, inoltrata a tutela di quello che veniva definito come «l'unico monumento del genere superstite in Sicilia». La richiesta fu inspiegabilmente respinta dal magistrato sulla base di vacue promesse del Seminario, in attesa del parere del presidente della Repubblica che ne autorizzasse (o ne respingesse) l'istanza di acquisizione.

Una legge fondante dello Stato, pensata dopo l'unità d'Italia per combattere le conseguenze nefaste della manomorta, vietava infatti alle persone giuridiche di acquisire beni (e quindi sottrarli per sempre al libero mercato) senza l'assenso del prefetto o del presidente della Repubblica (a seconda dell'importanza del bene), previo parere del Consiglio di Stato. Un parere che l'allora cardinale di Palermo, nel redigere sulla sua carta intestata l'ultima versione del testamento della mia moribonda cognata, dimostrava di temere e di voler aggirare. Vi si indicava, infatti, il nome di una s.p.a. alla quale la povera Saretta avrebbe dovuto devolvere l'intero patrimonio: proprio quei beni storici che mio fratello Giuseppe, suo marito, le aveva tanto raccomandato di custodire e tramandare ai posteri. Per non aver firmato quell'ultima stesura la moribonda fu privata di qualsiasi conforto spirituale. Sia i giovani seminaristi, ai quali la principessa finanziava da anni gli studi, sia il potente cardinale Pappalardo, che quando la munifica Saretta era in vita si era dimostrato sempre sollecito, tutti disertarono il capezzale della malata.

Mia cognata era stata appena sepolta, quando tutti si ripresentarono a palazzo, chi col metro in mano per misurare gli arredi da portare via, chi per rivendicare l'immediata consegna di tutto quel ben di Dio, chi per espellere la sorella della benefattrice, mia moglie Teresa, dall'agognato trofeo.

Mentre ministero degli Interni e Consiglio di Stato istruivano l'annosa pratica, il degrado continuava a divorare palazzo Villafranca. Tele, reperti archeologici, costumi, incisioni, manoscritti, spartiti, documenti preziosi, ma anche personali come le nostre foto di famiglia più intime, finirono nei mercatini e sui cataloghi delle aste, invano segnalati alle autorità.

Per anni mi fu impedito con arroganza dai beneficiari del lascito di mettere piede in quella che era stata la mia casa. Mia figlia, che adolescente aveva ricevuto in dono dallo zio Giuseppe, suo "secondo padre", un appartamento all'ammezzato, ne fu scacciata nel dicembre 1998 con metodi brutali: le stanze furono svuotate da quadri, trumeaux, tende e persino dell'imponente monetario dai mille cassettini e dell'armonium donato a un'ava dall'imperatore d'Austria, completo di portarulli e musiche. Erano inestimabili cimeli, facenti parte della mia quota ereditaria, che avevamo destinato al futuro museo e che richiesero ore, forse giorni, per essere smontati secondo le indagini da almeno sei persone, dotate di un ponteggio a doppio scivolo e di un ampio piano di carico, davanti all'uscita dell'appartamento. I ladri, per sfregio, imbrattarono poi tutte le pareti di escrementi. Ai giornalisti accorsi dopo i fatti saltò subito agli occhi che a nessuno, tantomeno al custode che alloggiava nei locali confinanti per due lati con l'appartamento e che parcheggiava auto e moto in quel punto del cortile, sarebbe potuta sfuggire la presenza di un autocarro che occupava l'intera larghezza dell'androne, occludendo l'ingresso ai locali dello stesso custode e impedendo qualunque manovra dei suoi veicoli, il tutto sotto l'occhio delle telecamere della Curia, improvvisamente cieche.

Colmo dei colmi, finimmo noi processati in tante Procure d'Italia quante erano le tipografie dei giornali che avevano pubblicato foto e notizia della devastazione che avevamo subito: le autorità ecclesiali di Palermo, lungi dal collaborare con le indagini dei Carabinieri nel cercare di capire come mai il sistema d'allarme, le telecamere, il loro custode di fiducia, la sua numerosa prole e la dozzina di cani mordaci non si fossero accorti di nulla, ci avevano denunciato per diffamazione, accusandoci di avere inventato il furto per screditare la Curia! Comportamento che, unito alle scarse risorse dichiarate dal Seminario e alla dimostrata incapacità di gestire il palazzo, determinò il Consiglio di Stato a redigere un primo parere negativo all'acquisizione del lascito. La nostra speranza di giustizia fu, tuttavia, soffocata sul nascere, come in una telenovela dai tanti colpi di scena.

Riprovai la stessa sensazione inquietante che sin da bambino mi prendeva quando, per abbreviare la salita all'archivio, penetravo nel ventre del palazzo. Qui, lontano dallo splendore dorato dei saloni, c'erano corridoi e cunicoli oscuri ricavati nelle spesse mura per consentire alla servitù di transitare inosservata. Uno di questi labirinti portava dall'archivio alle lavanderie (curiosa connessione tra carte e lenzuola). Immensi pentoloni, di quelli usati dai "marfaraggi" delle tonnare per bollire interi pesci, emergevano dai ripiani lastricati in mattonelle di ceramica che ospitavano le reboanti fornaci alimentate a legna. Dalle possenti capriate che si perdevano nel buio penzolavano funi e corde, grossi ganci e minacciosi bastoni, protagonisti dell'asciugatura di chissà quante tonnellate di bucato, e dalle decine di profonde e strette feritoie praticate nei muri esterni sibilavano correnti d'aria gelida, forse utili alla biancheria stesa, ma che rendevano ai miei occhi il luogo ancor più tetro e truculento. Un luogo quasi da Santa Inquisizione, pensavo.

E la Santa Inquisizione tornava ora nei miei incubi senili sotto le vesti della Curia palermitana.

Rivedere nel film di Gregoretti uno dei camerieri di casa spolverare faldoni in pergamena con i nomi dei nostri feudi mi ha riportato ai giorni tumultuosi delle battaglie condotte per tentare di mettere in salvo la storia della mia famiglia, della quale mi sentivo diventato il becchino.

Gli sforzi per recuperare l'archivio furono vanificati il 6 maggio 1992 dalla firma dell'allora ministro dei Beni Culturali Andreotti sul documento che «declinando ogni responsabilità su eventuali discordanze o mancanze» autorizzava gli eredi a sbarazzarsi delle ingombranti scartoffie sopravvissute alle razzie trasferendole nell'umido scantinato del monastero della Gancia, sede dell'archivio di Stato di Palermo. Nei giorni della firma scellerata, un mare di carte antiche invase la piazza Bologni, sparpagliate dal vento: erano traboccate da una moltitudine di sacchi neri, quelli per la spazzatura, ammucchiati accanto ai cassonetti sotto la statua di Carlo v.

I trecentonovanta scatoloni residui, contenenti documenti della storia siciliana a partire dal 1400, restarono per cinque anni accatastati fino al soffitto nel ventre del monastero, in un locale privo di luce e aria, ghiotta preda di tarme, topi, microrganismi e funghi. In un articolo a tutta pagina sul *Giornale* del 28 agosto 1997 Paolo Granzotto scrisse:

Non potendo fare altro gli Alliata cominciarono col tempestare di appelli la sovrintendente archivistica per la Sicilia, dottoressa Grazia Fallico, la quale per grado e competenza aveva giurisdizione su quelle carte. Poco sensibile al destino di materiale che dovrebbe starle a cuore, la Fallico, stizzita, così alfine replicò: "Si torna ad invitare le S.V. ad astenersi dall'arrecare disturbo ed intralcio a questo Ufficio, con il continuo invio di raccomandate e telefax di contenuto, fra l'altro, tale da costringere la Scrivente ad agire nella sede opportuna". Capito? Disturbo ed intralcio. La soprintendente archivistica considera disturbo e intralcio occuparsi di archivi.

Rileggendo l'articolo, non posso fare a meno di ricordare anche l'ondata di solidarietà riscontrata in quei giorni da parte di associazioni e singoli intellettuali. Partecipe della nostra battaglia con un'appassionata requisitoria fu Pippo Campione, l'impavido professore universitario messinese che nel pieno della tensione per le stragi del 1992 aveva rappresentato una breve parentesi di rigore culturale alla Presidenza della Regione. Lo stesso Granzotto, autorevole giornalista del quotidiano di Montanelli, si appellò al Direttore Generale dell'Ufficio Centrale per i Beni Archivistici che agli Alliata aveva promesso «la salvaguardia del complesso documentario al fine della migliore utilizzazione da parte di studiosi». Prosegue Granzotto:

Il dottor Salvatore Marinuzzi ha l'autorità per intervenire personalmente per decidere e onorare la parola data. Il luogo dove ospitare le carte Villafranca esiste ed è a portata di mano: il palazzo Alliata di Villafranca medesimo. I locali ci sono, ci sono i 34 armadioni appositamente attrezzati e – come se non bastasse – l'edificio dovrà diventare, per legge, un museo aperto al pubblico. Disporrà pertanto dei sistemi di sicurezza e di guardia. Sempre che ci sia la volontà di fare....

La volontà di fare si limitò a trasferire – sottolineo: dopo cinque anni – le nostre preziose carte in locali più acconci dell'istituto archivistico, ma ci fu sempre negata, a me e a mia figlia, la consultazione del materiale, non solo di quello storico. Ci viene categoricamente impedito l'accesso ai "librazzi" di mia madre, testimonianza di vicende molto private, alle pratiche amministrative dei nostri beni e delle nostre auto, alla corrispondenza recente, tutti documenti di uso quotidiano che avevano il loro posto in archivio e che ci furono sottratti in modo precipitoso e illecito con il pretesto dello sgombero.

Soltanto grazie a studiosi e ricercatori universitari siamo riusciti ad avere notizia e qualche fotocopia di carte che potevano servirci, e solo di recente ho potuto rivedere l'amata calligrafia di mamà, per merito del regista Nello Correale, il quale, nel girare un documentario sul Signore delle Nevi ispirato a una delle tante imprese della mia famiglia e mie, ha voluto riprendermi mentre consulto il nostro archivio. Ahimè come si è ridotto! Quanto scarni e incompleti si sono rivelati quei pochi scaffali del container sui quali era stato infine sistemato ciò che un tempo occupava trentaquattro vasti armadi!

Il parere negativo del Consiglio di Stato all'acquisizione del palazzo e dei suoi contenuti da parte del Seminario arcivescovile era anche scaturito dal nostro impegno formale a realizzare e mantenere quel museo della famiglia Alliata e dell'imprenditoria siciliana, che era parte integrante sia del lascito che dei vincoli. Avremmo messo a disposizione tutti i nostri partner nel campo del cinema, dell'agroalimentare e della finanza etica nonché le tecnologie multimediali e interattive della risorta Panaria Film. Era quanto avevano sollecitato anche centinaia di migliaia di firme raccolte dalle associazioni culturali italiane. Il nostro progetto, infatti, concordato con le autorità del Centro storico, prevedeva che piazza Bologni sarebbe stata finalmente chiusa al traffico e restituita al suo ruolo di cuore della Palermo antica grazie al ripristino delle botteghe del palazzo. Avrebbero ospitato una galleria dell'artigianato siciliano di qualità e un elegante locale di stampo mitteleuropeo (come quelli storici di Torino) per le specialità gelatiere e gastrosofiche Duca di Salaparuta.

Le cose, però, non andarono così: un altro ministro, un'altra fatidica firma misero fine una volta per tutte alle speranze della città, decretando per palazzo Villafranca un destino più indecoroso di quello causato alle altre dimore storiche dagli sperperi dei "gattopardi " o dalle bombe americane.

Il 15 maggio 1997 sotto l'apparente innocua dizione di "Misure urgenti per lo snellimento dell'attività amministrativa", l'allora responsabile del ministero degli Interni Giorgio Napolitano acconsentì a far retrocedere di cento anni esatti la storia d'Italia. Cito testualmente:

L'articolo 17 del codice civile e la legge 21 giugno 1896, n.218, sono abrogati; sono altresì abrogate le altre disposizioni che prescrivono autorizzazioni per l'acquisto di immobili o per accettazione di donazioni, eredità e legati da parte di persone giuridiche, associazioni e fondazioni. Le disposizioni si applicano anche alle acquisizioni deliberate o verificatesi in data anteriore a quella di entrata in vigore della presente legge.

Quella che fu poi nota come la "Bassanini bis" dal nome dell'altro firmatario, il ministro per la Funzione Pubblica del governo Prodi, aveva cancellato – con effetto retroattivo! – la legge Siccardi, uno dei capisaldi dell'Italia laica e unitaria, e preparato un gran banchetto per tre tipi di avventori, tutti molto diversi ma tutti con uguali appetiti: Chiesa, sindacati e fondazioni. Palazzo Villafranca fu il primo boccone.

Malgrado le promesse e gli impegni assunti dal cardinale De Giorgi (predecessore dell'attuale Romeo) – dopo che alcune associazioni culturali erano ricorse al tar Lazio per scongiurare la definitiva scomparsa delle collezioni e l'inesorabile sfascio del monumento – il palazzo è stato a poco a poco svuotato e persino messo in vendita. Mi hanno inviato foto prese da internet che mostrano la quadreria senza quadri e con pedane per sfilate di moda. Dietro il pretesto di concerti e feste a pagamento i saloni sono stati stravolti, con una violazione totale dei vincoli "contestuali" che le leggi italiane obbligano, senza eccezioni, a rispettare, nonché della volontà della defunta benefattrice.

Di fronte a tanta insensibilità non mi resta, oggi 24 agosto 2014, che rivolgermi a Papa Francesco, con il quale ho l'onore di condividere il mio nome di battesimo:

Santità,

il Suo Pontificato ha aperto una nuova era per la Chiesa all'insegna del ripudio del lusso e dello sperpero secondo l'esempio del Poverello di Assisi. Un esempio che i vertici della Curia palermitana in tutti questi anni hanno mostrato di trascurare nella vicenda di palazzo Alliata di Villafranca, per secoli dimora di una famiglia che ha dato alla Chiesa due Santi e un Beato e alla Sicilia governanti illuminati e patrioti.

Desidero denunciare alla massima autorità ecclesiale da cui dipendono, quanti in porpora o tonaca hanno pensato al Palazzo, ottenuto in lascito, come a un ornamento del proprio potere, oppure – contravvenendo a tutti i vincoli - ne hanno disperso i tesori per ricavarne benefici economici, anche con l'aiuto di oscuri mediatori. Non è un segreto che purtroppo tanti nella Chiesa di Sicilia continuano a dimenticare il sacrificio di Padre Puglisi, che ha pagato con la vita il suo rifiuto di diventare ostaggio o complice nelle vischiose realtà ai confini con l'ambiente mafioso.

Capisco che questa mia supplica arrivi in un momento in cui le preoccupazioni del Pontefice e i timori del mondo sono indirizzati alle guerre che spargono sangue innocente in troppe parti del pianeta. Tuttavia mi permetto di perorare la causa del Palazzo Alliata di Villafranca proprio perché esso è stato per secoli simbolo della cultura del dialogo, quello stesso dialogo tra diversi che Sua Santità invoca ormai quasi quotidianamente.

Restituire il palazzo alla sua città – sottraendolo a chi aveva persino intrigato per trasformarlo in albergo – sarebbe forse un segno di cambiamento, uno stimolo alla ricerca di una soluzione per il destino di questa nostra tormentata Isola, tutt'oggi soffocata, in ogni suo slancio imprenditoriale e culturale, da strategie mafiose e ahimé anche militari, data la posizione cruciale al centro del Mediterraneo.

Ho novantaquattro anni, ma continuo a spendere le mie forze residue per poter realizzare un progetto più volte presentato invano alla Curia di Palermo: un museo multiculturale dove mostre, convegni interdisciplinari e spazi multimediali possano illustrare la Sicilia attraverso la storia di una famiglia che - come tante del Mediterraneo - ha incrociato armi ma anche sogni visionari, ha intrecciato rapporti e commerci, ha conosciuto il potere e le sconfitte, la persecuzione e l'esilio, l'accoglienza e l'assimilazione. E sempre nel rispetto di credi diversi che affidano le vite degli uomini allo stesso Dio, pur invocato con altri nomi.

Un valore che mi è stato trasmesso fin dall'infanzia, e che mi dà oggi l'ardire di auspicare un determinante intervento di Sua Santità.

Francesco Alliata di Villafranca

Villa Valguarnera, ovvero
la San Marino di don Binnu

Nel 1987 una sorella di mia cognata Saretta si fece improvvisamente suora. Alla tenera età di sessantatré anni! La disinvolta Maria, vedova di un calabrese trasferito a Torino, ottenne di praticare il suo tardivo noviziato nel convento delle Ancelle del Sacro Cuore di Palermo, città dove non aveva mai messo piede. I tre figli quarantenni, lungi dallo stupirsi, condivisero intensamente quell'atto di devozione. L'insolito noviziato si svolse con orari compiacenti che trascorreva a palazzo Villafranca e nelle proprietà Alliata, prima al seguito di Saretta e poi facendone le veci, quando la sorella venne costretta a letto dai postumi di un intervento chirurgico effettuato in gran segreto.

Nella monacale cella, proprio a due passi dalla scuola dei gesuiti della mia adolescenza, Maria rientrava solo di notte, carica di sporte e incartamenti. Alle amiche di Saretta e persino a chi di noi famigliari telefonava per avere notizie o proporre una visita, rispondeva sempre lei, confidando in un «miglioramento del raffreddore». Il portinaio, uno scriteriato sempre ubriaco assunto dopo l'allontanamento della stirpe della nostra fedele Sarina, aveva ordini di non aprire a chicchessìa.

Nel febbraio 1988 Saretta esalò l'ultimo respiro. Da un anno nessuno, a eccezione della piccola corte di questuanti, era più riuscito a vederla, nemmeno il notaio da lei invocato in extremis, forse per una premonizione sulla sorte di quei beni, che aveva creduto di meglio preservare consegnandoli alla Chiesa, il palazzo al Seminario e la villa Valguarnera all'Opus Dei.

Maria si "smonacò" tre mesi dopo la morte della sorella,

al momento di scegliere tra un'eredità che non le spettava e una via spirituale che non le si confaceva. Scelse l'eredità e si ritrovò fra le mani – guarda caso – una bella fetta del patrimonio (quello di mamà e di mio fratello Giuseppe) tutelato nei secoli dalla mia famiglia. Terreni (edificabili e non), negozi, gioielli, argenterie con tanto di stemma, mobili e collezioni di inestimabile valore venivano allegramente incamerati e altrettanto allegramente liquidati da colei che si era incamminata sulla via della rinuncia ai piaceri terreni.

Con la Sicilia, Maria non aveva alcun legame, tranne che un certo signor Giovanni, arrivato dalla Calabria con il regalo di nozze del barone Correale per la figlia Saretta: una lussuosa decappottabile.

Ricordo che quell'aitante giovanotto dall'aspetto sportivo, cui era stata affidata la Lancia Asturia cabriolet, aveva suscitato commenti salaci di Sarina: «Uno arrivato con le pezze al culo per guidare una macchina di lusso, come se non ci fossero autisti a Palermo». Notammo non senza irritazione che a poco a poco con quel suo fare ossequioso si andava insinuando nella vita della nostra famiglia, malgrado la diffidenza di mia madre, tanto da diventare per mamà una presenza inquietante e per Saretta e Giuseppe un tuttofare indispensabile sia a palazzo Villafranca che a villa Valguarnera. E così questo signore ha finito per fare tutto quello che ha voluto.

A Bagheria, dove prese moglie, trovò terreno fertile per le sue ambizioni, quelle del classico "soprastante". Mentre noi proprietari eravamo costretti a una snervante attività di difesa da ogni tipo di appetiti (espropri, demolizioni, occupazioni abusive, lottizzazioni illecite, furti...), altri beneficiavano delle nostre vicissitudini. Non solo la criminalità organizzata responsabile in prima linea del "sacco di Bagheria"; non solo quei politici che, senza distinzione di partito, sulla devastazione selvaggia di un territorio unico al mondo per la sua potenzialità turistica hanno costruito il loro potere; ma anche il fidato calabrese, al quale, dopo l'improvvisa inspiegabile morte di Giuseppe, ci si doveva rivolgere per tutto ciò che riguardava villa Valguarnera. Si fece, come si suol dire, una bella posizione, che gli permise di portare all'università quattro figlie, di acquisire casa, terreni e persino il settecentesco Kaffee-Haus, prototipo degli analoghi chioschi costruiti nei giardini di villa Giulia a Palermo. Era il rifugio pomeridiano dalla calura estiva dove i grandi prendevano il tè e, appunto, il caffè, e noi bambini il gelato. Nella fetta di parco che circondava il Kaffee-Haus, il signor Giovanni prontamente edificò la sua seconda palazzina.

Il culmine della sua ascesa coincise, dopo la morte di Saretta, con il ruolo di custode del palazzo Villafranca per conto della Curia e di custode giudiziario di villa Valguarnera assegnatogli in fase di inventario dell'eredità. Anche lui si dicharò erede ma, quando il lascito cui agognava toccò all'Opus Dei, si consolò realizzando il suo terzo capolavoro immobiliare: un'ambiziosa replica della nostra dimora, eretta in mezzo al parco storico vincolato, in un'area occupata abusivamente, e non solo da lui. Un'intero quartiere stava freneticamente sorgendo sventrando le falde della Montagnola proprio sotto gli occhi di colui che il Tribunale aveva delegato a tutelare la proprietà.

Invano ci appellammo alla giustizia affinché il "custode" venisse sostituito nelle sue mansioni, elencando anche le devastazioni, gli abusi e i ripetuti furti da lui mai denunciati. Dalla villa erano spariti infatti tutti gli arredi, le collezioni, i quadri e persino gli otto imponenti ritratti degli antenati che ornavano il salone d'ingresso, accuratamente ritagliati dalle alte cornici incastonate alle pareti. Dal parco erano sparite tutte le terracotte e le statue di marmo a dimensione umana e persino il gigantesco Polifemo da due tonnellate appollaiato su una roccia in cima alla Montagnola in un punto inaccessibile a qualsiasi mezzo. Come siano riusciti ad asportarlo è un mistero! Il custode giudiziario non si era nemmeno accorto degli estranei che entravano e uscivano impuniti giorno e notte, né tantomeno di chi andava sostituendo le pregiate aiuole botaniche con fave e cipolle.

Quanto si sarebbe infuriata mamà, sebbene fosse ghiotta, ghiottissima di fave fresche. Ricordo che quando in tempo di guerra andava a procurarsi il frumento alla Traversa, uno dei nostri terreni a due o tre chilometri da villa Valguarnera, faceva arrestare l'auto non appena avvistava i campi di fave che fiancheggiavano la strada. Spediva chi di noi figli aveva sottomano, a raccogliere una manciata di quei freschi baccelli e si sedeva sul muretto di recinzione per sgranocchiarseli crudi, avidamente e con voluttà, in nostra compagnia. Era il tempo in cui era sfollata a Bagheria portandosi appresso i suoi artigiani di fiducia e villa Valguarnera era diventata un cantiere di restauri. Quando Giuseppe e io, ufficiali del Regio Esercito, vi tornavamo in licenza, restavamo confusi dalla densa umanità che circolava in casa, affaccendata fin dalle prime ore del mattino a rifare stucchi alle pareti, smontare pavimenti di ceramica ormai consunti, segare e ricomporre infissi deteriorati.

Mi sento male al solo ricordare com'era invece ridotta nel 1992 la villa affidata in toto al custode, prima dall'Opus Dei e, dopo la clamorosa rinuncia, dalle sorelle di Saretta, Teresa e Maria, subentrate nel lascito. Vivendo fuori della Sicilia e non avendo alcuna familiarità con il luogo, avevano continuato a delegarne la gestione al signor Giovanni. Costui aveva trasformato l'intero monumento in un'allucinante bidonville, ammucchiando ovunque ogni genere di rifiuti, allevando mucche nella cavallerizza, conigli, cinghiali e piccioni nella Chinese (il teatro neoclassico affrescato alla maniera cinese). Come se non bastasse, non aveva mosso un dito quando la Montagnola era stata selvaggiamente vandalizzata: panchine, balaustre e muretti dell'arcadico percorso decantato dai viaggiatori del Gran Tour erano stati demoliti a colpi di piccone e i resti scaraventati giù.

Erano i giorni della strage di Capaci, quando venne massacrato con la moglie e la scorta l'eroico giudice Falcone.

Si respirava un clima opprimente carico di nefasti presagi. Mentre il popolo di Palermo manifestava per la prima volta contro i soprusi mafiosi con lenzuola ai balconi e catene umane, decidemmo con mia figlia di trasferirci stabilmente a Bagheria per creare in qualche modo, nella nostra amata dimora, un "presidio di legalità".

Quando Vittoria arrivò da Lugano con la sua bimba di due anni, restò impietrita davanti a una visione di orrore che sbarrava l'ingresso alla corte di villa Valguarnera: un povero cane bastardo vi era stato incatenato con l'anello di metallo inserito tra tibia e perone per renderlo più feroce. Le mie disperate e ripetute denunce a Carabinieri e Procura non sortirono alcun risultato. Anche il corpo principale della villa si andava sgretolando nella più totale inerzia della Sovrintendenza ai Beni Culturali, sorda a tutti i miei appelli e ostile a tutti i nostri voluminosi progetti di manutenzione e restauro firmati da fior di professionisti.

Ed ecco che un'impresa edile nata in una notte realizzò, sotto la direzione e l'Alta Sorveglianza dell'Organo di Tutela, senza progetto e senza rilievi, una gettata di cemento armato spessa un metro, spalmata sulla superficie scarificata del terrazzo, proprio sulla mia testa. Col suo immenso peso causò il crollo di tutte le volte sottostanti, che dovemmo precipitosamente puntellare per evitare che crollasse anche il loggiato. I soffitti in stile cinese della foresteria (dove con i ragazzi della Panaria avevamo inventato e fabbricato i nostri marchingegni sottomarini) e le volute in stucco barocco della cappella furono ridotti a un cumulo di calcinacci, dissestando in modo irreversibile la piccola parte della villa dove abitavo, poiché, non appartenendo a mio fratello Giuseppe, era sfuggita al lascito.

Un coraggioso magistrato civile tentò più volte di sequestrare il funesto cantiere, scontrandosi sempre, persino di fronte al crollo della cappella, con la tracotanza dei funzionari della Sovrintendenza, i quali in Sicilia detengono un potere inappellabile del tutto ingiustificato, visti i guai che combinano (e quelli che invece deliberatamente ignorano).

Finché un giorno dagli immensi gruppi statuari svettanti sul cornicione in cima al corpo principale, a venti metri dal suolo, cominciarono a cadere giù teste e braccia delle divinità mitologiche scolpite dal Marabitti. Ce l'aspettavamo: la periodica manutenzione delle statue ci veniva impedita da anni proprio dalla Sovrintendenza. Su sollecito di un esterrefatto comandante dei Carabinieri la Procura sequestrò gruppi scultorei e cornicioni, ordinando una perizia. Ebbene, l'unico a finire sotto processo fui io! Alla fine fui assolto con formula piena (per non aver commesso il fatto), mentre le cause del disastro furono attribuite dalla sentenza alla «strategia della Sovrintendenza, sintomatica di uno sviamento dalle funzioni istituzionalmente demandate alla Sovrintendenza stessa».

A seguito di cotanto pronunciamento della Giustizia i funzionari responsabili del funesto cantiere furono... non puniti come si attenderebbe il lettore, ma promossi ai vertici della loro istituzione (alcuni nientemeno che all'Istituto del Restauro)! Da tale posizione riuscì loro ancor più agevole paralizzare qualsiasi mia iniziativa, ad esempio la sostituzione di due pluviali rotti che allagavano tutto il corpo principale. Queste particolari grondaie in terracotta, inserite tre secoli fa all'interno delle lesene sulle facciate in modo da essere invisibili, si erano fratturate a seguito di un terremoto e scaricavano tutte le acque dei tetti su soffitti, pareti, affreschi, tende e seterie, mobili e infissi, boiseries dorate e impianti elettrici, riversandosi copiose durante gli acquazzoni anche sui nostri letti, con conseguenze devastanti. Per poterle sostituire (a mie spese), salvando così il monumento e la nostra salute, ho dovuto aspettare sedici anni: i tempi del pronunciamento di un giudice.

Se l'energia, il tempo e il denaro spesi in beghe legali fossero stati impiegati per il restauro, villa Valguarnera e palazzo Villafranca sarebbero oggi i due più sfavillanti gioielli architettonici del Suditalia. Invece, alla mia bella età di novantaquattro anni, ho tuttora in corso due procedimenti penali a mio carico, unica risposta a tutte le denunce da me inoltrate nel corso di trent'anni. Eppure i riscontri autorevoli non erano mancati. In ultimo il dossier dei Carabinieri (corredato da trecentottanta eloquenti immagini) che nel 2008 puntava ancora una volta i fari sul quartiere abusivo alle falde della Montagnola e i bulldozer che scorazzavano nel nostro parco sradicando alberi secolari. Per il PM, però, sono io l'indagato.

[...] perché nella qualità di proprietario del complesso denominato villa Valguarnera sita in Bagheria, che minaccia rovina, ometteva di provvedere ai lavori necessari per rimuovere il pericolo che ne deriva per le persone.

I Carabinieri, infatti, sollecitando – nella stessa inchiesta del 2008 – interventi urgenti della Procura e della Sovrintendenza, paventavano crolli nel teatro barocco. I crolli si verificarono puntualmente e per giunta in assenza totale di qualsiasi reazione dell'inamovibile responsabile dei monumenti dell'Organo Supremo dei Beni Culturali e tanto meno dei proprietari, che non siamo noi. Il teatro barocco fa parte, infatti, di una minima porzione del complesso monumentale finita in mano a terzi e abbandonata all'incuria in vista di lucrose trasformazioni, che finora siamo riusciti ad arginare grazie all'impegno delle solite sensibili associazioni ambientali e culturali. "L'affare" era stato condotto in porto quarant'anni fa dalla famiglia di un noto politico locale (ormai defunto) con il beneplacito del "custode" e grazie alla sprovvedutezza della vedova ed erede di mio zio Enrico. Lui era il fratello minore di papà e portava il titolo di duca di Salaparuta. Prima di diventare noto come "gastrosofo naturista" aveva studiato da baritono all'Accademia di musica di Parigi, dove aveva incontrato, innamorandosene, una fascinosa giovane soprano sudamericana. Si sposarono a Palermo. Ricordo ancora i loro duetti con cui deliziavano parenti e amici a palazzo Villafranca ma anche a villa Valguarnera, dove avevano trasferito il pianoforte che stava in uno dei saloni di Palermo.

Chi l'avrebbe mai detto che quel teatro tanto amato dalla duchessa-cantante e quel giardino rigoglioso di agrumi, vigneti ed erbe officinali, coltivati con passione dallo zio Enrico, una volta passati in mani estranee, si sarebbero ridotti in aride rovine? Era il preludio di una strategia "annunciata" nel 1969 dal noto capomafia di Casteldaccia e Bagheria Piddu Panno.

Ho appreso soltanto di recente che quel boss, indicando la nostra dimora, aveva comunicato a un conoscente: «La vede quella villa: bella, vero? Gliela stiamo portando via a quei morti di fame». Quei morti di fame ovviamente eravamo noi, in particolare quella testarda di mamà che, pur estranea ai grandi giri di "affari bagheresi", insisteva per comprare lei dalla cognata.

La trattativa, però, com'era da attendersi, favorì le mire degli acquirenti estranei alla famiglia. Così, mentre sbiadivano gli affreschi e i palchetti in velluto rosso del teatro barocco abbandonato dai nuovi proprietari, la scena fu occupata da un cavallo. Finché, tre anni fa, come previsto dai Carabinieri, anche il tetto crollò, minacciando di trascinarsi appresso i fabbricati adiacenti di nostra proprietà. Potevo restare inerte davanti allo sfacelo? Presi alcune indispensabili misure di sicurezza e mi barricai dentro la villa, piazzando il mio letto sotto un soffitto pericolante. Chiamai i giornalisti e mi dichiarai "prigioniero politico della burocrazia", pronto a morire lì, se fosse stato necessario, convinto che solo un'iniziativa simbolica e non violenta come quella mia potesse abbattere il muro del malaffare. Il quotidiano *la Sicilia*, tra i tanti, mi dedicò una pagina intera: «All'età di 91 anni il principe Francesco Alliata di Villafranca si arma da guerriero e con un'azione clamorosa sfida la burocrazia e la criminalità».

La nostra situazione ormai intollerabile l'avevo spiegata nella conferenza stampa: «Se mettiamo mano ai lavori, con progetti esecutivi presentati da anni, veniamo denunciati per abuso. Se non lo facciamo, veniamo denunciati per crolli. Per un verso ci vengono impedite persino le opere indispensabili alla vivibilità della casa; per altro verso si sostiene che proprio quel degrado, cui non ci viene consentito di porre rimedio, impedirebbe la pubblica fruizione del viale, delle corti e del giardino, che abbiamo invece salvato e restaurato interamente a nostra cura e spese».

Al mio appello, affinché almeno la società civile si schierasse al nostro fianco, risposero oltre seimila siciliani, chi con messaggi di solidarietà, chi venendo quel giorno stesso di persona a stringermi la mano. L'iniziativa mi costò, comunque, il secondo procedimento penale, cui ho accennato sopra, con la seguente imputazione:

Potendo rivolgersi al Giudice, si faceva arbitrariamente ragione da sé, chiudendo tutti gli accessi a tale porzione di villa, mediante apposizione di un lucchetto antiscasso all'ingresso principale.

Nell'accanimento su villa Valguarnera e nelle nostre traversie ereditarie non avevo mai visto – grazie alla mia congenita fiducia nel prossimo – né congiure né trame, soltanto l'inefficienza di un sistema corrotto gestito da gente forse invidiosa, o forse solo incompetente e meschina. Mi si aprirono gli occhi dopo il furto compiuto nel dicembre '98 nell'appartamento di mia figlia a palazzo Villafranca, il più inquietante dei molti di cui fummo vittime, anche perché, durante quelle quarant'otto ore, in cui agirono indisturbati i ladri, il "custode" poté controllare che non lasciassimo villa Valguarnera rimanendo posteggiato anche di notte con la sua auto proprio di fronte alle nostre stanze.

Un caro e preoccupato amico interpretò i fatti in maniera tale da farmi intravvedere un insospettabile retroscena. Si trattava, secondo lui, non di un semplice furto ma di una "tagliata di faccia", anzi di un'azione dissuasiva. In pratica, ci "sconsigliavano" dal perseverare a Palermo come a Bagheria nella cocciuta difesa dei nostri diritti e nell'insistente richiesta di rispettare le leggi dello Stato. Per convincermi del pericolo, che secondo il mio acuto interlocutore avrebbe investito tutti i nostri averi e travolto le nostre vite, questi mi segnalò alcuni articoli sulla raffica di arresti effettuati a Bagheria nel novembre del 1998 nell'ambito dell'Operazione dei ROS chiamata "Grande Oriente". Scaturita da informazioni di un certo Ilardo, poi assassinato, l'inchiesta aveva identificato e arrestato alcuni fiancheggiatori del "capo dei capi" Bernardo Provenzano che ne favorivano la latitanza.

Lessi sgomento che da anni il clan organizzava summit ed efferate azioni criminali e alloggiava "don Binnu" proprio a villa Valguarnera «sotto lo sguardo di Polifemo», ovvero nelle palazzine abusive del parco, alle falde della Montagnola, come appurammo poi dallo sconvolgente libro di Salvo Palazzolo ed Ernesto Oliva[12], che alla nostra dimora dedicavano un intero capitolo, riportando parola per parola le confidenze dei vari "pentiti". Uno di questi rivela che il "prisicuto" (cioè il criminale più ricercato d'Italia), a Bagheria «viveva tranquillamente con la famiglia la sua latitanza in quella grande bellissima villa stile antico». Un altro pentito sostiene che quella era «la San Marino di don Binnu». Un posto strategico ma esclusivo, raggiungibile grazie alla strada abusiva, asfaltata e dotata di tutte le infrastrutture, che il Comune aveva realizzato demolendoci il muro di cinta settecentesco e occupando un pezzo di verde storico mai espropriato! L'hanno per giunta dotata di un nome, questa strada della vergogna, fatta per facilitare i summit dei latitanti, intestandola con involontaria ironia a Sofocle, grande "tragediatore".

Mi spiego finalmente il "mistero" dell'appartamento situato a pianterreno nell'esedra. Vi aveva trascorso l'infanzia

12   E. Oliva e S. Palazzolo, *L'altra mafia. Biografia di Bernardo Provenzano*, Soveria Mannelli, Rubbettino Editore, 2001.

Dacia Maraini, figlia di Fosco e di mia cugina Topazia, al rientro con tutta la famiglia dal Giappone (ne parla a lungo la stessa Dacia nel suo libro di successo, *Bagheria*[13]).

L'appartamento che sapevo disabitato da vent'anni era stato lasciato da mio fratello Giuseppe in usufrutto alla sorella di Topazia, Orietta Guaita, la quale, però, viveva a Firenze e a villa Valguarnera non sarebbe tornata mai. Riversò la nostalgia per quelle stanze affacciate sui gelsomini del giardino retrostante in un libro[14], scritto a più mani, dedicato alla sua vita in Sicilia.

Toccò, dunque, a me, su richiesta dell'usufruttuaria, rendermi conto in quali condizioni fosse quella casa rimasta tanto a lungo sigillata. Le chiavi erano in mano al "custode", ma non fu necessario richiederle: ignoti vandali in missione intimidatoria avevano sfondato in pieno giorno, durante una nostra momentanea assenza, alcuni degli infissi sull'esedra; tra questi la porta dell'appartamento di Orietta. Ci affrettammo a chiamare i Carabinieri, che accorsero con il loro fotografo.

Già al primo raggio di sole entrato dalla porta spalancata sul buio avemmo la seconda sorpresa: sul pavimento erano sparpagliate carte da gioco siciliane, quelle che si usano per la briscola o lo scopone.

Aprendo le finestre, la terza sorpresa: zucchero sparso sul ripiano della cucina e conseguente fuga di scarafaggi banchettanti, e nel lavello pentole dal fondo incrostato di fagioli o di altri alimenti rappresi. In bagno un gran disordine e asciugamani sporchi ammucchiati in un angolo e rosicchiati dai topi, come i letti sfatti.

Restammo senza parole: non era neppure pensabile che una delle mie cugine avesse abbandonato la casa in quelle condizioni. Chi vi aveva abitato? Chi ne era dovuto improvvisamente e urgentemente scappare? Il "giallo" ci tormentò per anni fino alla lettura, come ho già detto, di quel libro

13 D. Maraini, *Bagheria*, Milano, Rizzoli, 1993.
14 G. e O. Guaita, *Isola perduta*, Milano, Rizzoli, 2001.

rivelatore intitolato *L'altra mafia. Biografia di Bernardo Provenzano*.

Gli stessi autori hanno dedicato al "ragioniere di Cosa Nostra" un secondo volume[15], ricco di particolari sui soggiorni di Provenzano a villa Valguarnera, dove «una processione di medici e infermieri gli curava la prostata ballerina e un susseguirsi di riunioni scandiva gli ordini per la spartizione degli affari». Posso aggiungere episodi da me sempre denunciati: le luci che si accendevano e si spegnevano in parti disabitate della casa, le presenze inquietanti di sconosciuti che sgattaiolavano lungo il viale, o di un losco figuro (oggi è in carcere come prestanome del boss), che accendeva lumini votivi a un'edicola vuota sotto un portico pericolante. Non segnalai invece l'incontro ravvicinato fra i nostri cani e un ladro di asparagi selvatici, un uomo piccolo, anziano e baffuto, scortato da due marcantoni platealmente travestiti da vagabondi, particolare quest'ultimo che ci insospettì. Scoprimmo soltanto mesi dopo chi fosse quell'ospite indesiderato, disegnando un vistoso paio di baffi sulla foto dell'appena arrestato Provenzano.

Gli arresti del 1998 e i conseguenti processi non ci facilitarono la vita, anzi. Per anni e anni continuammo a ricevere intimidazioni di ogni tipo: cani di casa avvelenati o strangolati e lasciati semibruciati in mezzo alla corte, galline decapitate e persino le api "sloggiate" in malo modo. Per non parlare della persecuzione amministrativa e delle visite dissuasive o persuasive di un variegato e trasversale mondo politico dalla cupidigia smisurata (arrivò persino il presidente della Regione Cuffaro). Non mancarono neppure gli attacchi ai collaboratori più fragili e le azioni intimidatorie nei confronti di nostri tecnici e consulenti legali. Ci colpirono a tappeto, ovunque in Sicilia avessimo attività o interessi, come se il reticolato del malaffare si fosse concentrato su di noi.

15   E. Oliva e S. Palazzolo, *Bernardo Provenzano, il ragioniere di Cosa Nostra*, Soveria Mannelli, Rubbettino Editore, 2006.

Ho impiegato anni a capire che l'incendio doloso in un garage di Messina ereditato da mamà, la demolizione della mia fabbrica di Catania e il fallimento della mia Sikelia, l'aggressione al marchio Duca di Salaparuta e ai miei prodotti finanche in Norditalia e decine di altri misteriosi intoppi in tutte le mie imprese erano in realtà collegati. Oggi, finalmente, mi spiego anche i retroscena del progetto da un milione di euro – redatto da Comune di Bagheria e Assessorato regionale ai BBCC – per una grande mostra sulla Famiglia Alliata da tenersi, però, a villa Cattolica, escludendo noi Alliata e la nostra villa Valguarnera. Il paradosso risultava dalla documentazione di partecipazione al bando che per giunta non nascondeva l'intento di sottrarci anche i preziosi diritti cinematografici della Panaria. Alle mie comprensibili proteste e all'offerta di collaborare alla riuscita della mostra, i fondi europei furono dirottati su una ennesima esposizione delle opere di Guttuso, nel Museo Renato Guttuso, nella stessa villa Cattolica.

Quanto al progetto del museo della Panaria Film a Lipari, naufragò quando si seppe che avevo donato archivio e patrimonio all'omonima Associazione Culturale, istituita allo scopo di promuovere davvero la cultura. Eppure il museo di Lipari avrebbe potuto evocare una straordinaria pagina di storia contemporanea scritta dagli eoliani d'America e promossa dall'amico ambasciatore all'ONU Fulci, alla quale aderii con tutte le risorse mie e della Panaria. Proiettai a New York i miei documentari marini e il film *Vulcano*, e gli eoliani accorsi in gran numero si riconobbero nelle immagini di allora, commuovendosi. Così per Fulci fu facile arruolarli nella battaglia delle "piccole isole del mondo" per la riforma democratica del Consiglio di Sicurezza delle Nazioni Unite. Tutte insieme le isole rappresentate all'ONU, anche le più sperdute, votarono a favore. Compatte, quasi fossero un unico Stato. E il loro voto fu determinante.

Questa vicenda edificante me ne suggerisce un'altra agli antipodi in tutti i sensi. È ambientata tra Bagheria e le Antille (le isole evidentemente fanno parte del mio DNA). Pare che un gruppo di potere siculo-caraibico, capeggiato da un oriundo "re dei tavoli verdi" d'oltreoceano, con agganci anche in Europa, avesse buttato gli occhi su villa Valguarnera per farne... un casinò! I costi non sarebbero stati poi così alti, perché la sede sarebbe stata fornita gratis dalla Regione Sicilia, grazie a un esproprio. Guarda caso l'esproprio della villa è stato in questi anni realmente invocato più volte dalla Sovrintendenza (a "tutela" del monumento, è ovvio). E i lavori – si parlava di decine di milioni di euro – avrebbero avuto la copertura di un prestanome di eccezione, un mecenate europeo attivo in Sicilia al quale non si negavano mai nulla osta e permessi.

Per nostra fortuna, l'oriundo – a quanto pare – fu arrestato, e il progetto di trasformare villa Valguarnera in casa da gioco, e forse anche in ben altro, fu accantonato, almeno per il momento...

La vicenda di questo fantomatico casinò – raccontata dai soliti "bene informati" – sembra rafforzare stranamente un'altra ipotesi circolata con insistenza a Bagheria e dintorni nell'immediato dopoguerra. La storia è riemersa prepotentemente nei miei ricordi mentre leggevo gli ultimi capitoli del libro scritto da Raimonda Lanza di Trabia[16] sul proprio padre, quel principe cosmopolita con fama da 007, il mio turbolento compagno di avventure eoliane. La ricostruzione dei plausibili depistaggi intorno alla tragica fine di Raimondo – avvenuta in modo davvero incompatibile con la sua personalità di pilota pluridecorato e di gaudente innamorato della vita – non fa, però, alcun riferimento alle voci del tempo che suggerivano altre piste, altri mandanti.

Ricordo che nei primi anni del dopoguerra il territorio tra il castello di Trabia – residenza di Raimondo e della affascinante attrice che aveva sposato (Olga Villi) – e il promontorio di capo Zafferano, era un paesaggio incontaminato: monti digradanti verso il mare, terreni fertili e ricchi

16   R. Lanza di Trabia e O. Casagrande, *op. cit.*

di spunti archeologici, una costa frastagliata, scandita da torri, tonnare e potenziali attracchi per ogni tipo di imbarcazione. Un giorno arrivò persino il panfilo di Aristotele Onassis, l'armatore greco che, tra le sue ingenti fortune poteva contare anche sul recente acquisto del controllo economico di Montecarlo. Quando il *Christina* attraccò al castello di Trabia, in giro si parlò subito di un accordo per realizzare proprio in questo territorio, la Montecarlo di Sicilia, analoga in tutto e per tutto all'originale. E certo con la benedizione degli americani, cui il miliardario era legatissimo. Per farne un paradiso fiscale mancava – si disse – soltanto il casinò.

Raimondo Lanza, però – a quanto ho appreso dalla sua biografia – aveva tutt'altri progetti, legati al petrolio e ai ripetuti viaggi in Iran nell'intento di sviluppare insieme a Mattei una politica energetica siciliana: sembra fosse questo l'affare nel quale sperava di coinvolgere l'armatore greco. Ricordo quanto fosse indispettito, dopo la partenza del *Christina*, perché la venuta di Onassis, accolto a Trabia con una festa leggendaria, non aveva avuto l'esito atteso.

Allora, ero troppo impegnato con il cinema per fargli le domande che oggi, riflettendo sulle vicende di Bagheria, mi sembrano inevitabili. Domande che nessun organo di stampa o trasmissione televisiva aveva mai sollevato e che si era poste invece il bagherese Vincenzo Drago, « animatore di una rivista di battaglia» citato da Palazzolo e Oliva nel loro libro. Drago ricordava che:

Bagheria è stata negli anni Ottanta la capitale di uno degli affari più lucrosi di Cosa Nostra, la Pizza Connection, colossale traffico di droga da una parte all'altra dell'emisfero», e si chiedeva come mai «la ricchezza prodotta, tanta, si possa muovere indisturbata su canali internazionali...

Sono un lettore rimasto fedele al *Giornale* dai tempi di Montanelli, ma ciò non significa che io escluda dal mio orizzonte la stampa di orientamento molto diverso. È stata proprio la lettura di un articolo sull'*Espresso* del 30 aprile 2014 a chiudere in qualche modo il cerchio dei miei interrogativi oltre ad agghiacciarmi il sangue davanti all'elenco di tanti efferati omicidi.

Scrive Lirio Abbate:

Erano anni formidabili quelli di Provenzano a Bagheria, con i fiumi di piccioli che sembravano infiniti... Il capomafia di Bagheria, Gino Di Salvo, abitava in una residenza costruita nell'area attorno alla settecentesca villa Valguarnera. Nel 2009 i giudici ne hanno ordinato la confisca definitiva, ma fino a pochi mesi fa il boss ha continuato a vivere lì con la sua famiglia, finché i carabinieri non l'hanno arrestato di nuovo. Le ville di questa zona sono state tirate su ignorando il divieto assoluto di edificabilità. Di Salvo non solo ha fatto costruire la sua abitazione all'interno del parco monumentale, ma qui nella prima metà degli anni Novanta ha portato Provenzano... I giudici del tribunale di Palermo, riconoscendo il ruolo del Di Salvo dentro Cosa Nostra, hanno ordinato la confisca dei beni, fra cui proprio la villetta a poche centinaia di metri dal complesso monumentale. Nonostante la villa del boss fosse passata, almeno sulla carta, nelle mani dell'Agenzia dei beni confiscati, Di Salvo ha continuato ad abitarla insieme alla sua famiglia. E nessuno sembra essere riuscito a farlo sgomberare.

Il giornalista poi conclude:

La cosca di Bagheria negli affari aveva un asse diretto con il Canada attraverso il clan Rizzuto... traffici di stupefacenti e psicofarmaci.

Una foto a colori a mezza pagina mostra «la villa confiscata dove il padrino ha continuato a vivere indisturbato» e gli ingombranti bulldozer che la Procura non ha ancora rimosso dal parco vincolato. Continuano a troneggiare beffardi sulle piante del nostro orto biologico, quasi a voler dimostrare che quel luogo a prova di interferenze e controlli resta ancora "la San Marino di don Binnu[17]".

Ecco perché il povero Mimì Guarnaschelli fu ostacolato tutta la vita nei molteplici tentativi di riaprire il "suo" casinò di Taormina, benché nella breve stagione in cui funzionò, vi si fossero alternati i più bei nomi dello spettacolo internazionale, da Marlene Dietrich a Harry Belafonte ad Amalia Rodriguez! Mimì aveva di certo sbagliato location: allora Taormina era ancora provincia "babba", vale a dire che era priva di interessi mafiosi. Figuriamoci se poteva competere con Bagheria, che la televisione canadese (che qui arriva con la parabola) indica come «centrale operativa della quinta più importante famiglia del crimine mondiale!» Quella che detiene il monopolio del gioco d'azzardo e della droga e che ha seppellito tre dei suoi in bare d'oro massiccio, nientemeno!

Oggi – siamo alla fine d'agosto del 2014 – c'è una gran tempesta di scirocco che fa piegare su se stessi persino gli immensi cipressi piantati da mia madre e che, da quasi un secolo, svettano sulla nostra Montagnola. Il cielo è sommerso da nuvole opache e fuligginose che tradiscono i maleodoranti falò dell'immondizia accumulata in centro a Bagheria come in una infernale discarica; e c'è anche una grande tempesta di emozioni che frulla vertiginosamente nella mia testa, ancora in piena capacità di coscienza, malgrado i miei novantaquattro anni suonati.

Vittoria, mia figlia, la mia Vicuzza, nel 2012 – grazie alla donazione della quota di Teresa, sua madre, e all'acquisto di quella della zia "monaca" – è riuscita a compiere il miracolo di accorpare quasi per intero la proprietà di villa Valguarnera dopo cento anni di conflitti giudiziari che risalgono alla scomparsa di mio nonno paterno, che ne fu il precedente proprietario unico.

Mamà ne sarebbe felice. Lei che tante e tante notti vedevo china ad angustiarsi sulle carte legali di Bagheria. Ero

17   I bulldozer sono stati finalmente rimossi il 22 gennaio 2015.

un ragazzo ma mi preoccupavo per lei, tanto che una volta, esasperato, arrivai a dirle: «Sai che faccio ora? Vado a mettere una bomba a villa Valguarnera, così non ti assillerà più con tutti quei problemi».

Si celebrano proprio in questo 2014 i trecento anni della prima fondazione della villa, alla quale seguirono – sempre nel XVIII secolo – altri due rifacimenti che ne magnificarono l'imponenza. Non per nulla campeggia, sul frontone a oriente del corpo principale, la lapide marmorea che nel 1783 celebra due principesse di Valguarnera, nonna e nipote:

ANNA VALGUARNERA VILLAM HANC A FUNDAMENTIS EREXIT
MARIA ANNA SPLENDIDE AUXIT ET ORNAVIT

(Anna Valguarnera eresse questa villa dalle fondamenta. Maria Anna splendidamente la rese più grandiosa e più ricca di ornamenti).

Oggi che mia figlia è la terza donna della dinastia a ricostruire il monumento, ripristinando anche lo spirito dei luoghi, ho finalmente una certezza: se agli atti non vi fossero tutte quelle nostre caparbie denunce, con tanto di nomi e cognomi di coloro che – malgrado le condanne, i sequestri, le confische – hanno ancora una copertura istituzionale per minacciarci, insidiarci e sperare di farci "sloggiare", forse sarebbe proprio lei, Vittoria Alliata, a finire sotto processo con l'accusa di avere "ospitato" un capomafia! Grazie al cielo (e ai Carabinieri) a sloggiare proprio in questi giorni sono stati invece gli abitanti di una delle case confiscate. Finalmente un atto di presenza dello Stato. Merito, soprattutto, delle insistenti interrogazioni in Parlamento del senatore palermitano Franco Campanella.

«Tutto quello che accade a villa Valguarnera» mi dice un affettuoso amico che mi è stato di conforto in questi anni difficili «è la metafora perfetta della fine del potere dei gattopardi in Sicilia e dell'impossessamento del loro ruolo da parte del sistema politico-criminale, di cui Cosa Nostra è fidato e ben retribuito esecutore. Per tutto quello che a villa Valguarnera ci è sembrato per decenni incomprensibile, inaccettabile e misterioso, la chiave di lettura è nella metafora».

Ripenso alle sue parole guardando i pannelli trompe-l'oeil che nel salone centrale hanno preso il posto dei ritratti trafugati degli antenati: riproducono la balaustra del giardino con tralci di bouganvillea sullo sfondo del mare. Sono la metafora del ritorno a nuova vita del monumento, e non solo di questo, si spera.

L'aria, la luce e il mare sono entrati con gioia tra le sue mura. Voci di nuove generazioni schioccano leggere dappertutto. Trotterellando e gattonando sino a ogni anfratto, le mie bisnipotine ne prendono possesso. Per loro, finché ne avrò le forze, continuerò le mie battaglie, cercando di rispettare il motto di famiglia: *Duriora decoxi* (ho masticato le cose più dure).

Da sempre sostengo che bisogna vivere in modo non banale – gli amici mi pigliavano in giro da giovane per questa mia convinzione – ma dover accettare di vivere in una "San Marino di don Binnu", oltre che non banale, mi sembra oltraggioso; non solo per me, ma anche per i tanti bagheresi per bene che in varia misura sono costretti a un'esistenza piena di compromessi e disagi.

Bastano due esempi: Bagheria, sessantamila abitanti, non può avere alcun servizio taxi, e quei giovani intraprendenti che qualche anno fa si erano provati a colmare questa lacuna furono sottoposti ad angherie di ogni genere e dissuasi dall'impresa. Bagheria non può aspirare a un'uscita decente dall'autostrada perché gli interessi intorno all'attuale caotico svincolo sono tali da convincere l'Amministrazione a lasciare tutto com'è. È la filosofia dell'inerzia che porta a subire i soprusi e a chiudere gli occhi anche davanti alle vere e proprie colline di immondizia che sbalordiscono quei pochi ostinati turisti che si avventurano fin qui. L'inerzia, però, trasferisce l'uomo dalla nascita alla morte senza lasciarne alcuna traccia. Come per i vermi, una volta spariti, se ne è perso anche il ricordo.

L'importante, invece, è fare cose che lascino la memoria di una vita, di una dignità che si è vissuta, di un contributo alla vita degli altri, alla società in generale. Poi, nel futuro, saranno i posteri a decidere: conserveranno la memoria o la cancelleranno. Pazienza. L'importante è, comunque, vivere in maniera dignitosa e costruttiva, assaporando giorno per giorno, come è capitato a me, la voluttà del fare.

Felicita, zia di Francesco Alliata, qui nel salotto giallo di palazzo Villafranca, sotto il ritratto dell'ava Agata Valguarnera (sotto). Donna affascinante, sempre sorridente e bonaria, la chiamavano "mani d'oro" per la sua frenetica attività artistica. Nell'atelier a palazzo Villafranca creava in ceramica grandi teste di turco con turbante, pezzi molto ricercati e oggi introvabili. Il nome della zia Felicita è stato sempre associato in famiglia a quello di Garibaldi, perché lo vide da bambina quando l'eroe tornò a Palermo nel 1882.

Questo ritratto di Agata Valguarnera, per quanto opera di un noto pittore dell'Ottocento italiano, non rende tutto lo splendore di una donna considerata all'epoca una delle più belle della Sicilia: un trofeo che passerà più tardi a donna Franca Florio. Il suo fisico appariva talmente prepotente che lei stessa fece velare la scollatura con un pizzo dipinto da un "Braghettone" siciliano, forse lo stesso autore, Pietro Benvenuti.

Palazzo Villafranca com'era al momento della consegna alla Curia di Palermo (sotto: la Quadreria). Il palazzo di piazza Bologni non era l'unica residenza degli Alliata. I membri della famiglia andavano e venivano da Bagheria, Villafranca, Salaparuta, Gangi, Saponara, Assoro, Buccheri, Casteldaccia, Pietraperciata... Tuttavia questa per Francesco era la vera "casa". Ogni volta che tornava dai suoi numerosi viaggi, durante il tragitto verso casa veniva colto da una forte emozione che si placava solo quando, imboccando il corso Vittorio Emanuele, vedeva apparire i balconi a petto d'oca dell'edificio barocco. Il palazzo era sempre là, e nulla della sua vita sarebbe cambiato, fino al drammatico epilogo narrato dal libro.

Villa Valguarnera a Bagheria, residenza estiva dei principi di Villafranca, fu portata in dote, insieme al palazzo Gangi, da Agata Valguarnera.

Il patrimonio di famiglia comprendeva anche un eccezionale parco botanico di settanta ettari a Palermo che andava dal mare fino all'attuale piazza Sant'Oliva. Su una parte fu edificato il carcere dell'Ucciardone, sul resto dilagò la città (in alto la nascita di via Libertà). L'esproprio per la costruzione del carcere borbonico fu il primo di tanti espropri che subì la famiglia Alliata. Anche il meraviglioso castello aragonese di Villagonia (foto sotto), che faceva parte da secoli del paesaggio marino siciliano, sulla spiaggia di Taormina, fu distrutto per costruire un dormitorio dei ferrovieri.

Gli Alliata, come molte altre famiglie aristocratiche siciliane,
possedevano delle miniere di
zolfo. Uno dei viaggi più memorabili di Francesco fu quando da
bambino (lo vediamo qui in costume per una festa di carnevale)
fece con la madre un viaggio sul
trenino a scartamento ridotto
che partiva da Raddusa e attraverso orridi e burroni raggiungeva i luoghi di estrazione dello
zolfo. La foto, scattata da Francesco a tredici anni, mostra la
locomotiva allo scalo dopo la
gita del 1932. La locomotiva ha
una strana rassomiglianza con la
Trochita, il *Viejo* treno patagoni-
co che attraversa l'Argentina del
Sud alla velocità di trenta chilometri all'ora.

Nella fotografia in alto Francesco (in prima fila il penultimo a destra) è al centro di una vasta schiera di cugini che in estate si trasferivano a villa Valguarnera. Fra gli altri si riconoscono Topazia Alliata, la pittrice che sposerà Fosco Maraini, Enrico Di Napoli, il geologo che scoprì che i giacimenti petroliferi erano segnalati dalla presenza in loco di fossili, che chiamò Alliatine, Quintino Di Napoli, artista e uno dei soci della Panaria Film, la sorella Fiammetta, altra "mani d'oro" della famiglia, che sposò l'ufficiale inglese Oliver. Sotto: gli stessi nel 1924 (manca solo Raimondo che non era ancora nato).

Nel 1936 la famiglia di Francesco affittò un'intero vagone letto per recarsi a Berlino, dove si sarebbero svolti i giochi olimpici. Un altro viaggio epico, immortalato da Francesco in queste foto. In alto, alcuni dei partecipanti alla spedizione, arrivati nella capitale tedesca ricoperti di fuliggine nera. Quella edizione delle Olimpiadi fu una delle più memorabili e vide le gesta del più grande atleta del secolo, Jesse Owens (foto di pubblico dominio), che vinse quattro medaglie d'oro, superando tutti i record precedenti. Un fenomeno unico che Hitler si rifiutò di premiare personalmente perché era di pelle nera.

I littoriali sono stati il campo di esercitazione di un antifascismo che non sapeva di esserlo. Francesco, che coltivava da bambino la passione per la fotografia, vinse i Littoriali della Fotografia con una foto piena di slancio e di vigore, che rassomigliava alle figure futuriste dell'epoca. Questa vittoria lo convinse di essere nato con la pellicola attorcigliata al collo. Pochi anni dopo avrebbe comandato il Nucleo Fotocinematografico del Regio Esercito.

Durante la guerra, Francesco si trovò molte volte in prima linea, ma non per combattere. Filmava tutti i bombardamenti e seguiva il re nelle sue ispezioni alle truppe. La foto in alto mostra il fotografo fotografato: in questo caso Francesco sta riprendendo Vittorio Emanuele III in Sicilia e a sua volta viene ripreso alle spalle dal suo aiutante Pizzigotti. In basso, donne in attesa del re in un borgo sperduto della Calabria. (Foto Alliata)

327

La principessa Vittoria di Villafranca e dietro di lei impettiti
due dei figli, fotografata da Francesco mentre conversa con Umberto, all'epoca principe di Piemonte, alla stazione di Messina.
Per queste visite alle popolazioni
venivano quasi sempre scelti gli
ufficiali più eleganti e di statura
più alta, il principe di Piemonte
e il duca d'Aosta, che sembravano venire da un altro mondo,
impeccabili com'erano nelle loro
divise immacolate.
Qui di fianco, Francesco in divisa.

Al momento in cui Francesco fondò a Rinella (Salina) il Circolo Cacciatori Sottomarini (qui sopra) il mondo scoprì che c'erano delle isole magiche che ricordavano quelle della *Tempesta* di Shakespeare. In alto, in primo piano, l'amico di una vita, Pietro Moncada e alle spalle, da sinistra: Fosco Maraini, Renzo Avanzo, Francesco Alliata, Quintino Di Napoli.

Nella storia del cinema subacqueo compaiono sempre i nomi di Cousteau e Folco Quilici come precursori delle immagini subacquee. Ma il primo a girare con una cinepresa impermeabile che lui stesso aveva inventato era stato Francesco Alliata. Nel 1946, dieci anni prima che Cousteau girasse *Il mondo del silenzio*, Francesco si era immerso nelle acque delle Eolie e aveva ripreso i pesci che si avvicinavano curiosi e senza paura, perchè non avevano mai visto un animale uomo a tu per tu. Sono immagini irripetibili. Si tratta dei primi documentari subacquei della storia del cinema.

Nella foto a lato Francesco Alliata, fotografato dal cugino Fosco Maraini, è così intento alle riprese di *Cacciatori sottomarini* che non si accorge della vicinanza di uno squalo che gli passa sopra.

Francesco è appollaiato sull'albero di una "muciara" intento a riprendere una fase della pesca del tonno. Alla fine oserà immergersi nella "camera della morte" armato solo della sua inseparabile Arriflex.

Fu il libro *Tra squali e coralli*, scritto da un giovane scienziato austriaco, Hans Hass e ambientato nei mari delle Antille negli anni della guerra, a convincere Francesco a sperimentare marchingegni per riprendere immagini "sottomarine". La foto di Hass con dedica autografa al Circolo dei Cacciatori Sottomarini fu consegnata a Francesco dallo stesso scienziato quando venne in Sicilia per complimentarsi con i ragazzi della Panaria per i risultati raggiunti.

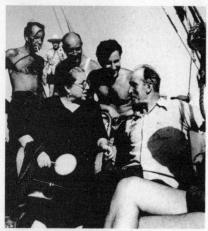

Nella foto in alto, si festeggia la fine della lavorazione del film *Vulcano*. In primo piano la madre del regista Dieterle, arrivata appositamente dalla California; dietro al regista, da sinistra, Geraldine Brooks, Rossano Brazzi, Victor Stoloff, Francesco.

Sotto, Mamà in visita alla troupe durante le riprese del film *Vulcano* sulla motobarca *Natalino* discute con il regista Dieterle. Alle spalle, da sinistra, Quintino, Ignazio Consiglio e Francesco.

Di spalle Fosco Maraini, fotografato dall'eccentrico amico Cicciuzzo Cupane riprende Anna Magnani con i "disturbatori" Errol Flynn e Raimondo Lanza di Trabia. Il famoso attore e il principe erano arrivati in motoscafo per fomentare la "guerra dei vulcani" fra i set dei due film *Vulcano* e *Stromboli*, protagoniste le rivali (per amore di Rossellini) Anna Magnani e Ingrid Bergman.

Due simpatie a confronto. Vittorio De Sica alla festa, il 2 febbraio 1952, per il primo ciak di *La Carrozza d'oro*. Il film costò al produttore il peso della carrozza in oro a causa del temporeggiamento di Luchino Visconti cui era stata affidata in prima battuta la regia, grazie alla notorietà conquistata per aver girato un film estetizzante come *La terra trema*. Stanco di spendere e aspettare, Francesco aveva convocato il regista nel suo studio, nascondendo dei testimoni dietro ai tendoni, e lo aveva cacciato dopo un duro confronto. Jean Renoir (qui sopra con Anna Magnani e Francesco alla festa) sostituì Visconti creando, secondo Truffaut, uno dei capolavori della storia del cinema.

In alto, la carrozza (oggi esposta nel Palazzo Reale di Palermo) appena restaurata dalla Panaria Film nel cortile di palazzo Butera.

Sotto, il principe siciliano nel pieno degli *action days*, è in viaggio verso il Paese del cinema con la consorte Teresa, figlia del barone Correale, cofinanziatore di *La Carrozza d'oro*. Nella lussuosa cabina del transatlantico porta con sé la versione inglese della pellicola, deciso a conquistare il mercato americano. Ma il trapianto di un film così raffinato, diretto da un regista così legato all'arte come Renoir, finì con un rigetto.

Francesco aveva un fiuto particolare per detectare talenti nuovi. Capì che Modugno aveva grandi possibilità di successo ascoltando un suo brano alla radio e lo ingaggiò per la sua prima esibizione canora in un film. *Vacanze d'amore*, con Lucia Bosè e Walter Chiari, segnò l'inizio dell'amicizia fra l'attore milanese inventore del Sarchiapone e il cantautore del Sud (qui sul set del film).

Francesco e le "sue donne" a villa Valguarnera, nel salotto di Apollo. Da sinistra: la figlia Vittoria e la nipotina Antea con le sue bimbe, Diaspra e Agata. La storica villa è tornata in famiglia dopo la clamorosa rinuncia dell'Opus Dei che l'aveva ereditata dalla cognata di Francesco, convinta a trasgredire a fin di bene le ultime volontà del marito Giuseppe. Ma il monumento è ancora oggi al centro di molti appetiti. (Foto di Ugo Maccà)

Oggi i cineasti si nutrono di pellicole e non hanno bisogno di una cultura che non sia cinematografica. Ma un tempo, da De Sica ad Antonioni a Visconti, erano tutti lettori e non dimenticavano mai, girando un film, di avere una cultura libresca dietro le spalle. Così anche Francesco appartiene a questa generazione, e lo vediamo qui nel luogo più amato della sua casa, così come la sala del montatore era il luogo più amato quando girava un film.
(Foto di Mike Palazzotto)
Sotto: il martirio di san Signoretto Alliata nel Duomo di Pisa.

338

Ringraziamenti

Questo libro non sarebbe mai nato senza l'impulso affettuoso del mio grande amico scrittore Stefano Malatesta. Il primo grazie va dunque a lui.

Seguono: Elena Sorrentino per le interviste che hanno sollecitato la mia memoria; Olga Carbone che ha pazientemente trascritto e ordinato per argomenti le migliaia di pagine da me scritte prima a mano e poi al computer negli ultimi dieci anni e tutte le registrazioni dei miei ricordi.

Un grazie particolare va a mia figlia Vittoria e alla sua inseparabile amica Kris Mancuso, che hanno speso più di un anno per lavorare con cura insieme a me, capitolo dopo capitolo, alla revisione del testo.

Devo sconfinata gratitudine per l'amichevole supporto alle mie battaglie a Silvia Bonaccorsi e Vittorio Prestifilippo, Mariangela e Alberto Calì, Adriana e Virgilio Chirieleison, Massimo Dejana, Mimmo Musacchia, Giulia ed Enrico Salvia.

Un pensiero grato va anche ai tanti amici che mi sono stati vicini negli anni di Catania e in particolare a Giovanna Modica Notarbartolo e Giovanna Moncada, che mi ospitano sempre con affetto.

Inoltre, un grazie ai miei sostenitori nelle intemperie di Messina: Elke Bosurgi dall'indomita tempra e dall'ottimismo contagioso e l'avvocato Antonio Salvia che anche oggi, sebbene a Milano, continua a tutelarmi con grande professionalità e garbo. E non dimentico certamente a Palermo l'indispensabile aiuto del penalista-letterato Vincenzo Lo Re.

Né voglio dimenticare il mio brillante coetaneo Gerlando Micciché e l'illustre musicologo Roberto Pagano che, con la loro memoria lunga, hanno stimolato anche la mia.

Un ricordo grato va al signor Sorci che, con animo sereno da filosofo antico, riuscì a contrapporre alla violenza della devastazione il suo straordinario amore per la natura, rigenerando il giardino di villa Valguarnera.

Ringrazio infine tutti coloro che sono nominati in questo libro per aver fatto parte, nel bene e nel male, delle mie tante vite.

Indice

Questo libro è stampato col sole

Azienda carbon-free

Finito di stampare
nel mese di settembre 2015
per conto di Neri Pozza Editore, Vicenza
da Grafica Veneta S.p.A., Trebaseleghe (PD)
Printed in Italy